L I F E L O N G
L E A R N I N G
M E T H O D O L O G Y

평생교육방법론

| 이복희 김차순 박수진 공저 |

양 성 원

머리말

인공지능의 발달 등 디지털 대전환에 따라 이제 학교에서 배운 지식만으로는 이미 충분하지 않은 세상이 되었습니다. 이렇듯 평생학습의 중요성을 생각할 때 이제 평생교육 현장에서 평생교육을 구현하는 지도자들의 임무가 더 막중하다고 볼 수 있습니다.

앨빈 토플러가 "21C의 문맹은 배우려 하지 않고, 낡은 지식을 버리지 않고, 재학습하지 않는 자"라고 정의한 것처럼 100세 시대를 대비한 평생학습 계획이 필요하며, 학습자 중심의 전문화되고 다양한 교육내용으로 무장된 교육의 기회와 방법을 제시할 수 있어야 합니다. 따라서 학습하는 방법을 학습하고 지속적으로 학습해야 하는 현 사회에서 평생교육방법은 재정립되어야 하고, 새로운 환경에 걸맞은 새로운 교육실천이 필요한 것입니다.

'잘 가르치는 것은 어떻게 하는 것일까?', '학습자들의 이해를 돕기 위해서 필요한 것은 무엇일까?', '학습자들의 흥미와 관심을 끄는 방법은 무엇일까?', '학습자가 원하는 학습내용은 무엇일까?'에 대하여서는 교육을 담당하는 모든 이들의 고민일 것입니다.

포스트 코로나 시대를 맞이하며 학습의 방법이 대면에서 비대면으로, 오프라인에서 온라인으로 진화되어 가고 있으므로 그에 대처할 수 있어야 합니다. 교육환경이 급변하는 가운데 교수자와 학습자의 상황도 다이나믹하므로 그에 따른 평생교육방법의 제시가 필요합니다.

본 교재의 구성은 총 3부 14장으로 구성되어 있습니다. 제1부는 평생교육에 있어서 필요한 기초를 제시하고, 제2부는 평생교육방법의 다양한 유형에 대하여, 제3부에서는 평생교육의 실전에 대하여 다루었습니다.

제1부의 내용으로는 1장에서 변화가 빠른 사회 패러다임에 적응하기 위한 교육환경의 변화를 살펴보고, 2장에서는 평생교육방법을 실천하는데 있어 바탕이 되는 주요이론, 3장에서는 성인학습자 이해를 돕고자 하였습니다.

제2부의 4장에는 평생교육방법의 분류와 선정 기준을, 5장에서 7장까지는 개인중심 교육방법, 집단중심 교육방법, 체험중심 교육방법을 살펴보았으며, 8장에서는 문제를 해결하는 과정에서 지식을 습득할 수 있는 문제중심학습을 제시하였습니다. 그리고 9장에서는 다가올 뉴노멀 시대에 적응하기 위한 교육방법에 대하여 이야기하였습니다.

제3부에서는 아무리 강조해도 지나치지 않는 평생교육의 실천을 위하여 10장에 교수계획과 수업설계를, 11장은 교수학습지도안 개발에 대하여, 12장과 13장은 평생교육의 교수전략과 교수자의 역할에 대하여 나열하였습니다. 그리고 14장은 새로운 방향의 모색과 제시의 가능성을 위해 평가에 대하여 기술하였습니다.

그리고 본서에는 각 장마다 학습한 것을 정리하는 차원에서 '연구문제'를 제시하였고, '실전방법'을 통해 실제 교육 현장에 이어질 수 있도록 이해를 도왔습니다.

이 책이 평생교육현장의 교수자뿐만 아니라 학습자, 평생교육기관 그리고 무엇보다 오늘도 묵묵히 평생교육사로서 책임과 의무를 다하고 있는 실무자들에게 작은 도움이 되기를 바랍니다. 특히 아직도 평생교육에 대하여 제대로 알지 못하는 성인들에게도 평생교육에 발을 담글 수 있는 디딤돌이 될 수 있기를 기대하여 봅니다.

평생교육을 전공하고, 학교 교육과 성인교육의 실천 현장에서 느꼈던 것을 글로 구성해 학교에서는 교재로, 현장에서는 실무가이드로 활용하기를 바라는 마음으로 집필을 하게 되었습니다.

그러나 막상 탈고를 하고 보니 부족한 것이 많아 부끄러움이 앞섭니다.

부족한 것은 계속 보완할 것을 약속드리며 또한 이 분야에 관심이 있는 많은 분들의 비판과 조언을 받으면서 계속 노력할 것을 다짐합니다.

또한 이 책은 저자들에 의해 전적으로 집필되었다기 보다는 여러 선행 학자들과 실천 현장의 실무자들의 연구 업적으로부터 도움을 많이 받았습니다. 혹시 각종 자료에서 잘못 인용된 부분이 있으면 저자들의 부주의로 인한 것이니 정중히 양해를 구합니다.

끝으로 이 책이 나오기까지 도움과 응원을 해 주신 많은 분들에게 감사를 드립니다.

특히, 양성원의 강철원 사장님과 관계자 여러분에게 고마운 마음을 전합니다.

배움의 끝이란 있을 수가 없으며, 지금 이 시간도 우리는 서로를 위해 공헌하고 서로에게 배우고 있습니다.

늘 몸과 마음이 건강한 평생학습인이 되기를 바랍니다.

2023년 2월

저자 일동

차 례

PART 2 평생교육방법의 유형

PART 1

평생교육방법의 기초

Chapter 01

사회 패러다임의 변화와 교육환경의 변화

개요

최근 가장 많이 사용되고 있는 용어 중 하나가 패러다임의 변화이다. 사회 패러다임의 변화는 교육환경에도 지대한 영향을 주고 있다. 이러한 변화에 맞추어 평생학습에 대한 관심이 대두되고 있다. 이에 평생교육 교수자는 평생교육방법에서 기본적으로 사회 패러다임의 변화와 교육환경의 변화에 대하여 먼저 이해할 필요성이 있다. 따라서 이번 장에서는 사회 패러다임의 변화와 교육 패러다임의 변화를 이해하고 또 환경변화와 관련한 평생교육의 중요성을 살펴보고자 한다.

학습목표

1. 사회 패러다임의 변화와 교육 패러다임의 변화에 대하여 설명할 수 있다.
2. 환경변화에 따른 평생교육의 중요성에 대하여 설명할 수 있다.
3. 패러다임의 변화에 잘 대처하여 평생교육 지도자의 역할을 수행할 수 있다.

1. 사회 패러다임의 변화

교육환경의 변화를 이해하기 위해서는 우선 21세기 사회 패러다임의 변화에 대해 이해하여야 한다. 요즈음 우리 사회에 자주 사용되는 말 가운데 하나가 '패러다임을 전환해야 한다.', '21세기를 지향하는 새로운 패러다임을 갖추어야 한다.' 등 패러다임이라는 말을 많이 사용하고 있다. 패러다임이란 말은 이미 학계뿐만 아니라 사회 전반에 걸쳐 두루 통용되고 있는 단어이다.

패러다임이란 미국의 토마스 쿤(Thoms Kuhn)이 그의 저서 『과학혁명의 구조』에서 주장한 개념이다. 그 의미는 한 시대 특정 분야의 학자들이나 사회 전체가 공유하는 이론, 법칙, 지식, 가치, 심지어 믿음이나 습관 같은 것을 통틀어 일컫는 개념을 말한다.

사회 패러다임의 변화로 21세기는 다음과 같이 말할 수 있다.

첫째, 단절의 시대이다. 즉, 과거의 변화가 예측이 가능한 변화였다면 앞으로의 변화는 거의 예측이 불가능한 변화의 시대이다.

둘째, 확산적 시대이다. 즉, 한 부분에 변화가 있으면 다른 부분에도 그 변화가 영향을 미칠 수 있는 시대이다.

셋째, 가속적인 시대이다. 즉, 변화가 거의 일률적으로 일어나는 선형적인 변화가 아니고 아주 급격하게 일어나는 기하급수적인 변화의 시대이다.

넷째, 3C의 시대이다. 즉, Change, Competition, Customer의 시대로 3C 중 한두 가지가 아니라 세 가지를 다 잘해야 생존이 가능하다고 보는 시대이다.

미국의 미래학자인 앨빈 토플러(Alvin Toffler)는 그의 대표작인 『제3의 물결』과 『부의 미래』에서 인류 문명에 지대한 영향을 미친 세 가지 물결이론을 발표하고, 21세기 미래사회에 대해 예측하였다.

제1의 물결은 농업혁명으로 인류 최초의 문명을 가져온 기술 혁신의 물결이다. 이것은 어로 민족과 수렵 민족을 농경민족으로 바꾸었고, 토지에 기초를 둔 생활이라는 본질적인 유사성이 존재하게 되었다. 수렵인, 어로인, 유목인 등이 약탈 농업을 끝내고 정치 생활을 시작하게 되었으며, 촌락이 형성되고 '문명'이 싹트기 시작하였다.

제2의 물결은 산업혁명으로 약 300여 년 전에 일어났다. 기계가 발명되어 대량 생산이 이루어지고 대량 소비, 매스 미디어, 대중(大衆) 교육 등이 확산되면서 공장식의 시스템에 토대를 둔 생활이 전개되었다. 산업혁명은 농민을 공장 근로자로 바꾸어 놓았다. 1712년 영국의 기술자 뉴코맨에 의해 실용성 있는 증기 기관이 발명되면서 공장 생산은 급격하게 발전해 갔다. 주 에너지원은 석탄, 천연가스, 석유 등으로 지하로부터 활용하였다.

제3의 물결은 정보화 사회이다. 정보화 사회는 약 30여 년 정도 지속될 것으로 예측하였다. 이는 한 시대를 지배하는 패러다임이 점점 짧아지고 있음(3000 → 300 → 30 → ?)을 보여 준다. 컴퓨터의 발명과 정보통신 기술의 발달, 경영환경의 급변으로 현대사회는 과거 산업화 시대의 유물인 수직적 조직 형태로부터 네트워크형, 수평적, 분권화된 조직 형태로 옮겨 갔다. 정보, 지식을 많이 가지고 이를 잘 활용하는 자가 부와 권력을 누리게 되는 사회가 된 것이다. 정보화 사회에서는 정보나 지식이 하나의 자원이 아니라 필수적인 자원이다.

제4의 물결은 지식창조사회로, 생물학과 우주산업의 결합으로 각각 혁신적인 결과를 가져올 것을 예측하였다. 생물학적 기술로 인간의 두뇌를 개량한다든지 우주에서 새로운 에너지를 찾아낸다든지 하는, 상상하기 힘든 변화가 실현된다. 토플러 박사는 제4의 물결 시대에는 변화의 속도에 살아남는 국가만이 경쟁력을 갖게 될 것이라고 역설하였다. 사물인터넷(IoT)과 인공지능(AI), 빅데이터를 통해 진행되고 있다.

21세기 사회변화의 특징을 앨빈 토플러의 물결이론에 따라 살펴보면 다음의 〈표 1-1〉과 같다.

〈표 1-1〉 물결이론에 따른 사회변화의 특징

구분	농경사회	공업, 산업사회	정보사회	지식, 창조사회
앨빈 토플러 물결	제1의 물결	제2의 물결	제3의 물결	제4의 물결
산업에서의 가치	노동집약 사회	기술집약사회, 자본집약사회	정보, 지식집약사회	사회적 공동사회
자원	유형자본(땅)	유형자원(3M) (Man, Material, Machine)	유형+무형자원 (정보, 지식, 문화)	무형자원 (신, 생태계, 대지)
인재상	근면, 성실	Blue Collar (열심히, 규격품, 모범생)	White Collar (세계인, 정보인)	Gold Collar (학습인, 창조인, 봉사인)
문화, 패러다임	마술, 초자연, 신화	이념, 과학, 이성	기술, 프로그램	아이디어, 창의력, 자연
생산	소품종 소량	소품종 대량	다품종 소량, 단품	다품종 단품
물적자원	철, 도구	증기 기관, 에너지, 트랜지스트	컴퓨터, 고밀도집적회로	공동체, 대화
중요한가치	Reading	3R (Reading, Writing, Arithmactic)	3R+41+3C (Information, Intellectual, Innovation, Integrity 또는 Imagination Change, Competition, Customer)	3R+4C+4R+4S (Computer, Communication, Creation, Collaboration, Repair, Recondition, Reuse, Recycle, Small, Soft, Speed, Simple)
학습관	• 삶=학습 • 교육=삶	• 행동주의 • 교육=학교교육 • 학습과 일 분리	• 인지주의, 구성주의 • 교육=학교교육 • 학습과 일 분리 • 행함으로써 학습 • 학습하는 방법의 학습	• 구성주의, 인본주의 • 교육=평생교육 • 학습=일 • 네트워킹에 의한 학습 • 학습하는 방법의 학습

출처: 김종표, 이복희(2006). 평생교육방법론 재구성.

2. 교육 패러다임의 변화

21세기 사회 패러다임의 변화는 교육 패러다임의 변화에도 영향을 미쳤다. 특히 새로운 정보통신 기술의 발달로 교수·학습체제의 구조적 재조직이 일어나고 있고, 또 교육의 유형이 전례 없이 다양화하여 멀티미디어를 비롯한 새로운 매체는 교육의 규모와 폭을 넓혔을 뿐만 아니라 교육 형태의 기본 틀마저 변화시키고 있다.

교육환경에서의 변화는 크게 교육의 대상, 교육 시간 및 장소, 교육의 방법, 교수자와 학습자의 역할을 중심으로 요약될 수 있으며 구체적인 내용은 다음과 같다.

첫째, 교육의 대상 면에서 학습 대상이 확대되고 있다. 정보의 양이 폭발적으로 증가하고 사회체제의 변화가 가속화되면서 학습의 대상은 학생뿐만 아니라 성인 모두에게 확대되고 있으며 평생학습의 시대가 도래하였다.

둘째, 학습이 이루어지는 장소와 시간의 개념이 변화하고 있다. 전통적인 교육에서는 정해진 시간에 정해진 장소에서 학습이 이루어져 왔으나 테크놀로지의 발달은 학습자가 원하는 시간에, 원하는 곳에서 학습하는 것을 가능하게 하였다.

셋째, 교수자 중심의 교육에서 학습자 중심의 교육으로 변화하였다. 과거 교수자 중심에서의 교육에서는 학습자는 수동적인 수용자의 입장을 취하였으나, 이제는 학습자 중심으로 능동적인 정보 탐색자로서의 역할이 강조되고 있다. 교수자는 학습자의 특성 및 요구를 이해하고 학습자들과의 활발한 상호작용과 피드백을 통해 학습의 방향을 안내해 주고 학습자 스스로 지식을 형성하는 과정을 보조하고 촉진하는 역할을 수행하게 되었다.

넷째, 훈련(Training)에서 학습(Learning)으로 바뀌어 간다. 훈련이라는 패러다임의 경우 타율적이고 수동적인 데 비하여 학습은 자율적이며 능동적이다. 가르치는 사람

중심의 교육(Teaching)보다는 배우는 사람 중심의 학습(Learning)이 더 큰 비중을 차지하게 된 것이다. 교육의 패러다임 변화를 표로 제시하면 [그림 1-1]과 같다.

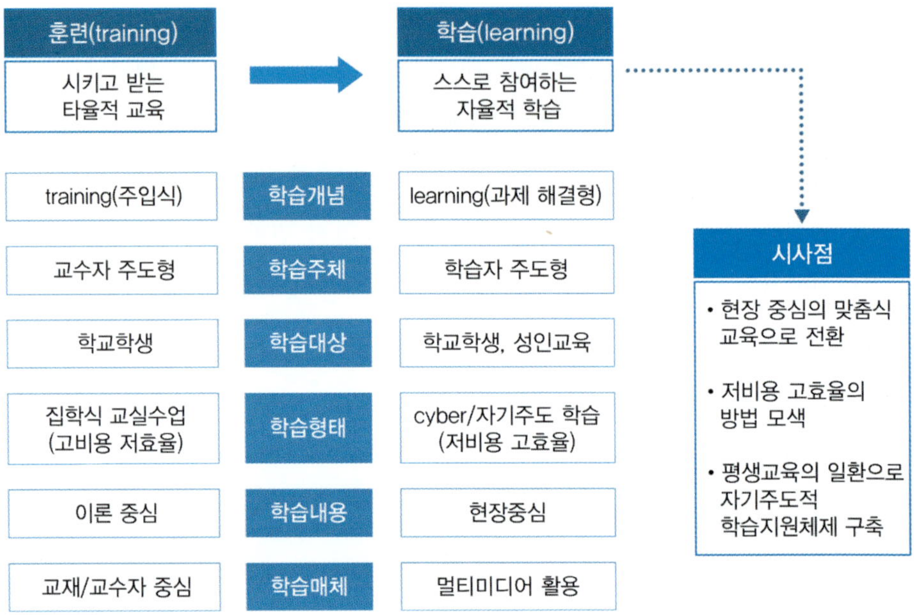

[그림 1-1] 교육 패러다임의 변화

출처: 윤옥환(2004). 명강의 교수법. p.71를 수정하여 구성.

김영식(2018)은 그의 저서인 『4차 산업혁명 시대 교육의 미래』에서 미래사회의 교육에 커다란 변화를 가져다줄 메가 트렌드 여섯 가지를 통해 미래교육의 모습을 이야기한다. 살펴보면 다음과 같다.

첫째, 초가속화(Hyper-Speed): 지식과 기술이 산술적으로 변하는 것이 아니라 기하급수적으로 변화하고 있다. 이제는 규모의 경제보다 속도의 경제가 더 중요한 시대이다. 단순히 정보와 지식을 쌓기만 하는 저장의 시대를 넘어 활용 가치에 집중하는 정보분석의 시대로 간다. 첨단 기술의 발달은 경제사회 구조의 패러다임과 지구촌 사람들의 삶의 패턴까지 바꾸어 버렸다. 단순히 지식을 습득하는 것이 아니라 변화하는 지식에 어떻게 적응해야 할까를 교육하는 것이 더 중요하다.

둘째, 초지능화(Hyper-Intelligence): 모든 사물이 점점 스마트해지고 있다. 유비쿼터스(ubiquitous) 혁명은 네트워크 기술을 토대로 물리적 공간과 전자적 공간을 뛰어넘는 대대적인 변화를 가져왔다. 이에 사람, 컴퓨터, 사물이 언제, 어디서나 하나로 연결되는 사물인터넷(IoT) 시대는 교육 환경에도 큰 변혁을 가져왔다. 유비쿼터스의 주요 특징은 복잡한 문제를 해결하는 능력인 지능화(intelligenc), 장소에 구애받지 않고 이동이 가능한 이동성(mobility), 개인 맞춤형 서비스가 가능한 개인화(personalization), 그리고 언제, 어디서나 자유롭게 네트워크에 접속할 수 있는 상시 접속(connectivity) 등이다.

셋째, 초연결화(Hyper-Connectivity): 세상의 모든 것이 연결되는 초연결 사회로 가고 있다. 사물인터넷(IoT)에서 세상의 모든 물건이 서로 통신을 통해 교감하는 만물 인터넷(Internet of Everything: IoE)으로 발전하고 있다. 이로써 소유 중심의 경제에서 공유(共有) 중심의 경제로 바뀌고 있으며, 소유 중심의 체제가 접속 중심으로 바뀌고 있다(Rifkin, 2001). 초연결 사회의 가장 큰 특징은 협업과 집단지성이다. '우리는 나보다 똑똑하다(We are smarter than me).'라는 슬로건이 그 가치를 잘 표현하고 있다. 새로운 시대에 인적자원의 경쟁력을 높이기 위해 협업 능력을 교육해야 한다.

넷째, 초감성화(Hyper-Emotion): 미래는 감성을 기반으로 하는 창의성이 요구되며 이성보다 감성에 호소할 수 있어야 한다. 미래사회는 가치를 사는 시대이다. 단순히 상품이나 서비스를 넘어 이야기와 문화 콘텐츠에 가치를 두는 사회로 변하는 것이다. 예로, 나이키는 단순히 신발을 파는 게 아니라 마이클 조던과 타이거 우즈의 환상을 파는 것이고, 스타벅스는 단순히 커피를 파는 게 아니라 커피와 대화가 있는 문화 공간을 파는 것이다.

정보화 시대에는 많은 지식과 정보를 소유한 자가 리더였다면, 앞으로는 많은 꿈과 감성을 가진 자가 미래를 이끌어 갈 리더가 될 것이다. 디지털 테크놀로지는 모든 제품과 서비스의 '표준화'를 실현했다. 즉, 하이테크(High-Tech)만으로는 부족하며 이에 더해 하이콘셉(High-Concept)과 하이터치(High-Touch)가 더해져야 한다. 하이콘셉은 창조적 즐거움과 감동을 창출하는 힘이며, 하이터치는 공감을 이끌어 내는 능력이다. 다가오는 미래는 이성과 감성, 그리고 기술이 조화를 이루어 새로운 관계를 발견하고 창조적 결합을 이루어 낼 수 있는 트라이 소프트 파워(Tri-Soft power)가 필요한 시대다.

HTHT란?

인공지능(AI) 시대, 인간은 무엇을 하여야 하고 인간을 어떻게 정의할 수 있을까? 'AI 시대, 교육혁명의 두 엔진은 교사의 하이터치와 첨단 기술의 하이테크이다. 교사와 첨단기술을 결합하는 하이터치 하이테크 교육혁명을 통하여 우리의 차세대는 AI의 노예가 아니라 주인으로서 인간성을 꽃 피울 수 있다'고 하였다. 즉, 하이터치 하이테크 교육은 '학생 한 명 한 명이 그들에게 맞는 최적의 내용을, 최적의 시간에, 최적의 속도로 학습하여 모두가 성공할 수 있도록 돕는 맞춤형 교육을 가능하게 한다.'는 것이다

AI보조교사 '하이테크'는 학생이 효과적으로 지식을 기억하고 이해할 수 있도록 학생 개개인의 수준에 맞춰 학습을 지원하는 한편, 교사는 '하이터치' 학습을 통하여 적용 · 분석 · 평가 · 창조 등 고차원적 학습을 지원하고, 더 나아가 인간적 연결을 통하여 학생의 사회적 · 정서적 역량을 키워 준다는 것이다. 교사와 AI보조교사 간의 최적의 역할 분담은 학생 모두가 AI 시대가 요구하는 역량을 키울 수 있도록 맞춤형 학습을 지원한다는 것이다.

(2022, 아시아 교육협회 자료)

다섯째, 초융합화(Hyper-Fusion): 전 분야에서 융합 현상이 일어나고 있다. 한 분야의 전문가가 아닌 여러 분야를 넓고 깊게 아는 전문지식을 바탕으로 혁신적인 부가가치를 창출해 낼 수 있는 제너럴 스페셜리스트(general specialist)가 인정받는다. 미래

학문의 화두는 융합이다. 예술과 과학기술의 융합은 시대적 현상이고, 감성교육의 중요성이 강조된다.

여섯째, 초고령화 현상(Hyper-Aging): 전 지구촌이 저출산 · 고령화 시대로 접어들고 있다. 인구 고령화는 평균 수명이 길어지면서 나타나는 현상으로 사회 전 분야에 걸친 변화를 수반하게 된다. 고령화로 인한 사회 · 경제적 환경 변화 가운데에서도 성장 잠재력의 감소가 특히 우려되는 부분이다. 우리나라는 가장 빠른 고령화 국가이고, 최저 출산율 국가이다. 여러 문제를 해결할 수 있는 방법 중 하나가 '학습'이다. 교육의 패러다임이 학교 '교육'에서 평생 '학습'으로 전환되어야 한다. 100세 시대를 대비한 평생학습 계획이 필요하다.

3. 환경변화와 평생교육

앨빈 토플러는 "21C의 문맹은 배우려 하지 않고, 낡은 지식을 버리지 않고, 재학습하지 않는 자"라고 정의하였다. 인터넷과 디지털 기술이 발전하면서 생산되는 지식정보의 양은 엄청나게 쏟아지고 있으며 유통속도는 가속화되고 있다. 반면 지식정보의 유효기간은 점차 짧아지고 있다. 이러한 때에 평생교육은 시대 · 사회적 요청이자 학교교육의 한계에 따른 대안이다. 학교에서 배운 지식의 수명이 점차 짧아져 가고 있으며, 학교가 학생들에게 지식과 기술을 독점적으로 전달하던 시대는 끝났다. 학교는 더 이상 학습의 종착역도 아니며, 학교에서 배운 것을 평생 활용할 수도 없다(나항진 외, 2012).

1) 학교교육의 한계

지금까지 우리는 '교육'하면 '학교교육'(교육=학교교육)을 연상할 정도로 학교교육을 절대시하는 학교교육 중심의 사회에서 살아왔다. 쿰스(Coombs, 1967)는 학교에 다니면 교육받은 인간으로 인정해 주고 그렇지 않으면 무지한 인간으로 취급하는 오늘날의 교육관을 비판하면서, 학교교육만으로는 중도 탈락자나 계속 학습을 요구하는 수많은 성인들에게 충분한 교육 기회를 제공할 수 없다고 지적하였다.

학교교육 중심의 개념만으로는 현대사회의 급격한 변화에 적절히 대처할 수 없을 뿐 아니라 다양하고 복잡하게 부각되는 개인의 교육 욕구를 충족시키기가 어렵게 되었다. 학교교육은 새로운 변화에 대한 학습 욕구를 충족시키지 못하며, 사회 불평등의 재생산이라는 평등성의 결여에서 오는 위기를 맞고 있다. 현대사회에 들어와서 교육 대상은 아동에서 성인으로 확대되고, 교육내용은 학습자를 중심으로 전문화되고 다양화되었다. 교육 기회 또한 탄력성을 지니게 되어, 이에 따라 새로운 환경에 걸맞는 새로운 교육 실천이 필요하게 되었다. 따라서 학습하는 방법을 학습하고 지속적으로 학습해야 하는 현 사회에서 학교교육은 이제 평생교육의 관점에서 재정립되어야만 한다(권대성, 2006).

2) 과학기술의 발달

과학기술의 발달은 현대사회를 변화시키고 있는 핵심적인 요소이며, 이러한 과학기술의 진보는 다른 분야의 연쇄적인 변화의 주된 원인이 되기도 한다. 지식기반사회로 특정 짓는 현대는 새로운 지식들이 쏟아져 나오고 있다. 1945년경에 농부가 가진 지식의 수명이 40년이라면 오늘날 IT산업에 종사하는 사람의 지식 수명은 3개월이라고 한다.

심지어 응용과학 기술 분야의 지식 중에는 단 며칠 만에 그 수명을 다하는 것도 있다. 이러한 변화에 적응하기 위해서 평생교육에 대한 요구는 더 커진다고 볼 수 있다.

3) 인간의 평균수명 연장과 사회변화 주기

이제 배움의 끝이란 있을 수가 없다. [그림 1-2]와 같이 인간의 평균수명과 사회변화 기간의 대비를 살펴보면 고대 로마 시대나 르네상스 시대에는 인간의 평균수명보다 사회변화 주기가 더 길어서 한번 습득한 지식으로 죽을 때까지 충분히 살아갈 수 있었다. 그러나 이제 평균수명은 점점 길어지고 사회변화 주기는 점점 짧아져서 한번 배운 지식으로 생을 마칠 때까지 산다는 것은 어렵다고 할 수 있다. 왜냐하면 생을 마칠 때까지 여러 번의 사회변화 주기가 찾아오기 때문이다.

이러한 사회변화가 올 때마다 인간이나 조직은 변화를 그냥 넘을 수는 없다. 변화를 넘기 위해서는 새로운 지식, 새로운 기술, 새로운 사고를 개인이나 조직에 요구하게 된다. 그러므로 개인이나 조직은 계속 학습을 해야만 그러한 변화를 넘게 된다.

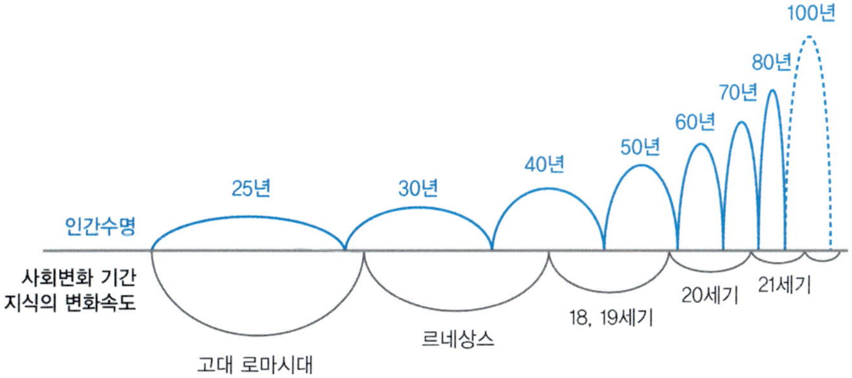

[그림 1-2] 인간의 평균수명과 사회변화 기간 간의 대비

출처: 교육과학기술부 대학지원과 자료(2009).

또한 의학 기술의 발달로 인한 인구의 노령화와 삶의 주기 변화로 성인교육 기회는 더욱 확대되어 간다. 생명공학의 발달, 동물 및 세포 복제술, 인간 유전자 정보(게놈)지도 개발로 미래의 수명은 [그림 1-3]과 같이 130세~200세를 살 수 있는 무병의 장수시대가 도래한다.

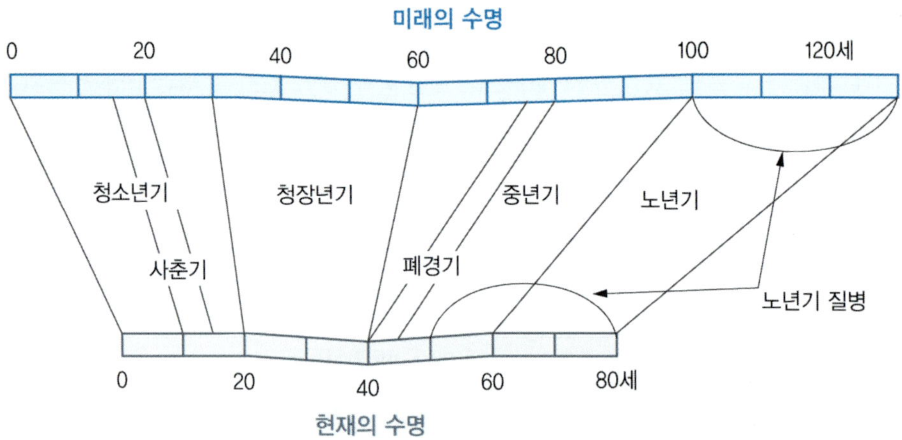

[그림 1-3] 현재와 미래의 사회에 있어서 인간수명의 비교

출처: 교육인적자원부 평생교육백서 제2호(1998: 17).

4) 인간은 학습하는 존재

동물학자가 말하기를 인간은 다른 동물에 비하여 미완성 존재라고 한다. 다른 동물은 태어날 때 90%가 완성되어 태어나고 10%가 미완성으로 태어나는데, 인간은 90%가 미완성, 10%가 완성으로 태어난다는 것이다. 그러므로 인간은 변화의 가능성이 많다는 것이다. 동물은 10%만 변화를 할 수 있지만 인간은 90%의 변화를 할 수 있기 때문이다. 주위에서 보면 강아지, 송아지, 망아지 등 모든 동물은 태어나자마자 어미가 한

번만 핥아 주면 10분 만에 걸어 다닌다. 동물에 비해 인간은 한 살이 되어서야 가까스로 서며 계속 성장을 해 나간다. 세계에서 가장 미개척지는 사하라 사막도 아니고 아마존 정글도 아닌 인간의 머리이다. 세상에서 머리를 가장 많이 개척하고 죽은 사람도 자기 머리에 30%만 개척했다고 한다.

그렇다면 인간은 언제 결과를 알 수 있을까?

결국은 무덤에 들어갈 때 알 수 있다. 즉, 90% 미완성 부분은 어떤 학습을 하느냐, 어떤 경험을 하느냐에 따라 많이 달라질 수 있다. 즉, 인간은 학습을 통해 계속 변화가 가능하기 때문이다.

연구문제

1. 본문에 제시된 사회 패러다임의 변화에 대한 사례 외에 다른 사례를 제시하여 보세요.
2. 교육 패러다임의 변화로 학습자의 입장에서 가장 크게 느껴지는 것이 무엇인지 정리해 보세요.
3. 평생교육의 필요성에 대하여 설명해 보세요.

실전방법 **메가 트렌드를 통한 미래교육의 모습을 탐색해 보세요.**

메가 트렌드	미래교육의 모습
초가속화 (Hyper-Speed)	
초지능화 (Hyper-Intelligence)	
초연결화 (Hyper-Connectivity)	
초감성화 (Hyper-Emotion)	
초융합화 (Hyper-Fusion)	
초고령화 (Hyper-Aging)	

Chapter 02

평생교육방법과 주요 학습이론

개요

평생교육방법은 평생교육 목표를 달성하기 위하여 학습내용을 선정 · 조직하여 학습자들의 요구에 부응하는 조직적이고 의도적인 교육활동으로, 최적의 교수 · 학습방법이 될 수 있도록 돕는 활동이다. 평생교육방법이 효과적이고 효율적이며 안전하게 이루어지기 위해서는 학습자의 욕구를 분석하고 선행지식과 교육수준에 적절한 교육방법이 이루어져야 한다. 이 장에서는 전통적 학습이론과 성인학습이론을 바탕으로 교육과 학습이 현장에서 적절하게 펼쳐질 수 있도록 살펴보고자 한다.

학습목표

1. 평생교육방법의 개념을 설명할 수 있다.
2. 평생교육방법의 주요 학습이론을 설명할 수 있다.
3. 성인학습이론이 주는 의미를 인식할 수 있다.

1. 평생교육학의 관점

1) 평생교육학

1920년대에 성인교육이 체계적으로 조직될 때 성인을 가르치는 선생들은 교육학 모델에서 몇 가지 문제점에 직면하게 되었다. 그중 하나의 문제는 교육학이 지식과 기능의 전수라는 교육목적에 기인한 반면에 성인학습자에게는 이 목적만으로는 불충분하다는 것이다. 따라서 교사들은 교육학이 요구하는 학습방법인 사실중심의 강의, 읽기 숙제, 연습, 암기와 시험 등을 진행할 때 자주 성인학습자들로부터 저항을 느꼈다. 성인학습자는 다른 방법을 원하였고 탈락률은 대단히 높았다.

1929년부터 1948년 사이에 미국성인교육협회가 발간한 『성인교육지(The Journal of Adult Education)』에 성인학습자를 교육학에서 분리 취급하는 방법에 관한 논문들이 활발히 연구·수록되기 시작하였다. 이는 전통적인 교육목적이 '교육받은 인간' 또는 '지적 인간'을 양성하는 데 있는 반면에 오늘날과 같이 지식 폭발과 기술 혁신의 시대에 있어서는 전수된 지식만을 목적으로 하는 교육은 날로 무용하게 되는 점을 숙고하였기 때문이다. 따라서 교육학자의 연구와 실천의 방향이 점차 '교습'에서 '학습'으로 변화해 가기 시작한 것이다.

평생교육학(협의로 보면 '성인교육학'), 안드라고지(Andragogy)는 "성인의 학습을 도와주는 예술과 과학(The Art and Science of Helping Adults Learn)"[1]으로 정의된다. 안드라고지(Andragogy)의 어원을 보면 그리스어의 'Andr(소년이 아닌 사람, 즉 성인을

1) Knowles, Malcolm S., *op. cit.*, 1980, p.43.

뜻함)'과 'Agogus(지도를 뜻함)'에서 비롯된다. 따라서 평생교육학의 성격은 학습자가 결국은 자기주도적 학습(Self-directed Learning)을 할 수 있도록 도와주는 데 있는 것이다.

2) 교육학과 평생교육학의 비교

교육학과 평생교육학은 기본적 준거를 달리하고 있다. 사용되는 기본적인 용어도 다음과 같이 구분된다.

① **교습과 학습:** 교육학에서는 가르치는 사람을 위주로 하여 교습(Teaching)이라고 하나, 평생교육학에서는 배우는 사람을 위주로 하여 학습(Learning)이라고 한다.

② **학생과 학습자:** 교육학에서는 배우는 사람을 일반적으로 학생(Student, Pupil)이라고 하지만, 평생교육에서는 배우는 사람의 인격을 존중하여 학습자(Learner)라고 부른다. 따라서 평생교육기관의 프로그램에 참가하는 사람을 피교육자, 노인학생, 피연수생 등으로 호칭하는 것은 적절하지 않은 것이다.

③ **교사와 조력자:** 교육학에서는 가르치는 사람을 일반적으로 교사(Teacher, 선생님, 교수)로 칭하나, 평생교육학에서는 조력자(Facilitator, Helper)로 표현한다. 다시 말하면, 교육학의 영역에서는 교사가 교육과정 · 교육방법 · 평가 등에 있어서 주체가 됨을 의미하나, 평생교육학에서는 학습자가 학습의 제 영역에서 주체가 되며 조력자는 학습자가 자기학습을 할 수 있도록 지도 · 조언해 주는 역할을 담당하는 것을 뜻한다.

타프(A. Tough)는 이상적인 조력자가 지녀야 할 네 가지 특성을 다음과 같이 열거하고 있다.[2)]

① 조력자는 학습자들에게 따뜻하고, 돌보아 주고 인정하는 심성을 지녀야 한다.
② 조력자는 학습자들의 자기계획 능력을 높이 존중해 주어야 하며, 절대로 이를 침해해서는 안 된다.
③ 조력자는 학습자들과 동등하게 대화에 참여하는 품성을 보여 주어야 한다.
④ 조력자는 변화와 새로운 경험에 열린 마음을 지녀야 하며, 학습자들을 도와주는 활동을 통해 배운다는 모습을 보여 주어야 한다.

한편, 노울즈(M. Knowles)는 교육학과 평생교육학의 개념적 준거의 차이점을 〈표 2-1〉과 같이 설명하고 있다.

〈표 2-1〉 교육학과 평생교육학의 개념적 비교

	교육학	평생교육학
학습자의 개념	학습자의 역할은 종속적인 것이다. 즉, 교사가 무엇을 가르칠 것인가 및 어떻게 가르칠 것인가에 대한 모든 책임을 지게 된다.	학습자의 역할은 종속적인 것으로부터 자기지향적인 것으로의 이동이다. 즉, 교사는 이러한 변화를 유도하고 용기를 주는 책임을 지게 된다.
학습자 경험의 역할	학습자의 경험은 학습의 시작 단계에 유익할 뿐 거의 무용이다. 학습경험은 주로 교수, 교재 저자, 시청각 매체 제작자 및 다른 전문가에 의해서 얻어진다.	학습자의 경험은 자신과 다른 사람을 위한 풍부한 학습자료로 활용된다.

2) Tough, A. M., *The Adults Learning Projects: A Fresh Approach to Theory and Practice in Adult Learning*, Tronto: Ontario Institute for Studies in Education, 1979, p.183.

	교육학	평생교육학
수업준비성	학습자는 학교에서 그들에게 의무적으로 부여되는 학습만을 배울 준비만 하면 충분하다. 대부분의 학습자는 동일 연령층에 해당되며 동일한 것을 배울 준비만 한다. 따라서 학습내용도 모든 사람에게 단계적으로 진행되는 표준화된 교육과정에 의한다.	학습자는 실생활의 업무와 문제를 해결하는 데 필요한 것을 배우려고 한다. 교사는 학습자가 '배우고자 하는 것'을 파악할 수 있도록 도와주는 분위기 조성과 기법을 가르쳐 주어야 한다. 따라서 학습내용도 실생활에서 적용할 수 있는 것으로 구성되어야 하고, 학습자의 수업 준비성 정도에 따라 학습 진도가 편성되어야 한다.
학습지향성	학습자는 교육을 미래생활에 활용될 수 있는 교과 관련 내용을 습득하는 과정으로 본다. 따라서 교육과정도 교과의 논리성에 따라 교과단원을 구성하여야 한다. 학습자의 학습지향성은 교과중심이 된다.	학습자는 교육을 생활에 활용될 수 있는 잠재력을 충분히 배양하며 능력을 발전시키는 과정으로 본다. 따라서 학습경험은 능력 발전을 위주로 구성되어야 한다. 학습자의 학습지향성은 성과중심이 된다.

요약해서 살펴보면 전통적인 교육학이 학습자의 특성에 관하여 전제하고 있는 것과는 달리 평생교육학은 다음 네 가지의 본질적 특성을 지니고 있다.

① 학습자의 자아의식이 종속적 인격으로부터 자아지향적 인간으로 발전한다.

② 학습자는 학습을 위한 풍부한 자원이 되는 경험의 축적을 크게 제고한다.

③ 학습자의 배움에 대한 준비성은 그들의 사회적 역할과 관련된 발전적 과제를 크게 향상시킨다.

④ 학습자가 배운 지식을 즉각적으로 현장에서 적용함으로써 학습에 대한 지향성이 주제중심(Subject-centeredness)에서 성과중심(Performance-centeredness)으로 변화한다.

2. 평생교육방법의 정의와 특성

코메니우스는 "교육방법이란 모든 것을 모든 사람에게 가르치는 데 필요한 보편적인 기술 또는 예술이다"라고 정의를 하였다. 즉, 방법론(methodology)은 교육목표와 교육내용, 무엇을 전달할 것인가? 교육목적을 달성하기 위하여 준비된 교육내용을 구체적으로 실천하는 방식, 어떻게 가르칠 것인가에 해당하는 개념이다(서울대학교교육연구소, 1995).

또한 학습내용의 논리(지식과 주제에 대한 연관)와 학습자의 심리(학습구조와 동기구조)를 중재하는 것으로, 교육활동을 효과적 · 능률적으로 수행하기 위한 방법으로 교수자는 평생학습자의 특성, 학습자의 의지, 학습자의 삶의 맥락을 고려하여 학습자 중심의 강의계획서를 작성해야 한다.

교육방법 계획 시 고려할 점으로는 교육목표, 교육내용, 시청각매체들이 학습시간에 맞게 구성되어야 하며 학습장소, 시험에 대한 규정 등 학습자를 중심으로 모든 것이 계획되고 준비되어야 한다. 학습을 계획하는 교수자는 가능한 다양한 교육방법, 변화의 가능성을 인지하고 자신이 알고 있는 지식을 이용하여 학습 양식을 적용하고 학습이 일어나는 맥락의 상황을 중시해야 한다.

따라서 교수자는 수업시간에 일어날 수 있는 학습자의 다양한 반응을 예상해 그에 맞는 대응 전략을 세워 놓아야 한다.

1) 학습자 중심의 평생교육방법

학습자 중심의 평생교육방법을 위해 교수자는 고유한 교육방법을 개발하여 적극적으로 학습동기를 유발시켜야 한다. 그리고 학습자의 학습장애요인을 명확히 인지하고 있어야 한다.

구성주의에 의하면 학습은 학습자가 지식의 내적인 표상을 구축하는 과정으로 경험에 근거해서 의미가 개발되는 능동적이며 개인적인 과정인 것이다. 그러므로 교수란 학습자가 개인적인 경험을 통해 의미를 해석하는 것을 도와주는 과정이 되며, 수업의 중심은 교수자가 아니라 학습자가 된다. 교수자는 학습자가 의미를 구성할 수 있도록 보조하는 보조자, 촉진자 또는 코치의 역할을 하며, 의미를 구성하는 방법을 보여 주는 모델이 되어야 한다(한국기입교육힉회, 2010).

2) 새로운 학습문화

평생교육방법에서도 전문기관들이 다양한 네트워크를 통하여 새로운 학습문화를 만들어 내기 시작한다. 바인베르크(Weinberg, 1999)는 문화는 사회 구성원들 간의 상호작용에 의하여 형성되며, 문화적 행위의 기술과 조직 간의 특성이 연결되어 있는 일반적인 습관이라 하였으며, 아르놀드와 슈슬러(Arnold & Schuessler, 1998)는 학습문화는 일상적 제도를 통해 사회적으로 형성하고, 학습이란 일자리와 일상생활에서 실제적으로 이루어져야 한다고 하였다. 따라서 평생학습은 자기준거적으로 학습을 결정해 가는 과정이라는 것을 알 수 있다.

3) 평생교육방법의 특성

평생교육은 특성상 다양한 요인들이 있다. 특히 학습의 대상이 성인이고, 각각의 삶 속에서의 경험, 지식, 정보를 익히고 학습의 장에 오는 것을 인식해야 한다.

변영계(2000) 등은 '평생교육방법이란 교육의 목적을 이루기 위하여 취하는 방식이나 수단 · 법 · 객관적인 진리에 도달하기 위하여 연구하는 수법이다'라고 정의한다. 손준종(2000)은 평생교육방법의 특성을 확장성, 혁신성, 통합성으로 설명하고 있는데, 첫째, 평생교육의 학습영역과 내용 및 학습상황의 확장으로 일과 여가에 대한 새로운 태도를 요구한다. 둘째, 매혹적인 전망과 새로운 양식을 열어 주는 혁신의 필요성을 제기한다. 이것은 학습자가 선택할 수 있는 학습기회의 창출을 통해 학습풍토를 조성하는 것이다. 또한 학습내용의 유연성과 다양성 추구, 적절한 학습도구와 기법 활용, 학습시간과 장소의 자유로운 선택 등을 할 수 있게 하는 것이다. 셋째, 학습조직들을 충분히 육성하고 서로 의미 있는 연계를 모색하여 확장과 혁신의 과정을 촉진하는 것이다. 이 의미는 가정 · 지역사회의 이익보다 더 큰 사회 그리고 일과 매스미디어의 세계 등 교육적 잠재력을 통합하여 교육의 과정에서 보다 효과적인 학습상황을 창출한다는 것이다. 또한 인간의 신체적 · 도덕적 · 미적 · 지적 발달 등 제반 영역을 통합함은 물론이고, 학교교육의 전과 후 및 순환교육의 학습단계를 통합하는 것이다.

평생교육방법을 원활하게 진행하려면 학습자의 특성을 잘 아는 것이 중요하다. 학습자 개인의 다양한 경험, 가치관, 대도, 생활양식, 사회적 욕구를 파악하는 일이 중요하다.

평생교육방법의 특성은 모두를 위하여 학습권이 보장되어야 하며, 일평생 동안 학습할 수 있도록 내용 · 시간 · 장소 · 대상을 구분하지 않고 진행되어야 한다. 또한 평생교육의 기본인 상호보완적 교육을 통하여 교수자, 학습자가 공동으로 형성한 공동체 안에서 관계 지음을 바탕으로 학습이 이루어지도록 해야 한다.

평생교육이 좋은 교육이 되기 위해서는 재미있는 과정을 통하여 교육목표를 달성하여야 하며, 저비용의 균형 있고 융통성 있는 교육방법을 모색하여야 한다. 학습자와 교수자가 즐거운 학습분위기 속에서 이론을 실천할 수 있어야 하며, 수행하는 과정에서 도덕적·윤리적으로 안전하여야 하는 것이 필수적이다.

3. 평생교육방법 주요 학습이론

교수자가 알고 있는 이론적 토대를 기본으로 학습자에게 어떤 학습전략을 적용하느냐에 따라 학습의 성취정도는 달라진다. 학습자 역시 다양한 학습이론을 익혀 학습에 임한다면 효과적인 학습이 될 것이다. 이에 평생교육 교수자와 학습자는 학습이론에 대한 이해를 우선으로 하고 현장에서 적용할 필요성이 있다. 이에 전통적인 학습이론과 성인학습을 위한 이론에 대하여 알아본다.

1) 전통적 학습이론

(1) 행동주의 학습이론

행동주의 학습이론은 자극(S: stimulus)과 반응(R: response)의 연계에 기초하여, 현장에서의 학습경험의 설계와 실천에 중요한 시사점을 제공한 이론이다.

손다이크(Thorndike, 1913)는 행동주의 학습이론가 중 가장 일찍이 알려진 학자로 자극과 반응의 S-R 이론을 통해 학습을 이해하려는 시도를 하였다. 손다이크는 특히 시행착오(trial and error) 이론을 주창하여 학습이 시행착오를 거치면서 일어나게 된다고 주장하였으며, 자신의 이론을 뒷받침하기 위한 세 가지 학습법칙을 제시하였다.

첫째, 효과의 법칙(law of effect)으로, 학습자는 만족스러운 결과가 기대되는 반응을 기억하고 습득한다.

둘째, 실행의 법칙(law of effect)으로, 의미 있는 관계를 반복적으로 경험한 결과로써 실질적인 학습이 이루어진다.

셋째, 준비성의 법칙(law of readiness)으로, 학습자가 학습할 준비가 되어 있지 않으면 학습에 방해를 받지만, 학습할 준비가 되어 있으면 학습을 위한 강화를 받는다는 법칙이다.

특히 손다이크는 효과의 법칙을 통해 성인학습자로 하여금 학습에 대한 만족감을 경험하도록 하는 것이 중요하다는 사실을 알려 주었다.

파블로프(Pavlov)는 조건자극에 대한 조건반응의 결합이라는 개념에 기초한 그의 고전적 조건화(classical conditioning) 이론을 통해, 성인학습자들이 과거에 학교에서 인정받지 못하던 기억으로 인하여 자발적인 학습참여를 주저하게 된다는 시사점을 성인교육 분야에 제공하였다. 스키너(Skinner)는 학습에 강화(reinforcement)의 개념을 도입한 그의 조작적 조건화(operant conditioning) 이론을 통해 행동주의 학습이론의 새로운 도약에 커다란 기여를 하였다. 조작적 조건화 이론에서는 특정 행동이나 반응을 더욱 빈번하게 일어나도록 하는 자극이나 보상으로써 강화의 역할이 특히 강조된다.

▶ 학습자 및 교육자의 역할

행동주의 학습이론은 다른 학습이론에 비해 학습자와 교육자의 역할을 비교적 분명하게 규정짓고 있는 것이 특징이다. 즉, 행동주의 이론에서 교육자의 역할은 환경을 통제하거나 조정하는 사람으로 인식된다. 환경 통제자나 조정자로서 교육자의 역할은 학습자의 바람직한 행동을 강화시키는 역할은 물론, 바람직하지 않은 행동을 소거하여 학습 환경을 변화시키는 역할, 그리고 바람직한 행동 유발에 필요한 조건들을 도입하는 역할들을 모두 의미한다.

그러나 행동주의 학습이론에서 가정하는 교육자의 역할이 이처럼 적극적인 데 반해 학습자의 역할은 수동적이며, 교육자가 주도하는 학습 환경의 변화에 따른 적응 방법을 학습하는 역할에 그치고 있다(신용주, 2004).

(2) 인지주의 학습이론

인지주의 이론가들은 학습을 인지적 현상(cognitive phenomenon)으로 보았다. 즉, "이해를 통한 학습자의 인지구조의 변화"라고 본다.

그러므로 인지주의 이론이 행동주의 이론과 구별되는 가장 큰 차이점은 시행착오식의 문제해결이 아닌 학습자의 의식 활동 및 통합된 전체로서의 지각에 기초한 학습을 강조한 점이다.

오수벨(Ausubel, 1967)은 학습이 의미를 가지려면 새로운 학습내용이 개인의 인지구조 속에 이미 존재하고 있는 개념들과 관련이 있어야 한다고 주장하면서, 유의미한 학습(meaningful learning)과 기계적 학습(rote learning)을 구분하였다. 그는 개인의 인지구조와 연계되지 않기 때문에 쉽게 잊혀지는 기계적 학습과는 달리, 학습자의 인지구조에 이미 존재하는 개념과 관련지을 수 있는 유의미한 학습의 이론을 주장함으로써 인지구조의 중요성을 강조하였다.

한편 브루너(Bruner, 1965)는 학습은 발견(discovery)을 통해서 이루어진다는 사실을 강조하였다. 여기서 말하는 발견이란 통찰력을 재구성하는 것 이상의 방식으로 재배열하거나 변형시키는 것을 의미한다.

가네와 브릭스(Gagne & Briggs, 1979)는 지식의 습득 및 저장 과정을 가장 효과적으로 교수자 이론과 연결시킨 학자들로 인식된다. 이들은 신호학습에서 자극-반응, 운동기술 훈련, 언어적 연합, 식별학습, 개념학습, 규칙학습 그리고 문제해결에 이르는 각 단계별로 상이한 8가지 형태의 지식에는 각기 적합한 교수의 절차가 있다고 보았다. 가네와 브릭스의 연구는 '학습하는 방법에 대한 학습(learn how to learn)'의 개념에 중요한 시사점을 갖는 것으로 평가된다. 학습하는 방법에 대한 학습이란 어떠한 학습상황에 놓이더라도 효과적으로 학습할 수 있는 지식과 기술을 습득하는 것이기 때문이다(신용주, 2004).

▶ 인지주의 학습관

인지이론에 따르면 학습은 제공된 자극에 대하여 학습자가 지식을 내적으로 구성하고 조직하느냐에 따라 이루어지는 것으로 학습과정에 있어서 학습자의 직관, 동기, 학습에 대한 정신적인 준비 등을 주요한 요인으로 간주한다. 따라서 학습내용은 학습자가 새 정보를 기존지식에 의미 있게 연결하여 조직할 수 있도록 도와주어야 하며 학습자의 능동적인 참여가 수반되어야 한다.

- 수업 중 배워야 할 것을 구제적으로 언급하지는 않으나 주관적으로 학습자들이 무엇을 배워야 할지를 생각한다.
- 학습을 해 나가는 데는 반드시 개인차가 있다고 생각한다.
- 강렬한 자극보다는 학습자들이 강의를 듣고 나서 성취감을 느끼게 한다.

- 어떤 개념이나 문제도 학습자들이 이해하기 쉽게 만들 수 있다. 학습자들이 강의 시간에 무엇을 배웠는지 한번 서술해 보도록 한다.

이상과 같은 관점을 가진 교수자는 인지주의 학습관을 가진 교수자라고 할 수 있다. 이들은 학습자들의 무한한 사고능력과 창의성을 신뢰하며 학습은 단순히 어떠한 사실을 습득시키는 것이 아니라 사고와 탐구능력을 향상시키기 위한 것으로 생각한다.

인지주의 학습에서의 목표는 학습자들의 사고과정과 탐구과정을 중시하고 이를 발전시키는 것이며 학습내용은 주로 문제를 어떻게 해결하는지에 초점을 맞춘다. 따라서 교수 과정을 설계할 때 학습을 활성화하고 이를 계속 유지시켜 주며 일관성 있는 학습이 되도록 지도해 주는 절차가 필요하다.

(3) 인본주의 학습이론

앞서 살펴본 행동주의, 인지주의와는 달리 인본주의(humanism) 학습이론의 요점은 학습자의 개인적 발달과 인간의 성장 가능성에 있다고 본다.

인본주의 학습이론은 학습자가 교육과정의 중심에 있으며, 교수자는 학습의 촉진자 역할을 하는 것이라고 보므로 학습자 자신이 발견해 나가는 과정을 통해 학습이 이루어진다고 여긴다. 또한 인간은 선천적으로 학습 욕구를 지니고 있으며 잠재력을 지닌 것으로 본다(Elias & Merriam, 1980). 인본주의 이론가들은 학습자들의 선천성과 잠재력이 잘 발휘되도록 교수자와 학습자 간의 노력, 사회적 환경, 가르침에 대한 인식 변화가 중요하다고 하였다. 또한 학습을 함에 있어 학습자의 자유와 책임을 강조하며 특히 인간의 감정과 정의적 측면을 중요시한다. 인본주의적 관점에서는 외적 행동의 변화나 내적 인지 과정의 발달보다 인간의 성장 잠재력을 강조하며 더욱 차원이 높은 것이라 전제한다.

성인학습의 대표적인 이론인 안드라고지와 자기주도 학습이론은 인본주의 이론에 기초를 두고 있으며, 특히 인본주의 이론을 바탕으로 하여 평생교육 현장에서 많이 활용되는 집단중심 교육이나 집단 관계 훈련을 그 예로 들 수가 있다.

(4) 구성주의 학습이론

구성주의 학습이론에서 보는 학습이란 학습자가 실제 사회문화적 환경 속에서 자신만의 독자적인 경험과 인지구조에 의해 구성된 독특한 정신모형을 바탕으로, 외부 세계와의 부단한 상호작용을 통해 자신에게 의미 있도록 지식을 구축해 나가는 과정이다(권대봉, 2006). 즉, 학습자가 자신의 경험으로부터 지식을 구성하며 관점을 재조정하게 된다고 인식한다. 특히 구성주의적 학습이론은 성인교육에도 많은 시사점을 준 이론이다.

사회적 구성주의 학자라 할 수 있는 캔디(Candy, 1991)는 구성주의적 관점들이 평생교육에서 적용될 수 있는 방법에 대해 연구하였다. 특히 HRD 분야에서 구성주의적 이론의 적용이 확대되고 있으며 자기주도성의 개념과 조화를 이루고 있다. 이는 학습자의 활동적 탐구, 독립성 및 학습과제에서의 개별성 등이 자기주도학습의 특성과 관련 있다고 보았기 때문이다(권두승, 2000). 또한 구성주의 이론은 비판적 사고능력 및 의미의 창출을 중시하는 전환학습론과도 연관이 있다.

구성주의 학습이론에서 학습자는 능동적 · 창의적 · 자기주도적이며, 학습에 대한 스스로의 책임을 중시하며, 교수자는 학습자의 학습을 위해 조력함은 물론 촉진시키는 역할이 강조된다. 구성주의 이론에서는 학습자에게 더 많은 선택권과 자율권이 주어지므로 교수자 주도의 개발과 제시의 학습방식은 권장하지 않는다.

구성주의에서 보는 학습자는 외부세계에 존재하는 실재의 본성을 자신의 경험에 비추어 의미 있게 구성하는 과정을 통해 학습이 일어나며 자신의 학습목표의 달성도 탐색하게 된다. 또한 구성주의는 현실의 상황 속에서 실제적인 문제상황을 다루며, 학습자들끼리의 상호작용을 통한 협동학습을 강조한다. 구성주의 학습이론은 성인학습이론으로 자기주도학습에 영향을 미쳤다. 특히 자기주도학습의 핵심개념인 학습자 개인의 독립성, 개별성 그리고 적극적 탐구자세가 그것이라 할 수 있다. 캔디가 제시한 자기주도학습과의 연계 이 외에도, 구성주의 영향을 받은 성인학습의 영역이 적지 않다. 예를 들어, 근래 기업교육 분야에서 부각되고 있는 문제해결 학습은 체험학습(action learning) 또는 성찰적 체험학습(action reflection learning)과 비슷하며(강인애, 1998), 어떤 분야의 전문가가 문제를 해결하는 과정을 보고 학습하게 되는 인지적 도제학습이나 현장교육(OJT: on the job training) 역시 구성주의의 영향을 받은 분야라 하겠다(권대봉, 2006). 그러나 학습자 자신이 지식을 구성한다는 학습자 중심 교육을 강조하는 구성주의 학습이론의 주장은 목적지향적인 교수자활동에 대하여 회의적이라는 비판을 받고 있으며 이에 대한 더 많은 검증이 필요할 것으로 보인다.

(5) 사회학습이론

사회학습이론에서 학습은 단순한 관찰뿐만 아니라 모방이나 동일시의 개념도 포함되며, 사람과 사람과의 상호작용 또는 그들이 서로를 관찰함으로써 학습이 된다고 주장한다.

관찰학습은 주의, 기억보조, 암기, 행동연습 및 동기 등의 영향을 받는다. 관찰이 학습이 되려면 주의를 집중시키는 모범(모델)이 되는 상황으로부터 획득한 정보가 보존, 저장되어야 나중에 사용될 수 있다. 모델링을 통해 얻은 상징적 경험을 자신의 행동과 비교하여 동기가 유발되면 그 경험을 사용하게 된다. 사회학습이론에서 행동은 인간과 환경의 상호작용 결과이며, 학습은 개인, 환경 그리고 행동의 상호작용 결과라고 여긴다. 반두라(Bandura, 1977)는 관찰과 모방을 분리하여 설명하며, 자기효능감

(self-efficacy)의 개념을 강조하였다. 자기효능감은 목표를 달성하기 위해 필요한 행동 과정을 조직화하고 실행할 수 있는 자신의 능력에 대한 신념으로, 자기효능감이 높은 사람은 도전적이며 어려운 과제도 끝까지 수행하려는 성향을 볼 수 있다.

사회학습이론은 관찰이나 모델링을 적용한 교육방법을 비롯한 성인학습에 있어서 유용한 개념들을 제시한 것으로 평가된다. 로터(Rotter)의 이론은 성인학습자의 학습에 참여하려는 동기를 내적 · 외적인 성향으로 분류하는 통제권의 개념을 제시한 점에서 다른 이론들과 차별화된다. 특히 사회학습이론은 사회적 맥락을 고려하여 새로운 역할 모델 및 행동 모델을 개발하고 이에 대한 모델링을 통해 학습자의 바람직한 사회화를 이끄는 지도자의 역할에 대한 시사점을 제공한다.

〈표 2-2〉 주요 학습이론

이론	행동주의	인지주의	인본주의	구성주의	사회학습이론
학습 이론가	Thorndike Pavlov Watson Guthrie Hull Tolman	Koffka Köhler Lewin Piaget Ausubel Brunner Gagné	Maslow Rotter	Candy Dewey Piaget Rogoff Glasersfeld Vygotsky	Bandura Rotter
학습에 대한 관점	행동의 변화	내적 정신과정(통찰력, 정보처리, 암기, 지각 등)	잠재능력 개발	지식의 구성과정(상황중심적)	사회적 상황에서 타인과의 상호작용 및 관찰
학습의 초점	외부 환경의 자극	내적 인지구조화	정의적 및 인지적 욕구	세계에 대한 의미 구성	개인, 행동, 환경의 상호작용
교육 목표	바람직한 방향으로의 행동 변화	더 나은 학습을 위한 능력과 기술의 개발	자아실현 및 자율성 성취	인지 과정을 통한 사회현상의 이해 구성	새로운 역할 및 행동 모델 개발

이론	행동주의	인지주의	인본주의	구성주의	사회학습이론
교수자 역할	바람직한 반응을 이끌어 내기 위한 환경 제공	학습활동의 내용 구성	전인 발달 촉진	학습자의 학습 지원과 촉진	새로운 역할 및 행동 모델의 개발과 안내
성인 학습의 관점	• 행동 목표 • 능력 중심교육 • 기술 발전 내지 훈련	• 인지발달 • 연령에 따른 지능, 학습, 기억 • 학습하는 방법의 학습	• 안드라고지 • 자기주도학습	• 사회문화적 환경 등 학습이 발생하는 상황에 초점 • 학습자의 경험과 인지구조에 의한 정신 모형에 기초 • 학습에 대한 학습자의 책임	• 사회화 • 사회적 역할 • 지도자 • 통제의 소재

출처: Merriam & Caffarella(1999). Learning in adulthood. p.264; 권두승(2000). 성인학습지도방법의 이론과 실제, p.135.

2) 성인학습이론

(1) 안드라고지(andragogy)

안드라고지는 '성인의 학습을 돕는 기술과 과학'으로 알려져 있으며, 평생교육의 핵심 개념이자 실천을 위한 방향이다. 안드라고지 모형에서는 학습 내용 및 방법에 대한 결정에 학습자가 참여하며, 학습자의 경험이 학습 자원으로 존중되며, 교수자와 학습자가 함께 학습을 이끌고 참여하는 학습자 중심 교육이다(Knowles, 1980).

▶ 안드라고지의 교육 원리

① 앎에 대한 욕구: 성인이 학습을 할 때는 학습의 이유를 생각하고 학습의 결과로

유익함이 있는지 검토 후 긍정적으로 여길 때 학습에 임한다. 그러므로 촉진자(교수자)는 학습자 자신이 알고 싶어 하는 욕구가 무엇인지 정확히 인식하도록 도와야 한다.

② **학습자의 자아개념:** 성인은 인정받고 싶은 욕구를 지니고 자신의 삶에 대한 책임과 관련된 자아개념이 분명하다. 성인학습자의 과거 학습 경험은 매우 중요하게 작용하므로 교수자는 성인학습자가 능동적인 학습 경험을 통해 자기주도적인 학습자로 변화하도록 이끌어야 한다.

③ **학습자 경험:** 성인의 다양한 역할을 통해 축적된 풍부한 경험을 학습 자원으로 활용하기 위하여 지식이나 기술을 전달 시 경험적 기법을 중시한다. 성인학습자 각각의 다른 동기, 목표 및 학습 유형을 고려한 개별화된 교수·학습 전략이 필요하다. 토론 집단, 사례 연구, 문제해결 활동 등 경험에 기초한 기법을 통해 학습자 간의 상호작용과 협력을 해 나간다.

④ **학습을 위한 준비도:** 성인학습자는 자신의 일상생활에서 활용 가능하고 자신이 흥미를 가질 주제에 대해 학습하기를 원한다.

⑤ **학습에 대한 지향성:** 성인학습자는 생활 지향적, 과업 지향적, 문제 지향적으로 평생교육을 통해 습득한 새로운 지식, 기술, 가치 및 태도를 실제 삶에서 적용할 수 있을 때 학습 효과가 더욱 향상된다.

⑥ **학습동기:** 성인학습자의 학습은 필요성에 의하여 하므로 외재적 동기(연봉 인상, 승진, 이직 등)도 중요하지만, 특히 내재적 동기인 자아존중감, 직무 만족도의 향상, 삶의 질 향상 등은 매우 강하게 영향을 미친다.

〈표 2-3〉 안드라고지의 요소와 성인학습자

안드라고지 요소	안드라고지 접근
학습자의 준비	• 참여 준비 • 내용에 대하여 미리 생각함
학습 분위기	• 상호 존중, 협동과 지지 • 개방적이며 진솔, 인간적
계획	• 학습자와 교수자(촉진자)의 상호작용에 의함
욕구진단/목표설정	• 상호평가와 상호 협의에 따름
학습계획 짜기/학습활동	• 준비한 결과와 문제의 양에 따라 경험 중심의 질문 활동
평가	• 교수자-학습자, 학습자-학습자 상호 간의 평가 • 프로그램에 대한 상호 평가

출처: Knowles, Holton Ⅲ & Swanson(2016), p.52.

(2) 경험학습

평생교육에서 학습자의 경험은 매우 중요한 요소로서 학습자의 요구나 고유한 경험을 학습에 반영하는 것은 학습자의 성장과 발달의 촉진에 영향을 미친다는 중요한 시사점을 갖는다.

경험학습을 강조한 듀이(Dewey, 2019)는 “교육은 경험의 내부에서, 경험에 힘입어 이루어지는 것이면서, 동시에 경험을 위하여 이루어지는 발달”이라고 하였다. 듀이와 피아제(Piaget)의 영향을 받은 콜브(Kolb)는 학습을 결과가 아닌 과정으로 보았으며, 경험에 기초한 연속적인 과정으로 이해하였다.

콜브는 학습은 경험을 통한 4단계의 주기를 통해서 발생한다고 보며, 경험이 관찰과 성찰의 토대가 되고, 새로운 의미를 생성할 수 있는 행동은 이론으로 통합되며 다시 새로운 경험을 형성하는 데 영향을 미친다고 하였다.

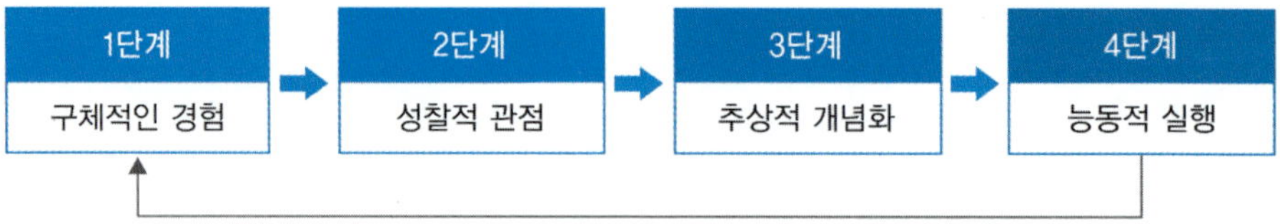

[그림 2-1] 경험학습 순환 단계

출처: Kolb(2015), p.51.

1단계, 구체적인 경험(concrete experience): 문제적 상황을 인식하며, 외부로부터 새로운 경험을 수용. 획득하는 과정. 즉, 모든 경험이 학습을 촉발하는 것이 아니라 기본적 관점으로 이해되지 않거나 정서적 불편함을 제공하는 경험을 했을 때 학습이 시작

2단계, 반성적 관찰(reflective observation): 반성적 관찰을 통해서 개인은 학습을 촉발한 구체적 경험의 의미를 해석하는 인지적 성찰활동을 수행하고, 의미를 탐색

3단계, 추상적 개념화(abstract conceptualization): 구체적인 경험에 들어 있는 근본적이고 추상적인 지식, 원리, 가정을 이끌어 내어 그것을 규정하는 단계. 관찰 내용을 논리적으로 통합시키기 위해 아이디어와 개념을 창출하는 추상적 개념화

4단계, 적극적 실험(active experimentation): 새로운 도전에 직면하여 문제해결과 의사결정을 위해 새롭게 창출된 이론이나 학습 내용을 활용해 보는 적극적 실험

이처럼 학습의 원동력이 되게 하는 4단계의 과정이 상호 연계되어 순환되며 학습이 지속적으로 일어나게 된다.

성인학습자는 경험학습을 통해 성인기를 성공적으로 보내는 데 필요한 기술이나 태

도를 개발할 수 있다. 즉, 대인관계 기술, 집단에서의 관계, 문화적 소통, 실생활에서의 문제해결을 위한 다른 성인들과의 협동 등이 포함된다. 또한 윤리적 입장이나 도덕적 사고, 복잡한 상황에서의 판단력을 키우는 데도 적용된다(신용주, 2021).

콜브의 경험학습론은 학습자의 경험을 학습에 활용하는 중요성을 강조함으로써 평생교육에서 중요한 의의를 가진다.

(3) 전환학습(transformational learning)

전환학습론의 핵심은 변화로, 자기 자신과 세상을 보는 방식이 이전과는 확연히 다르게 새롭게 바뀐다고 보는 것이다. 성인학습자가 기존의 관점과 시각의 틀을 바꾸는 것을 통해 삶이 변화된다고 믿으며, 변화를 통해 발생하는 학습에 초점을 맞춘다(여성가족부, 2007). 학습은 배움의 과정을 통해 학습자와 학습자를 둘러싼 상황을 지배하는 조건들을 함께 변화시키는 것을 의미한다. 또한 학습자가 의식을 전환시키고 의미를 만들어 가는 과정을 중시하면서 단순한 정보와 사실 획득이 아닌 이전에 알고 있던 지식을 전환시키는 역동적인 과정이라고 할 수 있다. 이처럼 전환학습은 변화된 시각으로 세상과 학습자 자신을 보게 되면서 경험에 대한 성찰능력과 비판적 사고능력을 갖추게 된다고 본다.

전환학습은 학습자 자신이 세상을 이해하는 방식을 점검하고, 세계를 어떻게 이해하며 편향된 해석이나 왜곡 가능성이 있는지를 확인하는 노력이라고 할 수 있다. 학습자 자신을 둘러싸고 있는 객관적 환경이나 주위에서 발생하는 다양한 사건은 개인이 통제할 수 없지만, 자신이 인식하고 해석하는 관점은 개인의 의지로 변화시킬 수 있다고 보는 것이다(Jarvis, 1992).

전환학습의 세 가지 핵심 요소는 경험, 비판적 성찰, 개인적 발달인데, 경험은 전환학습의 출발점이고 성찰의 내용이다. 하지만 특정한 경험이 학습과 연관되는지의 여부는 사람에 따라 다르다고 하였고, 삶의 경험에 대한 비판적 성찰은 전환의 필요조건이며 비판적 사고 능력은 그 자체가 발달적이다(Mezirow, 1995).

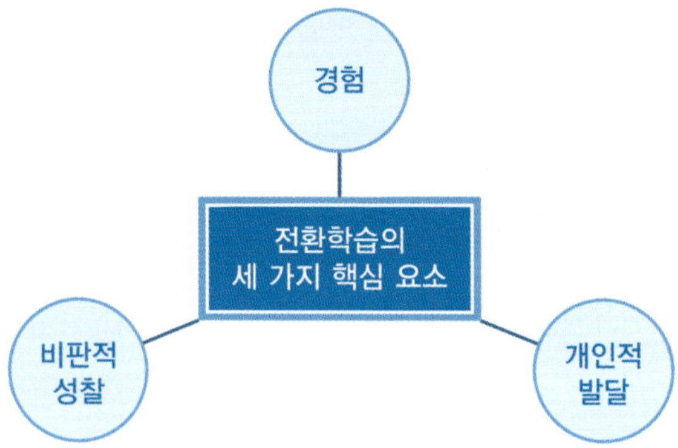

[그림 2-2] 전환학습의 핵심 요소

- **경험:** 사회적으로 구성된 경험(학습, 사람과의 관계, 여러 활동 등)
- **비판적 성찰:** 우리가 당연시 하던 신념, 사고 및 감정이 과연 타당한 것인지를 재평가하는 과정
- **개인적 발달:** 전환을 가져오는 데 필수적인 비판적 사고 능력은 개인의 발달을 가져오며, 발달은 전환학습의 결과이기도 하다.

전환학습에 대한 실제 사례는 주위의 성인의 삶을 관찰하면 다양하게 나타나는데, 민주시민교육의 참여를 통해 개인의 성장은 물론 자신이 속해 있는 사회를 이해하고 문제의식과 참여의식을 개발하는 경우가 있다. 또한 문해교육을 통한 학습자들의 의식변화, 동아리 활동을 하면서 타인의 삶에 긍정적 영향을 미치는 것은 물론 자원봉사에 대한 올바른 인식을 갖기도 한다.

전환학습의 결과가 개인적 발달이라는 의미는 평생교육에서 강조하는 성장 지향적

철학과 일치하며, 교육의 목적은 개인의 발달 촉진이고, 전환학습은 성인기 동안의 발달을 촉진하기 때문이다.

머지로우(Mezirow)는 관점 전환이 성인 발달의 핵심적 과정이라고 하였는데, 학습은 성인이 문제를 경험, 해결하는 과정에서 시작되며, 문제해결을 위해 자신에게 유의미한 경험으로 재구조화되는 것이다. 이는 학습자가 관점 전환을 거치면서 경험, 분별력, 개방성이 확대되고, 자신의 신념과 가치관을 비판적으로 성찰해 나간다고 보는 것이다. 이를 통해 새로운 관점에서 삶을 조망하며 경험의 통합으로 시각 전환이 가능할 때 평생학습이 지속적으로 일어난다고 보는 것이다.

(4) 자기주도학습(self-directed)

평생교육에서 중요한 개념인 자기주도학습은 학습자가 학습의 주체가 되어 학습목표를 설정하고 학습계획, 과정, 실행 및 자원을 실행하며 학습성과를 평가하는 것이다. 즉, '타인의 도움을 받지 않고 스스로가 학습요구를 진단하여 목표 설정, 목표 달성을 위하여 필요한 인적 · 물적 자원을 선택하며, 학습의 성과를 평가하는 과정'으로 정의할 수 있다(서명환 외, 2020).

학습방법의 하나인 자기주도학습은 타인의 도움을 전혀 받지 않고 고립적 상황에서 학습하는 것을 의미하는 것이 아니라, 넓은 의미로 교육내용, 교사, 학생 사이에 형성되는 교수과정, 교수방법, 심리적 과정을 포괄하는 것이다. 자기주도학습은 누구든지 전 생애에 걸쳐 일상적으로 하는 보편적인 학습이라고 볼 수 있다.

노울즈는 학습자가 성인이 되어 감에 따라 점차 자기주도적이 된다는 안드라고지 가정에 근거하여 5단계 자기주도학습의 선형모델을 다음과 같이 제시하였다.

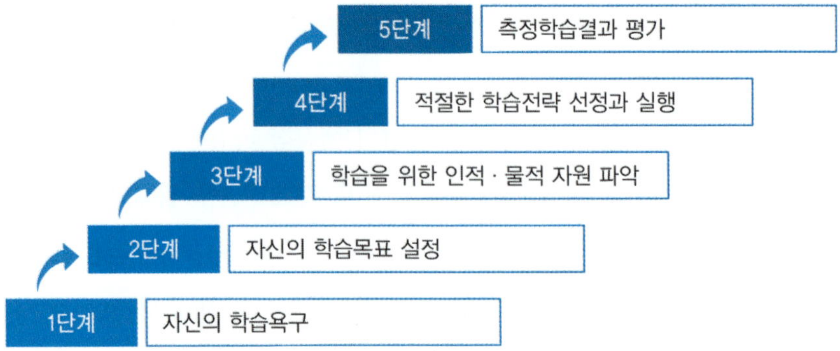

[그림 2-3] 노울즈의 자기주도학습 5단계

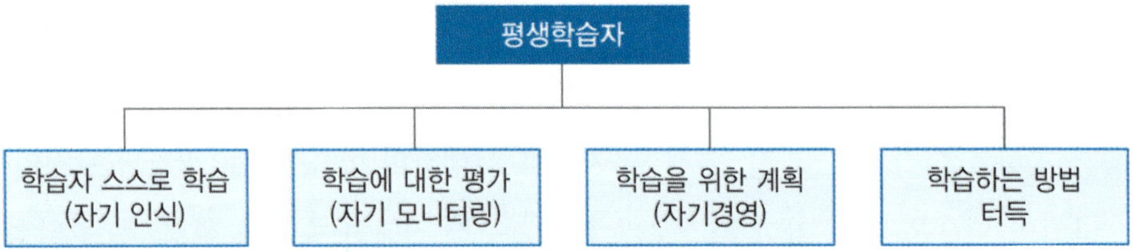

[그림 2-4] 자기주도학습 모형

출처: 서명환 외(2020), p.45.

[연구문제]

1. 인본주의가 평생교육에 어떤 의미를 주는지 논의해 보세요.
2. 자기주도학습의 목적에 대하여 팀원과 나누어 보세요.

실전방법 성인학습이론

▶팀별로 토론하고 발표하기

– 팀을 나누어 한 팀이 하나의 주제에 대하여 10~15분 정도

1. 평생교육 현장에서 안드라고지가 잘 실천되고 있는지 팀별로 토론해 보기

2. 여러분의 경험은 학습에서 어떻게 활용되고 있는지, 경험과 학습의 상관관계에 대하여 토론해 보기

3. 평생교육을 실천하는 여러분의 주위에서 전환학습의 사례를 본 적이 있는지, 있다면 학습자의 변화에 대하여 이야기 나누기

4. 자기주도학습이 평생교육현장에서 뿌리를 내리기 위해서는 어떤 방법들이 실행되어야 할지 토론해 보기

03 Chapter 성인학습자 이해

개요

평생교육의 대상자는 모든 연령대가 해당되지만 특히 성인학습자가 더 많이 참여하고 있다. 그중에서도 중년을 넘어 제2, 제3의 인생을 새롭게 설계하고 자신을 위한 삶을 살아가기 위한 학습자들이 대부분이다. 교육의 대상자를 분석, 파악하여 학습을 잘할 수 있게 도와주기 위해서는 성인학습자의 이해가 필수이다. 성인학습자의 일반적 특성은 물론, 신체적 · 정서적 특성을 파악하여 스스로 학습을 잘할 수 있도록 조력하는 것은 교수자가 갖추어야 할 자질이다. 이 장에서는 학습자들이 학습에 참여하는 동기와 성인학습자의 이해를 위해서 필요한 내용들을 살펴보고자 한다.

학습목표

1. 성인학습자의 특성을 설명할 수 있다.
2. 성인학습자의 학습 참여 동기를 알 수 있다.
3. 성인학습자의 학습참여 장애요소를 파악할 수 있다.

1. 성인학습자의 개념

1) 성인학습의 이해

유네스코에서 성인을 규정한 개념은 '성인이란 개인의 발달뿐만 아니라 사회 · 경제 · 문화 발전에 주체적으로 참여하고, 자신이 속한 사회에서 능력을 개발하고, 지식을 확장하며, 기술적 · 전문적 자질을 향상시켜 행동과 태도를 새롭게 변화시킬 수 있는 대상'을 의미한다. 평생교육은 성인을 대상으로 하며 대부분의 사람은 성인을 연령과 관련된 용어로 생각하지만, 성인의 범위와 기준은 사회마다 다르며, 사회가 부여하고 있는 법적 기준에 따라 다양할 수 있다. 즉, 생물학적, 심리 · 사회적, 법적 관점으로 정의하므로 어떤 사회에서도 특정 나이에 의해서만 성인을 규정하지는 않는다.

로저스(Rogers, 1998)는 성인을 정의하는 데 필요한 세 가지 요소를 제시하였다.

첫째, 충분한 성장: 신체적 성장이 충분히 이루어졌으며, 특히 정신적으로 지속적인 성장을 추구하는 것을 의미한다.

둘째, 주관적인 시각 또는 관점: 자신의 모습을 인지할 수 있고, 타인에게 자신이 어떻게 인지되는지, 실제 자신의 모습이 어떠한지를 바르게 인지할 수 있는 관점으로 성인에게 반드시 필요한 것이다.

셋째, 자율성: 신체적 · 정신적인 성숙은 물론, 뚜렷한 주관을 갖고 자율성과 책임감을 형평에 맞게 유지하기 위해 계속해서 노력해야 한다.

성인을 정의하는 방법은 다양하지만, 사회적으로 요구되는 일을 수행할 뿐 아니라 자신의 삶에 대해 기본적인 책임을 지닌 자를 성인으로 규정하는 것이 우리 사회에서 보는 일반적인 견해이다. 법적 규정에 의해서 또는 태어난 연도부터 시작하여 성인을 규정하기도 하며, 사회적 역할이나 심리적 자아개념의 독립성 등을 중심으로 정의하기도 한다. 일반적으로 만 18세 이상으로 자신을 관리할 수 있으며 자신의 삶에 1차적 책임을 질 수 있는 사람을 성인이라 한다. 또한 사회적으로 맡은 일에 책임을 지는 사회적 역할의 수행능력이 강조되고 있다. 또한 결혼과 가족 및 직업생활을 통한 생산적 기능의 소유 여부도 강조된다(권대봉, 2006). 각자의 사회적 · 심리적 발달 단계가 다른 성인들은 다양한 교육 욕구를 가지고 본인들에게 적절하고 부족한 부분을 채우기 위해 삶의 여러 경험을 가지고 교육에 참여한다.

다시 말해서, 성인이라는 개념은 연령뿐 아니라 나이가 들어 감에 따라 일어나는 상황이나 역할과도 관련되므로, 자신의 선택에 따른 여러 역할을 수행하게 되는 것이다. 그러므로 성인이 된다는 것은 자기 자신의 판단에 의해서라기보다는 우리 사회가 요구하고, 타인이 바라보는 방법에 따라 달라질 수 있음을 의미한다.

평생교육에서 성인학습자는 무엇을, 어떻게 배우는지, 어떤 기회들을 만나 영향을 받는지 등 다양한 환경들에 의하여 달라질 수 있다. 성인으로서 다양한 역할과 책임을 지는 것은 결코 쉬운 일이 아니므로 이에 대한 준비와 학습이 필요하다. 대부분의 사람은 성인기를 거치면서 원하지 않아도 삶의 위기를 만나게 되므로, 성인으로서 위기를 극복하기 위한 대처 능력을 미리 갖출 필요가 있다. 성인기가 되면 25세 이상부터 자연스럽게 성장이 멈추고 노화를 겪게 되는 신체의 변화를 받아들여야 하지만, 변화의 정도는 개인에 따라 차이가 있다.

성인의 신체적 · 사회심리적 발달의 양상은 각기 다르며, 평생교육에 참여하는 학습자는 여느 성인들과 다름없이 다양한 생애 사건과 위기를 두루 경험한 사람들이라고 미루어 짐작할 수 있다. 그러므로 성인학습자가 성인기 동안에 경험하게 되는 신체적 · 정신적 · 사회적 · 심리적 특성을 이해하고 올바르게 인식하는 것은 평생교육에서 중요한 요소이므로 성인이 갖는 구체적인 특성에 대해 살펴보고자 한다.

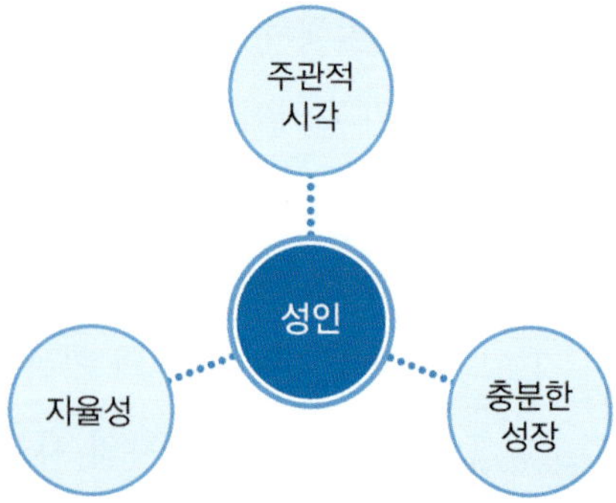

[그림 3-1] 성인을 규정하는 요소

출처: Rogers(1998). Teaching adults. p.35; 권영선 외(2021). 평생교육방법론. p.80.

2) 성인학습자의 일반적 특성

성인학습자가 성인기 동안에 경험하는 신체적·정신적 특성을 이해하는 것은 평생교육을 실행함에 있어 중요하다. 성인학습자는 뚜렷한 자신의 목표와 경험을 바탕으로 학습에 임하며, 실제로 쓰임새가 있는 학습이 되기를 원하기 때문이다. 그러므로 아동기·청소년기와는 다른 특성을 지닌 성인의 다양한 특성을 알아야 할 필요가 있다.

〈표 3-1〉 성인학습자의 특성

노울즈	레빈(Levine)
자발적이고 자치적	자신의 학습에 독립적·자발적
삶에 관련한 상당한 경험과 지식을 축적	가치 있는 경험을 상당히 지님
목적지향적	자신의 나이에 해당하는 삶과 관련된 주제에 관심
관계지향적	현재 상황의 문제해결을 위해 관련 정보나 지식, 아이디어에 관심을 가짐
현실적	바로 적용하여 활용 가능한 정보에 관심
존중되기를 원함	청소년에 비해 학습동기를 자발적으로 만듦

출처: 권영선 외(2020), p.81.

다양한 학자들이 성인학습자의 특성에 대하여 제시하였으나 레빈과 노울즈는 다음과 같이 제시하고 있다.

① 성인은 자기주도적이다

성인은 자신의 목표와 경험을 바탕으로 하여 확고한 가치, 견해를 지니고 행동하는 자기주도적인 존재이므로 직접적인 학습목표를 가지고 학습에 참여한다.

② 성인은 행동지향적이다

성인의 학습동기는 대개 문제해결이나 또는 실용적인 목표가 있을 때이므로 광범위한 개념을 폭넓게 다루는 학습을 좋아하며 효과가 향상된다.

③ 성인은 수동적인 활동에 흥미를 느낀다

성인은 자신이 수행할 수 있는 적당한 활동의 학습에 관심을 보이며, 활동량이 많은 것보다는 신체에 부담을 느끼지 않을 정도의 학습이 적당하다.

④ 성인은 두려움이 많다

성인학습자는 기존에 경험에 보지 않은 새로운 학습 상황에 대해 낯설어하며 적극적으로 임하지 못한다. 학령기에 경험한 학습 실패에 대한 두려움이 있거나 특히 교육수준이 낮은 성인의 경우에는 학습에 대한 두려움이 있을 수 있다.

⑤ 성인은 실리적 이익을 원한다

성인학습자는 학습에 투자하는 비용과 시간, 학습을 함으로써 얻게 되는 실제 이익을 고려하며 학습에 임한다. 그러므로 성인학습자들에게 경험에 기반을 둔 학습동기와 학습내용이 될 수 있도록 고려하고, 학습으로 얻게 될 실제적 이득이 무엇인지를 제시하여야 한다.

⑥ 성인학습자는 배운 것을 바로 활용하기를 원한다

성인은 현재 혹은 가까운 미래에 필요한 활용을 위해 학습을 하는 성향이 강하므로 배운 것을 직업, 일상생활에 적용할 수 있도록 프로그램을 제공한다.

⑦ 가치와 기대를 갖는다

성인은 누구나 자신만의 가치 체계를 가지며, 또 과거의 경험에서 비롯된 편견이나 태도 역시 적지 않게 지니고 있다. 노울즈(1984)는 성인이 갖는 경험의 의미에 대하여 성인에게 있어서 경험은 자신이 누구인가를 결정하고 자아정체성을 창조하는 데 핵심적이라고 하였다.

대부분의 성인학습자는 학습에 대한 나름대로의 기대를 가지고 학습에 참여한다. 성인 중에는 과거에 학교에서 학습했던 경험을 가지고 있는 사람도 있지만 그렇지 못한 비문해자도 있을 수 있다. 그럼에도 불구하고 학습을 시작하게 되면서 어떤 학습자는 학교생활 경험 중에서 성공적이고 행복했던 경험을 떠올리고 기대를 하거나 그렇지 못했던 경험을 바탕으로 새로운 기대를 가지고 평생교육에 참여한다.

또한 학교생활을 전혀 해 보지 못한 비문해 학습자 혹은 저학력 학습자는 경험하지 못한 학습에 대한 높은 기대를 가지고 학습에 참여하게 됨을 알아야 한다.

로저스(1998)가 요약한 성인학습자의 특성은 다음과 같다. “평생교육에 참여하고 있는 모든 학습자는 지속적으로 성장하고 있는 성인이다. 이들은 모두 포괄적인 경험과 가치를 지니며, 학습하려는 의지를 갖고 있다. 또한 성인학습자는 자신의 과거 학습 경험에 기초한 흥미와 관심 그리고 고유의 학습 스타일을 지닌다.”

3) 성인학습자의 신체적 · 인지적 특성

성인은 나이가 들어 감에 따라 신체적 · 인지적 변화를 갖게 되며, 특히 청년, 중 · 장년, 노년 등 성인기가 인생에 있어 가장 긴 단계를 거쳐 가므로 평생교육자들은 성인학습자의 특성을 이해하고 접근할 필요가 있다. 따라서 성인기에 있어서 신체적 특성과 인지적 특성을 살펴보고 이에 적절한 평생교육방법을 찾아야 한다.

(1) 성인학습자의 신체적 특성

① 신체의 변화

대체로 25세 후반부터 절정에 달하며, 개인의 운동량과 특성에 따라 퇴화의 정도에 상당한 차이가 있다. 신체의 변화는 모든 연령대 학습자의 학습능력에 영향을 미지며, 특히 노년기에 더 영향을 받는다. 전 연령대에 신체적 변화가 나타나기 시작하며 체력은 점차 감소한다.

② 시력 감퇴

시력은 색상, 크기, 거리, 각도 등을 인식하고 판단하는 능력으로, 보통 성인들은 40~50대에 이르면 대체로 시력 감퇴를 경험하게 된다. 성인학습자의 시력 감퇴를 고려하여 교재와 교수자료를 개발하는 것이 필요하며, 학습환경 역시 학습자를 충분히 고려하여야 한다.

③ 청력 감퇴

청력은 시각과 달리 20세 이후 성인기 동안 점진적으로 진행되며, 청력이 감퇴되면 듣기에 어려움을 겪게 되며 의사소통이 순조롭지 않게 된다. 성인학습자들을 대상으로 하는 프로그램은 음향, 방음시설 등 학습자가 학습을 하는 데 방해를 받지 않도록 고려해야 한다. 또한 교수자의 말하기 속도는 학습자를 고려해야 하며 명료한 발음으로 강의를 할 필요가 있다.

④ 색상 변별력의 쇠퇴

성인학습자는 연령이 높아짐에 따라 색상의 변별력이 쇠퇴하게 된다. 특히 청색, 초록색, 보라색의 변별력은 상대적으로 빠르게 퇴화되며, 수정체가 노란색으로 변하는 황화현상으로 적색이나 오렌지색의 변별력은 유지된다. 이러한 학습자의 색상 변별력의 변화는 학습에 커다란 영향을 미치므로 교수자료 개발 시 유의하여야 한다.

⑤ 생리적 반응 속도

성인학습자의 생리적 반응 속도는 성인기에 점차 둔화되기 시작하며 이는 학습능력의 쇠퇴와 연결된다. 이러한 반응 속도는 학습과제의 본질이나 과제의 친숙도에 따라 달라질 수 있으므로 평생교육의 교수자는 과제를 선정함에 있어서 주의를 기울이며 학습자를 고려하여야 한다.

⑥ 중추신경계의 변화

성인학습자의 학습능력은 물론 사고력, 창의력 등에 영향을 미치므로 교수자는 주의를 기울여야 한다. 특히 노인학습자는 학습의 내용을 이해하고 기억하는 부분까지 감소하므로 학습자의 연령에 따라 학습내용의 양을 적당히 조절할 필요가 있다.

(2) 성인학습자의 인지적 특성

① 지능의 변화

일반적으로 인간이 지닌 지능은 결정적 지능(crystallized intelligence)과 유동적 지능(fluid intelligence)으로 나누어 볼 수 있다. 카텔과 혼(Cattell & Horn, 1982)은 결정적 지능은 후천적 경험이나 문화, 학습을 통해 습득되는 것으로 언어능력과 문제해결능력 등이 해당되며 성인기를 거치면서 계속 상승한다고 하였다. 이에 반해 유동적 지능은 개인의 경험, 문화, 학습과는 관계없이 선천적인 유전에 의해 결정된 지능으로 청년기에 절정을 이루다가 성인기에 점차 감소한다.

결정적 지능과 유동적 지능은 일반적으로 인간의 지능은 연령이 높아짐에 따라 조금씩 저하되는 것으로 인식되어 온 전통적 인식을 바꾸게 된 연구이다. 또한 평생교육의 실천에 시사하는 바가 크며, 성인학습자뿐만 아니라 노인학습사도 학습을 힐 수 있다는 기대감을 갖게 한다.

② 사고방식의 변화

성인의 사고방식은 비판적 사고, 실용주의적 사고, 다면적 및 상대적 사고로 설명할 수 있다(조성연 외, 2010). 성인기에는 수렴적 사고가 보다 확장되어 일반적 기준에 맞지 않는 것을 걸러 내는 필터의 기능이 활발해지며 비판적 사고의 특성을 갖게 된다. 성인기의 인지발달은 청년기에 가지는 이상주의적 사고로부터 현실에서 실제적인 문제를 해결하는 실용적 사고(pragmatic thought)로 전환이 변화되는 특성을 갖는다. 같은 맥락으로 이분법적 사고양식에서 다면적, 상대적 사고양식으로 전환이 이루어진다. 옳음과 그름, 우리 편과 상대편, 좋음과 나쁨 등으로 현상을 양극화하는 사고가 타인들의 관점과 견해의 다양성을 수용할 수 있는 다면적 사고(multiple thinking)로 변화한다. 다면적 사고는 어떤 사태와 관련되는 여러 요인과 입장을 형평성 있게 고려할 수 있는 것을 의미한다.

③ 정보처리능력의 변화

사람이 나이가 들면 정보를 조직하고 부호화하는 능력이 부족해지므로 장기기억에는 큰 변화가 없으나 단기기억이 감소한다고 한다. 성인학습자는 기존정보를 수정하고 새로운 정보를 습득하는 능력이 부족하므로 정보를 효과적으로 전달하여 내용습득에 충분한 시간적 여유를 갖게 하는 등의 배려가 필요하다.

(3) 성인학습자의 심리적 특성

일반적으로 사람은 나이가 들수록 고집이 강해지거나, 자기에게 친숙한 물건들에 애착을 보인다. 성인들의 이러한 심리적 특성은 학습을 하는 과정 동안 방해가 되기도 하고 도움이 되기도 한다. 성인학습자들은 자기중심성과 경직성이 증가함과 동시에 내향성과 조심성이 늘어난다. 자기중심성, 경직성 증가의 원인은 삶에서 겪은 수많은 긍정적, 부정적 경험들이 쌓이면서 자기중심적 사고의 심리적 상태가 형성되기 때문이다. 이로 인해 친근한 사물을 놓지 않으려는 경직성을 보이게 된다. 또한 성인은 자신들이 살아온 경험과 신체적 기능의 감퇴, 어른이 가지는 자존심 등으로 인해 새로운 것을 받아들이는 것에 대한 거부감과 더불어 학습에 대한 기대치도 있다. 그러므로 성인들이 학습을 할 때에는 충분한 학습시간을 확보하고, 심리적 자신감을 고양시키는 학습상황을 만들어 교수자의 촉진적 태도와 함께 성인학습자의 경험을 충분히 인정하고 나눌 수 있는 친근한 주제 중심으로 하는 학습이 더욱 효과적이다(임형택 외, 2013).

(4) 성인학습자의 사회적 특성

이것은 나이가 들어 감에 따라 성인들에게 요구되는 사회적 기대 및 요구 사항들을 해결하거나 충족시키기 위해 학습을 하는 특성이다. 이는 인생의 각 단계에서 그때마다 해결해야 하는 발달과업이론에서 찾을 수 있다. 이들 요구사항들을 성공적으로 수행하면 만족감을 느끼지만 잘못 수행하면 실패감을 느끼게 된다. 이 외에도 성인학습자가 속해 있는 사회계층적 영향과 사회문화적인 요인, 우리 사회가 요구하는 사회규범, 다양한 생활사건 등에 따라 성인들이 필요로 하는 학습의 요구가 달라진다.

(5) 제라고지(Geragoy)

노인에 대한 기준은 개인의 지각과 함께 사회적·문화적 환경에 따라 다르게 나타나고 있다. UN은 2015년에 노인의 연령을 재정립하여 66세~79세까지도 중년에 해당한다고 하였으며, 80세~99세를 노년이라고 규정하였다. 특히 한국은 급격한 저출산시대와 고령화 사회(2000년 7월 1일 기준)에 접어들어 점점 일할 사람이 줄어들고 있다는 뉴스를 접하게 된다.

[그림 3-2] UN 평생연령 기준

출처: www.google.com

노년기는 고령기라고 할 수 있으며, 제라고지는 '고령자의 교육'이라는 의미로 사용되었으며 '노인을 위한, 노인에 의한, 노년기의 학습'이라고 이해할 수 있다.

제라고지는 노인의 생활, 삶의 보람, 취미 등 고령화에 대응하기 위한 계속발달을 지지하는 노인교육을 의미한다. 또한 노년기의 위기를 예방하기 위한 노후설계를 안내하고 노인이 가지고 있는 자원의 활성화를 통해 생산성과 창조성을 높여 나가는 것을 목적으로 한다. 이것은 노년기를 상실과 결핍의 시기로 보는 것이 아니라, 역량과 성과를 높이기 위해 정신력 보존과 자기결정 능력을 개발하며, 학습을 통해 사회참여의 기회를 촉진하는 시기로 보는 것이다. 제라고지는 여러 가지 학문을 통합하여 노인의 성공적 노화를 지지하고, 행복한 삶의 주인공이 되도록 안내하는 학문으로써 노인을 안내하고 이끌어 가는 평생교육적인 측면을 의미한다. 즉, 고령사회로 변화하는 사회가 유지, 존속, 발전하기 위한 사회체계 및 사회 구성원의 역할을 할 수 있는 노인상을 제시한다.

① 노인교육의 중요성

- 노인인구의 증가 및 급변하는 정보화 사회 적응
- 노인의 생활 및 교육수준 향상으로 노인 자신의 교육적, 사회적 요구 변화
- 노인의 여가 활용과 인력 활용에 대한 교육적 접근 필요
- 사회 공헌을 위해 봉사할 수 있는 고령인적자원의 개발 필요

② 노인교육의 특성

- 장기기억 감퇴 및 이해력 감소
- 학습속도 저하와 학습능력 감소, 학습동기 저하
- 지지받고 자신의 가치를 느낄 때 과제 수행 능력 향상
- 학습결과에 대한 피드백 시 학습능률 증가
- 연습과 훈련 기간이 일반 성인보다 많은 시간 요구

노인학습자의 교수·학습방법 및 교육전략을 수립하는 데 있어서 연령에 대한 개인적 차이를 고려하는 것도 중요하지만 삶 자체인 보편적 경험은 학습동기를 유발하는 아주 중요한 요인이다. 노인들의 학습에 대한 성향이나 선호도는 다양한 개인적 경험에 의해 학습상황의 정보, 감정, 행동 등의 학습유형을 결정하게 된다. 노인학습은 학

습자의 능력을 최대한 발휘하도록 유도하고 학습과정의 특성을 밝히며, 학습효과에 영향을 주도록 모두가 노력해야 한다.

2. 성인학습자의 학습 참여 동기

1) 성인학습자의 학습 참여 동기

성인학습자가 평생학습 프로그램에 참여하는 동기는 평생학습기관 및 교수자, 평생교육사가 알아야 하는 요소이다. 학습은 학령기에만 할 수 있다는 잘못된 고정관념에서 벗어나 성인도 얼마든지 학습이 가능하다는 것을 알게 되는 부분이다. 성인학습자가 학습에 참여하는 동기를 파악하고 분석하고 그들의 욕구를 인식하여 프로그램에 반영하게 되면 다양한 연령대의 성인학습자들이 프로그램에 참여하게 될 것이다. 그러므로 평생학습의 참여 확대 및 평생교육의 활성화를 도모하기 위해서 성인학습자의 학습 참여 동기는 중요한 부분이다.

성인학습자의 학습 참여 동기는 학습자의 성향에 따라 다양하다. 실제적으로 평생교육에 참여하는 학습 동기는 학습자가 가지고 있는 관심사와 학습내용에 적절한 관계가 있을 때 나타난다. 그러므로 평생교육기관이나 교수자는 성인학습자가 갖고 있는 다양한 학습욕구를 알고 어떠한 배경에서 생겨난 동기인지 좀 더 근본적으로 파악할 필요가 절실하다.

호울(Houle, 1961)은 평생교육에 참여하는 성인학습자들은 무엇인가 보상받고자 하는 학습목적을 지니고 있으며 각자의 참여 동기 유형이 다를 것이라고 전제하고 있다.

〈표 3-2〉 호울의 성인학습자 학습 참여 동기 유형

목적지향	참여동기가 외부에 분명히 드러나는 유형으로 현실적인 필요나 이득, 이해관계를 충족시키려는 욕구에 의한 것이다. 학습자들의 유형은 생활 속에서 일어나는 실제적 문제해결의 도구로서 활용하기를 원하며 적극적으로 학습에 참여하는 특성을 갖고 있다.
활동지향	학습하는 활동 그 자체를 즐기며 교수자, 학습자와 사회적인 상호작용 하는 것을 주목적으로 참여한다. 학습자들은 반복되는 일상의 단조로움을 피하고 지루함, 고독함 등의 소외의식으로부터 변화를 갖기 위하여 참여한다. 또는 가정, 직장생활에서 마주하게 되는 여러 어려운 상황들로부터 회피하기 위하여 학습에 참여한다.
학습지향	교육에 대한 참여를 통해 지식을 습득하고자 하는 욕구를 지니고 학습 자체에 의미를 두고 있다. 학습자들은 모든 학습활동들이 자체의 목적과 의미를 갖고 각각의 학습활동이 지니고 있는 의미의 총체에 참여 동기를 두고 있다.

출처: 권두승, 조아미(2001). 성인학습 및 상담. 서울: 동문사.

▶ 우로도우스키(Wlodowski, 1999)가 제시한 성인학습자의 참여동기

① 성공(Success): 학습에 있어 성공적인 학습자가 되기를 원함

② 의욕(Volition): 학습에 있어 선택된 감정과 학습을 하려는 의지가 많음

③ 가치(Value): 학습을 함에 있어 가치가 있다고 생각하는 것을 하기 원함

④ 즐거움(Enjoyment): 학습하는 것이 즐겁다는 것을 경험하고 싶어함

성인학습자들의 평생학습 참여 동기에 대해서는 학자들마다 조금씩 달라 일반화된 유형의 제시는 쉽지가 않다. 한 개인이 갖는 욕구가 다양하고 많은 것처럼 학습자들의 참여 동기와 학습목적 역시 다양하기 때문이다. 그러므로 교수자는 학습자들의 요구조사를 바탕으로 프로그램을 개발하고, 그에 적절한 교수방법과 학습내용을 선정 · 적용하는 것이 필요하다.

2) 성인학습자의 학습 참여의 장애요소

성인학습자는 한 가지 일을 하는 것이 아니라 다양한 조직에 속하여 있는 사람들이다. 예를 들어, 직장에 다니는 학습자, 가정주부, 은퇴자, 대학생 등 다양한 학습자들은 그들의 책임과 의무를 감당하며 평생교육 현장에 참여하는 사람들이다. 그러므로 성인교육 참여에 영향을 주는 요인은 여러 가지로 볼 수 있다. 평생교육에 참여하는 학습자들의 참여동기는 개인적 요인과 사회환경적 요인의 총체적 영향력에 따라 참여 정도가 나타난다. 학습자들은 사회구조적 요인으로서 사회적 배경, 학력 등을 반영하는 가족 상황, 학습을 투자로 여기고 성인교육의 프로그램에 참여하는 등 자신들에게 얼마나 영향을 미치는가에 따라 참여 동기가 다르다.

성인이 학습에 참여하지 못하는 장애요소는 시간 부족, 경제적 문제로 나누어 볼 수 있다. 특히 성인은 자신뿐만 아니라 가족을 부양하거나 다양한 관계를 맺고 있으므로 시간적, 경제적으로 여유롭지 못하다. 성인이 학습에 참여하고 싶으나 저해되는 일반적 요인은 다음과 같다.

첫째, 상황적 요인

개인의 생활환경이 교육에 참여하는 것을 어렵게 만드는 경우이다. 예를 들어, 시간의 부족으로 직장일이나 가사일로 인하여 학습에 참여하지 못하는 경우이다. 또한 가족을 돌봐야 하는 부양의 책임으로 인하여 경제적 여유가 없어 평생교육에 참여하지 못하는 경우 등이다.

둘째, 교육기관이나 제도의 문제

프로그램에 관련된 규칙이나 절차 등이 학습자의 참여를 제약할 수 있다. 교육시간이나 학습자가 원하는 프로그램을 가까운 기관에서 찾지 못하는 경우가 해당된다. 또한 평생교육 기관의 행정처리나 거주지 제한 등도 저해요인이 된다.

셋째, 개인의 속성요인

학습자가 교육에 관련된 부정된 경험을 한 적이 있거나 소극적인 성향을 가진 사람들이 교육에 참여하는 것을 꺼리는 경우이다. 또는 자신이 학습에 참여할 경우에 적응하지 못할 수 있다는 불안감이나 다른 학습자들보다 뒤떨어질까 염려를 해서 학습에 참여하지 못하는 경우이다.

넷째, 정보의 요인

학습자 개인들이 교육기회에 대한 정보를 제대로 파악하지 못하거나 충분한 정보가 없어 참여하지 못하는 경우가 있다. 그러므로 평생교육에 참여하지 않는 학습자들이 자신의 삶에 만족하거나, 더 이상 학습할 것이 없어서 참여하지 않는 것이라고 섣불리 판단해서는 안 된다.

연구문제

1. 성인학습자의 일반적인 특성을 이야기해 보세요.
2. 내가 알고 있는 성인학습자의 학습동기에 대하여 나누어 보세요.

실전방법 성인교육 참여의 장애요소

1단계: 팀원을 정할 때 지적 자원을 다양하게 구성한다.
(ex) 성별, 발표, 정보활용 능력 등

2단계: 〈교육기관이나 제도의 문제〉에 대하여 토론한다.
(브레인스토밍의 형식으로 진행되어도 무방.
기관의 유형에 따라 어떤 어려움이 있는지 나누어 본다.)

3단계: 팀원들이 논의한 것들을 모아 전지에 기록 또는 붙인다.
(다양한 의견들을 정리하여 발표를 할 수 있도록 준비)

4단계: 각 팀별로 '교육기관이나 제도의 문제'에 대한 현안과 문제점에 대하여 발표하고 질문한다.

5단계: 전체의 발표 내용을 듣고, 공통된 문제와 새로운 문제점으로 제기된 것들에 대하여 정리해 본다.
교수자는 주제에 대하여 토론된 것에 대한 총평을 하면서 평생교육 학습자를 더 깊이 있게 이해할 수 있도록 도우며 인식을 심어 주도록 한다.

PART 2

평생교육방법의 유형

Chapter 04 평생교육방법의 분류와 선정 기준

개요

평생교육의 교수 · 학습 방법은 매우 다양하게 개발되고 활용하는 것이 일반적이다. 이러한 다양한 학습 방법이 지녀야 할 가장 중요한 특성은 학교교육과 같이 일방적으로 지시하고 가르치는 것이 아니라, 학습자의 학습을 도와주는 것이어야 한다는 점이다.

그러나 교육방법의 종류가 매우 다양하게 개발되고 활용된다고 하더라도 교육에 있어서 최고의 교육방법은 없다. 다만 최적의 교육방법만이 있을 수 있다.

평생교육방법의 선정 기준에 있어서 다양한 교육방법 중 어느 것이 특히 더 좋은 방법이라고 말할 수 없다. 그것은 학습자의 특성과 이전의 학습경험, 학습목표와 내용 및 교수자의 경험 정도, 환경에 따라 그 효과가 다르기 때문이다. 따라서 교수자는 다양한 평생교육방법을 익히면서 특정한 상황에서 어떤 방법을 어떻게 사용할 것인가를 고민하여야 한다. 이 장에서는 평생교육방법의 분류와 평생교육방법의 선정 기준에 대하여 살펴보고자 한다.

학습목표

1. 평생교육방법 분류에 대하여 설명할 수 있다.
2. 다양한 교육방법 중에서 해당 교육에 적합한 교육방법을 선정하여 적용할 수 있다.
3. 효과적인 평생교육방법 선정 기준에 대하여 설명할 수 있다.

1. 교수 · 학습 방법의 분류

평생교육방법은 매우 다양하게 개발되고 활용하여야 한다. 학습대상자가 유아기부터 노년기까지 다양하므로, 다양한 학습 방법과 다양한 학습 방법 분류의 접근이 필요하다. 이 장에서는 김용현(2015)이 제시한 교수 · 학습분류를 살펴보기로 한다.

1) 학습자의 구성에 의한 분류

학습자들이 어떤 구성하에서 학습을 하느냐에 따른 분류로 개별학습(Individual Study)과 집단학습(Group Study)으로 구분해 볼 수 있다.

먼저 개별학습이란 개인이 어떤 학습 집단의 구성원이 될 수도 없고, 또한 그것이 기대될 수도 없는 독립된 개인에 초점을 두는 학습 방법이다. 다시 말하면, 학습자가 다른 학습자 또는 학습 집단과의 직접적인 교류나 협동 등을 하지 않으면서 개인의 사회적 행동 형태의 변화를 가져오는 데 중점을 두는 학습 방법으로서 다음의 방법들이 이에 속한다.

(1) 독학(Self-study)

학습자가 누구의 직접적인 지도를 받지 않고도 혼자서 교과서나 참고서를 통하여 배우는 것을 말한다. 이러한 방법에 의해 학습하는 학습자들에게 정규학교의 학력 또는 학위를 인정해 주기 위해 우리는 고등학교와 대학 입학의 검정고시 제도를 두고 있으며, 1990년부터는 대학의 학사학위 수여를 위한 독학에 의한 학위취득제도까지 도입하고 있다.

(2) 원격 학습(Distance Learning)

시간, 거리 등의 이유로 교육 기관에 직접적으로 출석할 수 없는 학습자들에게 방송 또는 통신 교재로 배우고 지도받는 방법이다. 우리나라의 경우, 방송통신고등학교, 방송통신대학 그리고 위성 교육 방송 등이 이 방법을 활용하고 있다. 「평생교육법」에서는 원격교육제도를 인정하고 있으며 대학의 학사학위와 학점인정 등 원격 학습을 발전시키는 새로운 제도를 도입하고 있다.

(3) 도제 학습(Apprenticeship)

지식 위주의 학문 영역 또는 특정한 기술과 기능 분야에서 이를 보유하고 있는 학자 또는 전문가를 정점으로 학습자가 직접 관리되는 상황에서 학습에 참여하여 지식 또는 기술을 획득 · 전수하는 방법이다. 우리의 경우 전통문화 예술 분야에서 이 방법이 많이 활용되고 있다.

다음은 집단학습으로서, 이는 소집단학습과 대집단학습으로 구분할 수 있다. 집단구성원들의 학습 과정 참여 방법에 따라 다양한 학습 방법이 개발되고 실제로 동원된다. 소집단교육에 주로 활용되는 학습 방법으로서는 소집단 회의법, 브레인스토밍, 사례연구, 위원회, 토론집단, 세미나 등이 있다. 대집단교육에는 청중이해집단(Audience Reaction Team), 자유토의(Colloquy), 대규모회의(Conference), 대규모협의회(Convention), 공개집회(Forum), 강연(Lecture or Speech), 패널 회의 등의 방법이 활용된다.

〈표 4-1〉 집단중심 교육방법의 유형

학자	교수 기법	하위 교수 기법
Carton & Weston (1989)	교수자 중심 기법	강의, 질의, 시범
	상호작용기법	학급토론, 토론집단, 집단과제, 동료에 의한 교수
	개별화 학습 기법	프로그램 학습, 모듈 학습, 컴퓨터학습
	경험 학습	현장학습, 실험실방법, 역할극, 시뮬레이션 및 게임, 연습
Waldron & Moore (1991)	소규모 집단	강의, 브레인스토밍, 사례연구, 질의, 현장견학, 버즈 그룹, 패널토의, 역할극, 세미나, 워크숍
	대규모 집단	강의, 패널토의, 회의, 심포지엄, 집단토의, 워크숍
박노열 (1987)	주입 전달형	강의, 강연, 대담학습, 심포지엄, 패널, 면담학습
	토론 학습형	포럼, 그룹토의, 브레인스토밍, 허들그룹, 버즈그룹
	체험 학습형	시범학습, 현장답사, 침묵학습, 역할극
	간접 학습형	각종 회의, 시민운동

출처: 이해주 외(2021). 평생교육방법론, p.165.

2) 학습목표에 따른 분류

평생교육의 교수·학습 방법은 '무엇을 학습할 것인가?', 또는 '학습한 것을 어떻게 적용할 것인가?'라는 학습목표에 따라 다양한 학습 방법의 기법을 예시할 수 있다.

학습의 목표가 지식과 정보의 습득에 두는 경우를 지식적용형 교육방법으로 분류하여 〈표 4-2〉와 같이 정리하고 있으며, 학습의 목표를 지식과 정보의 적용에 둘 때를 정보습득형 교육방법으로 분류하여 〈표 4-3〉과 같이 비교 설명하고 있다(장진호, 1979: 210-212를 수정하여 구성).

〈표 4-2〉 지식적용형 교육방법

기술	집단의 크기	작용상황
버즈집단토론 (Buzz Group Discussion)	어떤 집단에도 적용 (약 200명 규모까지)	강의자가 자기 주제에 관해 청중의 흥미를 제고시키기 원할 때, 버즈집단을 형성해 질문을 유발하게 하거나, 또는 상이한 내용들을 각기 자기들의 생각이나 경험에 연결시킬 수 있는 기회를 제공한다.
집단토의 (Group Discussion)	소집단	관련된 문제나 학습과제를 처리하는 데 있어서 집단구성원이 최대한으로 참여하고 유기적 관계를 가질 수 있다.
원탁토의 (Round Table Discussion)	소집단	모든 참여자의 공통경험에 관련된 특정 문제를 집중적으로 분석하고, 바람직한 결론을 얻고자 할 때
세미나 (Seminar)	소집단	특정 연구 문제에 관해서 앞선 학생들의 한 집단을 선정하여 다른 사람들과의 토의과정을 통해서 학습할 기회를 주려고 할 때
콜로키움 (Colloqiume)	소집단	연구집단끼리 연구 계획의 설계와 진척 과정의 평가등을 토의할 때
콜로키 (Colloque)	소집단	높은 수준의 참가 청중과 전문가의 전문적인 지식과를 연결시켜 전문적 지식과 집단의 문제해결과의 높은 상관도를 성취시키고자 할 때
역할놀이 (Role playing)	소집단	참여자로 하여금 소정의 주제가 의도하는 바의 생각이나 사상이나 감정에 충분히 몰입될 수 있게 할 때
사회극 (Socio drama)	소집단	사회극은 집단 자체가 의도하고 구성한 사회적인 문제를 특별히 취급하는 역할놀이이다. 이것은 사회문제에 대한 보다 넓은 이해를 돕는 데 사용된다.
사례연구 (case Study)	소집단	참가자로 하여금 전에 학습한 원리나 지식을 특정한 경우에 적용할 수 있도록 하는 방법으로서, 원리를 실제에 적용하는 이해력을 도와준다.
감독을 수반한 연구 계획의 구성과 실천 (Setting Up and Carrying Out Projects Under Supervision)		전에 학습한 원리와 지식을 교육적으로 통제된 방법으로 특정 연구과제에 적용시키고, 계속적인 경험을 쌓아 가게 한다.

기술	집단의 크기	작용상황
감독을 수반한 현장 연구 (Fieldwork Under Supervision)	개인 혹은 소집단	전에 학습한 원리와 지식에 관련되는 실제적 상황에서 현장연구에 참여시키는 방법으로, 여기에는 같은 실제적 문제 상황에서 고도로 훈련된 사람의 감독과 조언을 받게 한다.
과정시범 (Process – Demonstration)	어떤 집단에도 적용	구두설명이나 또는 시범을 통해서 과정을 순차적으로 설명하여 줌으로써 집단은 같은 과정을 재연하기 전에 사전 이해를 도모할 수 있다.
연습 (Practice)	개인, 소·중집단	개인이나 혹은 집단이 주제자의 교정을 받으며 실제 행동을 취해 간다.
연습과 중복 학습 (Drill or Over learning)	개인, 소·중집단	반복 연습을 통해 자동적 반응과 기억의 회상을 도모할 수 있다.
모의연습 (Simulated Performancsor Dry Run)	소·중집단	실제상황에서는 학습자나 장비 등에 위험이 수반되는 경우, 실제와 가장 근사한 상황 아래에서 경험을 쌓게 하며, 여러 분리된 학습과제를 종합해 가는 효과가 있다.
청취팀 (Listening Team)		비관적인 청취능력을 발전시키고자 할 때나 또는 주제에 대한 집중적인 주의를 환기시키고자 할 때에 사용한다.

〈표 4-3〉 정보습득형 교육방법

교육방법	집단의 크기	작용상황
• 강의(Lecture)	어떤 집단에도 적용	한 전문가가 고도의 관심과 지식을 가진 집단에 지식 전달을 할 경우
• 장치를 수반한 강의(Leture with Devices) 레코드, 테이프, TV, 필름, 스컷트, 차트, 지도, 라디오 등	어떤 집단에도 적용	한 전문가가 지식이나 정보를 전달할 경우, ① 내용을 보조 기재에 의해서 예시할 필요성이 있거나, ② 집단이 주제에 대해 잘 이해하지 못할 경우
• 연설(Speech)	어떤 집단에도 적용	특정 분야에 조예가 깊은 역사의 연구 결과나 발견을 알려 주는 등의 특정한 견해의 제시를 목적으로 하는 경우

교육방법	집단의 크기	작용상황
• 토의(Debate)	중집단에서 대집단	전문가에 의하여 각기 천명된 상반된 견해를 서로 토론함으로써 그 주장들을 명료하게 할 경우
• 단상토의(Symposium)	중집단에서 대집단	그 집단에서 관심이 있는 주제에 관해 상이한 권위 있는 의견들을 진술할 경우
• 대화(Dialogue)	중집단에서 대집단	어떤 문제에 대해 상이한 견해가 제시되고 최종적 해결이 나지 않을 때, 모든 문제 국면을 드러내서 절충이나 타협을 모색할 경우
• 배심토론(Panel)	중집단에서 대집단	주어진 주제에 관해서 여러 견해가 제시되고, 아무런 최종 결론도 얻지 못했을 때, 여러 토론자들의 생각이 배심과정에 따라 전개되는 경우
• 강의–공개토론(Lecture–forum) • 장치를 수반한 강의 • 공개토론(Lecture with Devices–forum) • 연설–공개토론(Debate–forum) • 토의–공개토론(Debate–forum) • 심포지엄–공개토론(Symposium–forum) • 대화–공개토론(Dialogue–forum) • 배심토론–공개토론(Panel–forum)	각각 위에 지적한 집단 (공개토론이 없는)과 동일	청중의 참여가 학습분위기를 형성하고 있을 때, 청중 각자에게 자기들의 생각과 경험으로 여러 정보를 통합해 가는 기회를 마련해 줄 경우
• 현장견학(Field Trip)	소 · 중집단	실제 현장에서 이루어지는 과정을 견학 · 관찰함으로써 산 지식을 얻게 하는 경우
• 학습지침(Study Guide)	개인적	학습자가 직접 공적 모임에 참석할 수 없을 때 학습지침은 체계적 지식을 요약해 주는 데 도움을 준다.

3) 산업교육의 분류

산업교육의 분류를 여기에서는 직장 내 교육과 직장 외 교육방법을 중심으로 살펴본다.

(1) OJT(on The Job Training)

OJT는 현장 감독자 등 직속 상사가 작업 현장에서 작업을 통해 개별지도 · 교육하는 것이며, 이용하는 범위가 넓다. 작업요령과 급소를 잘 이해해서 올바른 방법을 체득하여 무리와 낭비, 불균형이 없이 작업능률이 향상되는 효과를 기대할 수 있다. 이 방법은 구체적인 교육방법이지만 때로는 지도자에 의해 계획성이 없는 교육이 될 가능성을 포함하고 있기 때문에, 지도자에 대한 교육 · 지도 등에 유의가 필요하다.

OJT에 의한 방법은 구체적이 되어서 좋지만, 알면 지도표에 의해서 임기응변적이 될 결점이 있다. OJT에 의한 교육방법의 4단계는 다음과 같다.

제1단계–배울 준비를 시킨다: 편안하게 한다. 어떤 작업을 하는지 말한다. 그 작업에 대해서 어느 정도 알고 있는지 확인한다. 작업을 배우고 싶은 기분이 되도록 한다. 올바른 위치에 자세를 취하도록 한다.

제2단계–작업을 설명한다: 중요한 스텝(step)을 하나씩 말해서 들려 주고, 해 보이고, 기록해 보인다. 급소를 강조한다. 확실하게, 빠짐없이, 끈기 있게, 이해하는 능력 이상으로 하지 않는다.

제3단계–시켜 본다: 시켜 보고–잘못을 시정한다. 시켜 보면서 작업을 설명하도록 한다. 다시 한번 시켜 보면서 급소를 말하도록 한다. 완전히 이해할 때까지 확인한다.

제4단계－가르친 결과를 본다: 작업에 종사시킨다. 모를 때에 답변할 사람을 지정해 둔다. 몇 번이고 조사한다. 질문하도록 작용한다. 차츰 지도를 줄인다(최상복, 2004).

▶ 직장 내 훈련 방법

- 경험(Experience)
- 지도(Coaching)
- 대리하는 사람(Understudy)

▶ 직무순회(Job Rotation)

- 특별사업과 특별작업반(Special Project and Task Force)
- 위원회 임명(Committee Assignment)
- 선별적 독해(Selective Reading)

(2) off-JT(on-the-job training)

오프제이티(off-JT)는 경영의 각 계층을 대상으로 직장 밖에서 강의 또는 토의를 통해 실시하는 교육훈련 방식이다. 직장 내에서 교육훈련을 실시하는 OJT를 보다 효과적으로 하려는 목적에서 직장 밖에서 집합적으로 10명 안팎의 인원을 모아, 거의 정형적(定型的)으로 실시하는 교육훈련을 말한다. 그 형태에는 여러 가지가 있으나 대표적인 것으로는 외부 교육훈련기관에 위탁하는 것, 기업 부설의 연수기관이나 양성소 등에서 집중적으로 실시하는 것, 정기 또는 부정기적으로 강습회나 강연회를 개최하는 것 등이 있다. 또 Off-JT는 대개 경영계층별로 실시되는데, 그 종류로는 TWI(training within industry: 기업 내 감독자에 대한 교육훈련), MTP(management training program: 관리자에 대한 교육훈련), CCS(civil communication section: 경영자에 대한 교육훈련) 등이 있다.

프리포(E. Flippo)는 직장 외 교육을 다음과 같이 분류하였다.

▶ 직장 외 훈련(Off the Job Training)

- 특별과정이나 학습(Special Course or Class)
- 역할연기(Role Playing)
- 감수성 훈련(Sensitivity Training)
- 조직적 통찰력(Structured Insight)
- 모의연습(Simulation)
- 대규모 회의 훈련(Conference Training)
- 복식 관리(Multiple Management)
- 특수 모임(Special Meeting)

2. 평생교육방법의 선정 기준

평생교육은 다양한 학습자의 요구에 기초해서 비교적 짧은 기간 내에 학습자들의 직무능력 향상이나 기능습득 등 특정한 목적 달성을 위해 실시되는 것이므로 어떠한 교수·학습 방법을 선정, 활용하느냐가 가장 큰 관심사 중의 하나이다. 가장 효과적인 교수·학습 방법이 무엇이라고 단정적으로 말할 수는 없다. 왜냐하면 다음 그림과 같이 교수·학습 방법은 여러 요인을 고려해서 선정되어야 하기 때문이다.

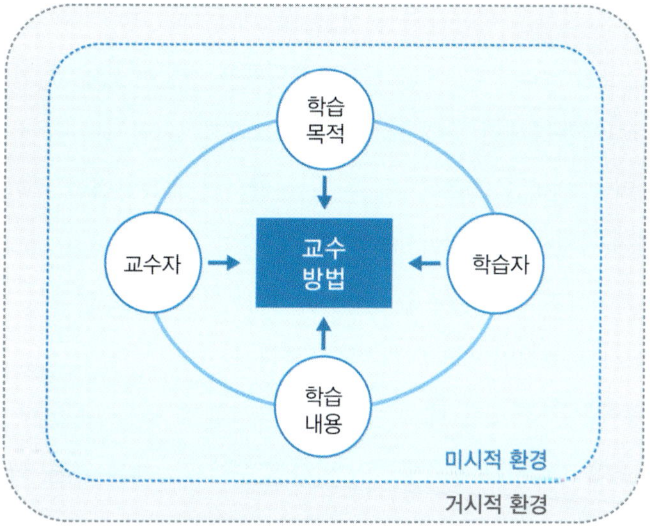

[그림 4-1] 교수·학습 방법의 결정

1) 교육목적과 목표

교육의 목적과 목표에 따라 효과적인 교육방법이 달라진다. 교육의 목적이 지식 전달이라면 고전적 교수방법인 강의식 또는 발문식 교육방법이 효과적일 수 있고, 사회적 상호작용이 교육의 목적이라면 상호작용을 촉진시킬 수 있는 교육방법인 역할연기, 감수성 훈련, 게임식 교육방법 등을 들 수 있다. 그리고 과제해결을 위한 것이 교육의 목적이라면 액션 러닝, 프로젝트 수업, 문제해결(Problem Based Learning)법, 사례연구법 등이 효과적이다. 또 잠재력 개발이 교육의 목적이라면 코칭, 멘토링 등을 효과적인 교육방법으로 들 수 있다.

2) 학습자

평생교육방법의 선정은 학습자의 특성인, 즉 학습자의 연령이나 교육 정도, 경험, 성숙도 등에 따라서 달라진다. 예를 들면, 학습자가 경험이 많은 성인이라면 토의식 교육, 참여식 교육, 문제해결 등의 교육방법이 효과적이지만 경험이 적은 신입사원이거나 신입생이라면 원리를 가르쳐 줄 수 있는 강의식 교육방법이 효과적일 수 있다.

또한 학습자가 수동적인 학습 스타일이라면 강의식 교육방법이 효과적이며, 학습 스타일이 능동적이라면 참여식 교육방법이 효과적이다. 그리고 연령이 적은 MZ세대들은 매체에 있어서도 움직임이 많은 동화상, 플래시, 화려한 파워포인트를 선호하지만 연령이 있는 층에서는 과도한 매체는 오히려 역효과가 있을 수 있다.

학습자의 욕구에 따라서도 교육방법이 달라질 수 있다. 예를 들면, 학습자의 욕구가 물리 · 경제적이라면 지시적 교육방법인 강의식, 관찰법, 패널 등의 교육방법이 효과적이고, 사회적 욕구라면 상호작용적인 교육방법과 협동작업을 중시하는 교육방법인 토의식, 사례연구 등의 교육방법이 효과적이다. 그리고 자아실현을 위한 것이 욕구라면 자기주도학습이 효과적이다.

3) 교수자

교수자의 유형과 교수 스타일은 평생교육방법의 선정에 영향을 준다. 교수자의 교수 스타일이 권위자, 전문가, 전달자라면 교수자가 학습의 주도권을 가지고 있는 강의식, 질문법 등을 선호하고, 또 학습자의 능력을 인정하는 교수자라면 학습자가 주도적으로 하고 교수자는 도와주는 자기주도적 학습을 선호한다. 그리고 교수자의 역할이 조정자, 촉진자라면 학습 과정에 초점을 둔 탐구학습, 창의력 개발법 등을 강조한다. 또한 관계 형성자, 학습을 도와주는 교수자라면 상호작용을 중요시하는 토의법, 역할연기 등을 사용한다.

4) 내용

평생교육방법은 사용하는 교육과목이나 주제에 따라 달라진다. 예컨대, 내용이 주로 지식을 전달하는 것이면 아직도 강의식 교육이 효과적일 수 있고, 기능을 전달하는 꽃꽂이, 커피 바리스타, 요가, 검도 등은 시범 실습식이 적합하다. 또한 태도의 변화를 요하는 것이라면 토의식이 적합할 것이다. 예를 들어, 기업에서 사장이 애사심을 강조할 때 강의식으로 열강을 해도 수강생들은 마음에 와닿지 않을 수 있다. 그러나 강의식보다는 '당신이 회사에 고마움을 느낄 때가 언제인가? 또 언제 자부심을 느꼈는가?' 등을 발표하는 토의식 교육이나 참여식 교육을 한다면 애사심을 갖게 하는 것에 대해서는 더 효과적일 수 있다.

5) 환경

평생교육방법에 영향을 미치는 환경은 미시적 환경과 거시적 환경으로 나눌 수 있다. 미시적 환경에는 교육을 지원해 줄 수 있는 시설 및 장비의 사용 가능성이다. 예를 들면, 파워포인트를 이용하여 교육을 진행하려고 하는데 빔프로젝트가 지원되지 않는다면 시청각 교육은 어려울 것이다. 또한 학습자의 자기개발을 부여하기 위해 동영상을 보여 주거나 음악을 들려 주기 위해서는 비디오와 오디오가 필요한데 이런 기기가 지원되지 않는다면 교육의 효과는 반감된다.

창의력과 문제해결이란 주제로 교육을 진행하는데, 주제에 맞는 장소는 토의를 할 수 있도록 책상을 이동할 수 있어야 하는데 책상과 의자가 붙박이가 되어 있어 이동할 수 없는 장소라면 토의식을 진행할 수가 없기에 강의의 효과는 저하된다.

거시적 환경에는 기관의 성격, 이념, 분위기, 업종 등을 들 수 있다. 기관의 분위기가 경직된 환경이면 지시적 학습, 강의식 학습 등 구조화된 교육방법이 효과적일 수 있고, 개방된 환경이면 토의식 교육, 역할연기, 자기주도학습 등이 효과적일 수 있다. 또한 중공업처럼 업종이 중후 장대한 기업에서는 아기자기한 게임식 교육은 잘 맞지 않을 수 있다.

평생교육방법 선정에 있어서 김용현(2004: 245-247)은 교수·학습 방법 선정 시 고려되어야 할 요인을 다음의 〈표 4-4〉과 같이 제시하였다.

〈표 4-4〉 목표에 따른 교수·학습 방법

행동 목표 유형 / 교수법	지식(Knowledge)		태도(Attitude)		기술(Skill)	
	저(Low)	고(High)	저(Low)	고(High)	저(Low)	고(High)
	KCA	ASE	RR	VOC	IM	PAN
강의 (Lecture)	■	■				
개인지도 (Lesson)	■	■	■		■	
연시 (Demonstration)	■				■	
집단토의 (Group Discussion)		■	■	■		
가정교사 (Tutorial)		■	■	■	■	■
사례연구 (Case Study)		■	■	■		

교수법 \ 행동 목표 유형	지식(Knowledge)		태도(Attitude)		기술(Skill)	
	저(Low)	고(High)	저(Low)	고(High)	저(Low)	고(High)
	KCA	ASE	RR	VOC	IM	PAN
실험지도 (Laboratory Teaching)		■	■	■		
세미나 (Seminar)		■	■	■		
프로그램 학습 (Programmed Learning)	■	■	■			
자습(Self -study)		■	■	■	■	■
연찬회 (Workshop Practice)					■	■
프로젝트 (Project)		■		■		■
게임 및 시뮬레이션 (Gaming and Simulation)		■				■

- KCA: Knowledge, Comprehension, Application(지식, 이해, 적용)
- ASE: Analysis, Synthesis, Evaluation(분석, 종합, 평가)
- RR: Receiving, Responding(수용, 대답(응답력))
- VOC: Valuing, Organization, Characterization(가치관, 조직력, 개별성)
- IM: Imitation and Manipulation(조작력)
- PAN: Precision, Articulation, Naturalization(정확, 분석, 이입(移入))

[연구문제]

1. 강의 주제를 정하고 평생교육방법을 선택한 후 왜 그 방법을 선택하였는지 분석하여 보세요.
2. 교수 · 학습 방법의 분류를 분석하여 보세요.

실전방법 **평생교육방법의 선정기준에 따라 탐색해 보세요.**

선정 기준	교수 · 학습 방법
교육목적과 목표	
학습자	
교수자	
내용	
환경	

Chapter 05

개인중심 교육방법

개요

평생교육의 대상은 아동, 청소년 성인, 노인 등 연령층이 다양하고, 그들의 사회적 배경도 모두 다르다. 그러므로 평생교육 현장에서 다른 사람을 가르친다는 것은 결코 쉬운 일이 아니다. 평생교육 교수자는 교수목표를 고려하여 교육내용을 학습자에게 효과적으로 전달하기 위해 교수 원리와 교수 기법을 충분히 이해할 필요가 있다.

2부는 평생교육 교수자가 교수 원리를 토대로 교수활동을 계획하고, 실제 평생교육 현장에서 효과적으로 적용할 수 있는 교육방법들로 구성되었다.

먼저 개인중심 교육방법으로, 평생교육에 있어서 개인의 능력을 개발하는 것은 중요하다. 개인중심 교육방법은 개인 학습자에게 유익할 뿐 아니라 조직이나 지역사회를 위해서도 많은 잠재적 가능성을 지닌다. 이 장에서는 개인중심 교육방법의 개념과 의의를 살펴보고, 개인중심 교육방법의 유형, 그리고 개인중심 교육방법의 장·단점과 실제 당면 과제에 대해 살펴보고자 한다.

학습목표

1. 개인중심 교육방법의 개념을 설명할 수 있다.
2. 개인중심 교육방법의 유형을 설명할 수 있다.
3. 개인중심 교육방법의 활용 방식을 설명할 수 있다.

1. 개인중심 교육방법의 이해

1) 개인중심 교육방법의 개념

개인중심 교육방법은 개인 학습자가 단독으로 교수자와 상호작용을 하면서 학습하는 방법을 의미한다. 교수자와 학습자의 접촉을 통해서 이루어지는 교육활동으로 대면 접촉과 매체가 동시적으로 활용된다.

학습자는 스스로 학습계획을 세우고 독자적인 방식으로 학습해 나가면서 교수자의 지도를 받거나 학습 상담을 통해 교육을 진행한다. 서적, 시청각 기재, 방송·통신 프로그램 등 매체를 활용하거나 시설을 이용하여 학습자가 집단형태의 활동에 참여하지 않고 타인과의 직접적인 상호작용 없이 독자적으로 학습해 나간다. 즉, 개인중심 교육방법이란 교육적으로 이용될 수 있는 다양한 시설의 물적·인적자원을 활용해 개인적으로 학습하는 형태를 말한다. 가정에서 행하는 예습, 복습이나 성인이 신문이나 잡지를 읽으면서 스스로의 변화를 추구하는 것도 개인학습의 한 형태이다.

학습자는 학습 동료들의 특성, 진도 및 학습성취와 관계없이 스스로 독자적인 계획과 방법으로 학습을 진행해 나가며 자기주도적 학습, 자기보조 학습, 문제중심 학습, 비지시적 학습, 자기통제적 개인학습 등 여러 가지 방법을 연속적 또는 단계적으로 활용한다. 그러나 학습 의욕 저하, 내용 이해 곤란, 학습 시간 부족, 신체의 부조화, 가족 및 직장의 상황 변화 등의 이유로 학습활동의 중단 위기가 문제점으로 제기된다.

2) 개인중심 교육방법의 의의

첫째, 학습자 욕구와 특성의 다양성: 교수자는 개인차를 최대한으로 고려하여 개인 학습자가 자기주도적으로 학습을 진행하도록 도와야 한다.

둘째, 현대사회의 다양화와 복잡화: 직업의 다양화, 근무 형태의 복잡화, 통근의 원거리화 등의 이유로 개인중심 학습 방법을 더욱 선호한다.

셋째, 교육환경의 변화: 언제, 어디서나, 누구나 할 수 있는 교육이 요구된다.

넷째, 정보와 지식의 폭발적 증가: 현대인은 증가하고 있는 정보를 재구성하고 합리적 판단을 내릴 수 있는 능력을 배양할 필요가 있다.

2. 개인중심 교육방법의 유형

1) 개인 지도 방식

- **도제제도**: 경험이 있는 숙련자로부터 개별적으로 기능을 습득하는 형태로 주로 기술 습득과 관련된 영역이다. 도제제도는 중세 유럽 도시의 수공업 기술자를 양성하기 위하여 실시된 교육 형태로서 고용주와 고용인의 계약에 의한 일대일 형식의 학습 방법을 말한다. 고용주는 고용인에게 일을 제공하고 고용인은 전문가의 교육을 통해 숙련된 기술과 작업 과정을 습득하게 된다. 이러한 도제식 학습법은 특수한 기술이나 새로운 기술을 습득할 때 유용하며, 일을 수행하면

서 전문가로부터 숙련된 기술 등을 직접 배울 수 있다는 장점이 있다.

- **인턴십:** 도제제도와 거의 유사하지만 단순한 기술 습득이기보다는 경영학적 기법이나 전문적인 역할 습득에 치중하는 형태를 말한다.
- **직접 개별학습:** 집단이 아니라 개별화된 학습 방법으로서 일정한 교수에 의존하여 수시로 직접 교수, 학습하는 형태이다.
- **상담:** 교육상담이 주가 되는 형태이거나 성인 상담자의 도움을 받는 방법으로 현장의 수많은 자문 교육 형태가 이에 해당한다.
- **개인 지도:** 흔히 개인 교수라고도 하며, 교수자와 일대일의 교육이 이루어지는 형태이다.

2) 개별학습에 의한 평생교육방법

현시대에는 누구나, 언제, 어디서나, 원하는 공부를 할 수 있는 열린 교육 체제 기반을 구축하고, 스스로의 필요에 의해 수행되는 개인중심 평생교육이 중요시되고 있다. 제도적 기반으로 학점은행제, 시간 등록제, 사이버대학, 국가멀티미디어 교육지원센터 등이 있다.

- **학점은행제:** 학습자가 객관적으로 평가 인정된 학습 과정을 이수한 경우와 일정한 자격을 취득하거나 시험에 합격한 경우 학점으로 인정받고 이것이 누적되어 일정 기준을 충족하면 학력 인정, 학위취득을 가능하게 하는 평생학습사회를 실현하기 위한 제도이다.
- **시간 등록제:** 고졸 이후 취업 중에 있는 근로청소년과 주부 및 성인들에게 다양한 고등 교육 기회를 제공하기 위해 학습자의 필요에 따라 시간제로 대학에

등록할 수 있도록 하는 제도이다. 대학 교육의 확대 정책으로서 직장, 가정, 학교 연계형 고등학교 실시 방안이 있다.

- **국가멀티미디어교육지원센터:** 교육 정보화 사업의 전담 기관으로서 에듀넷을 기반으로 사이버교육을 구현하여 학교교육을 보완하고 평생교육 확충을 위해 언제, 어디서나, 누구나 원하는 교육을 받을 수 있는 열린 교육 사회, 평생학습 사회의 실현을 종합적으로 지원하기 위해 설립되었다.
- **CAI & CBE:** 컴퓨터 활용 수업, 자기주도학습의 대표적 형태로, 컴퓨터 프로그램의 도움을 받아 이루어지는 컴퓨터 보조 학습을 말한다. 교수 · 학습 상황에서 컴퓨터를 이용하는 교육방식으로, 교육내용을 프로그램화하여 실시하는 CAI(computer assisted instruction) 방식과 교육에 관련되는 행정적인 업무를 전산화하는 CMI(computer managed instruction) 방식으로 대별된다. CAI는 수업을 진행하기 위한 컴퓨터 프로그램인 코스웨어를 활용하여 학습자에게 학습내용을 제시하고, 컴퓨터를 활용하여 학습자에게 필요한 지식, 기술, 태도 등을 가르치는 수업 방법이다. CMI는 컴퓨터가 직접 수업 매체로 사용되지 않으나 수업과 관련되는 제반 정보나 유용한 자료를 컴퓨터로 전산화하여 교수자와 학습자에게 제공해 주는 것을 말한다. CBE(computer based education)는 CAI와 CMI의 기능을 묶은 포괄적 개념으로 CBI(computer based instruction)라고도 한다. 일반 기업체에서는 CBT(computer based training)란 이름으로도 활용되고 있다.
- **개인학습 프로젝트:** 산업현장에서 특수영역의 학습을 달성하기 위하여 학습자가 다양한 교육자원을 활용하여 이루어지는 학습자 주도적인 형태로, 가장 보편적인 개인중심 학습 방법이다.
- **현장경험:** 조직적, 계획적인 현장경험 중심의 개인학습 형태로 현장을 체험한다는 점에서 개인학습 프로젝트와는 구별된다.

- **관찰 · 모방:** 관찰 및 모방 중심의 학습 형태로서 견학도 포함된다.
- **프로그램 학습:** 학습의 각 단계별 프로그램에 의한 개인중심의 평생교육 형태로, 즉각적인 피드백에 의한 학습지도가 이루어진다.
- **감독 및 장학:** 감독자의 지도나 장학에 의존하는 개인중심의 평생교육으로 현장에서의 계속적인 자기 발전을 위한 감독 훈련 형태이다.

3) 대중매체를 통한 평생교육방법

4차 산업혁명의 새로운 패러다임에서는 고차원적인 문제해결 능력, 창조적인 사고력, 의사결정력과 같은 새로운 능력개발이 요청된다. 대중매체는 이러한 요청의 접근책이나 교육 매체로 활용된다.

- **방송매체에서의 평생교육 프로그램:** 평생교육, 직업교육, 일반교육 등의 프로그램
- **인쇄매체에서의 평생교육 프로그램:** 신문(문화센터 운영 외 공익사업, 정보화 촉진 사업, 청소년 사업 등 신문 지면을 통해 활발히 진행)
- **첨단 정보통신 매체에서의 평생교육 프로그램:** PC통신 또는 인터넷, VOD, 케이블 TV 등 복합적인 첨단 정보통신 매체가 상호결합되어 운영된다. 한국방송통신대학교의 쌍방향 원격 화상 교육, D그룹 연수원과 미시간대학과의 MBA과정 운영, S기업의 가상대학 운영 등이 대표적 사례이다.

4) 문화시설을 통한 평생교육방법

지역주민들에게 문화에 대한 이해와 향유할 수 있는 기회를 제공하는 시설인 도서관, 박물관, 문화공간, 정보매체, 공연시설, 전시장, 문화보급시설 등을 통한 교육방법이다. 이러한 시설들이 서울을 중심으로 도시 지역에 치우쳐 있어서 농어촌은 혜택을 누리기 어렵고, 수강료가 비싸 이용에 제한적인 문제점이 있다. 지방과 도서 지역에 더 많은 문화시설을 확충하고 각 지역의 특성에 알맞은 평생교육 프로그램을 제공해야 한다. 각 시설 간이나 지역 간의 연계하에 거시적인 학습체제의 구축이 이루어져야 할 필요가 있다.

5) 계약학습

계약학습(contract learning)은 교수자와 학습자 간에 학습계약을 체결하여 이루어지는 학습 방법이다. 교수자는 학습자에게 계약학습에 대한 내용과 절차를 설명하고 학습계획서를 배부한다. 학습계획서에는 학습과제명, 학습목표, 학습 내용, 학습 방법, 학습활동 등 전개할 내용이 포함되어 있어야 한다. 여기에 학습자는 자신의 학습 능력을 충분히 고려하여 학습자 자신의 성취증거 제시 방법, 성취도 평가 기준, 기간과 서명 등을 추가하여 학습자 자신의 학습계획서를 작성해야 한다. 학습계획서가 작성되면 최종적으로 교수자와 학습자 간의 동의 절차를 거쳐 최종 확정한다.

계약학습의 계약 절차를 요약하면 다음과 같다.

① 학습자에게 학습계획서를 배부하기 전에 계약학습의 의미와 절차를 소개한다.
② 학습자에게 학습계획서를 배부한다.

③ 교수자는 학습자에게 계약서에 포함된 내용을 상세히 설명한다.

④ 교수자는 작성된 계약서를 면밀히 검토한다.

⑤ 작성된 계약서에 대해 교수자와 학습자는 협의를 통해 상호 동의하에 결정한다.

⑥ 상호 동의한 계약 내용에 대해서 2부를 작성하여 교수자와 학습자가 각각 서명날인하고 1부씩 나누어 갖는다.

계약학습은 교수자와 학습자 간의 일대일 계약으로 이루어질 수도 있고 몇 명의 학습자가 하나의 팀을 이루어 계약을 체결할 수도 있다. 계약학습은 학습자가 전통적인 학습체제에서 벗어나 자유로운 분위기 속에서 자기주도적 학습을 하게 하는 장점이 있다.

6) 프로그램 학습법

프로그램 학습법은 체계적이고 과학적인 절차를 거쳐 마련된 교재를 활용하여 학습자 스스로 점진적인 학습 단계를 거쳐 소기의 학습목표를 달성할 수 있게 하는 교육방법이다. 이는 개인중심의 학습지도 방법의 하나로 학습자가 독서 능력 및 이해력 등 만족할 만한 학습능력을 가지고 있다는 가정하에 실시된다. 프로그램 학습법에는 다음과 같은 원리가 있다.

- 적극적 원리: 학습자료에 대하여 학습자 스스로가 적극적으로 학습에 참여할 수 있도록 유도하는 원리이다. 이 원리에 따라 각 단계마다 학습자의 학습 능력에 부합되게 문제를 만들어 학습자 스스로 학습에 능동적으로 참여할 수 있도록 유도하는 것이 중요하다.
- 자기 구성의 원리: 학습자 스스로가 문제에 대한 답을 구성할 수 있는 원리이다.

- 즉시 확인의 원리: 학습자의 학습 결과를 즉각적으로 알려 주는 원리이다. 학습자가 응답한 내용의 맞고 틀림을 즉각적으로 알려 주는 것이 중요하다.
- 단계별 수준구성의 원리: 교재를 학습자들이 이해하기 쉬운 내용에서부터 어려운 단계로 나갈 수 있도록 구성하여 학습자가 단계적으로 수준을 높여 무난하게 학습목표를 달성할 수 있도록 도와주는 것이다.
- 자기 검증의 원리: 학습하는 과정에서 학습자 스스로 검증해 보는 원리이다. 이는 학습자가 각 단계의 학습을 마칠 때마다 스스로 학습한 내용의 결과에 대하여 검증할 수 있도록 도와주는 것이다.

개인중심 교육방법의 유형을 표로 정리하면 다음의 〈표 5-1〉과 같다.

〈표 5-1〉 개인중심 교육방법의 유형

교육방법	내용
개인 지도 방식	• 교수자와 학습자의 직접적 접촉을 통해서 이루어지는 대표적인 교육활동 • 도제제도(기능 전수), 개인교습(예체능 실기 지도), 인턴십(경영학적인 기법이나 전문적인 역할 습득), 수습 제도
상담 활용 방식	• 평생교육에서의 상담이란 개인이 문제해결을 위해 전문적인 지식과 체험을 가진 상담자로부터 조언과 지도를 받는 것을 의미 • 대면접촉과 매체가 동시에 활용 • 전화나 우편 및 이메일을 통한 개별상담 • 라디오 · TV · 신문 · 잡지 등의 대중매체를 활용한 공개 방식
매체 활용 방식	• 매체는 학습자가 교수자와의 의사소통과정에서 학습효과를 높이기 위한 수단으로 활용 • 학습자가 타인과의 직접적인 상호작용 없이 독자적으로 학습 • 인쇄매체: 장소와 시간에 구애받지 않고 활용. 자신의 독서 속도와 능력에 맞게 학습 속도 조절 가능. 자아 개발, 언어교육, 직업교육 분야 • 시청각 매체: VTR, Tape, 언어, 음악, 건강, 요리 등의 교육에 활용 • 방송매체: 라디오, TV, 영향력, 침투성, 확산성, 속보성에서 뛰어난 효력 • 통신매체: Computer, internet 이용, 가상수업, Multi-media

교육방법	내용
시설활용 방식	• 교육적으로 이용할 수 있는 다양한 시설의 물적 · 인적 자원을 활용해서 개인적으로 학습하는 형태 • 도서관, 박물관, 문화원, 문화센터, 과학관, 전시장 등과 같은 문화시설
개별학습	학습자가 특정 학습과제 수행을 위해 제도적 기반을 활용하여 독립적으로 학습을 해 나가는 방식
계약학습	교수자와 학습자 간에 학습계약을 체결하여 이루어지는 학습 방법, 노울즈에 의해 최초로 소개, 교육자, 멘토 혹은 상급자와 학습자 간의 합의로서 학습과제 수행을 완수하겠다는 하나의 약속, 학습자가 학습 내용, 학습 방법, 학습평가 기준 등을 상세화한 공식적인 합의서를 작성하여 학습자 주도하에 학습을 실시
프로그램 학습법	체계적이고 과학적인 절차를 거쳐 마련된 교재를 활용하여 학습자 스스로 점진적인 학습 단계를 거쳐 소기의 학습목표를 달성할 수 있게 하는 교육방법

출처: 이해주 외(2021). 평생교육 방법론을 참고하여 재구성.

3. 개인중심 교육방법의 과제

1) 개인중심 교육방법의 장점

첫째, 학습자의 욕구와 특성을 반영할 수 있다.

둘째, 개인에게 적합한 시간과 장소 활용이 가능하다.

셋째, 독립성, 자율성을 가지고 자기주도적 학습을 할 수 있다.

2) 개인중심 교육방법의 주의점

첫째, 정보 획득이 용이하지 않다.

둘째, 높은 자발성과 계획성, 강인한 의지를 필요로 한다.

셋째, 학습계획에 차질을 가져오기 쉽다.

넷째, 자기 자신에게 적합한 학습 방법의 파악이 쉽지 않다.

다섯째, 시행착오의 손실이 크다.

여섯째, 전체적인 안목의 결여로 부분 학습에 그칠 우려가 있다.

일곱째, 집단적 상호작용에서 얻을 수 있는 장점을 살릴 수 없다.

3) 개인중심 교육방법의 시사점

첫째, 학습 기회에 관한 정보를 적극적으로 제공해 주는 노력이 요구된다.

둘째, 효과적인 자기주도학습을 위한 교육적 노력이 제고되어야 할 것이다.

셋째, 개인중심 교육방법이 활용될 수 있는 다양한 프로그램이 개발되어야 할 것이다.

넷째, 개인학습이나 경험에 대한 사회적 인정제도를 마련해야 할 것이다.

4. 개인중심 교육방법의 실제

개인중심 교육방법은 평생교육에서 교수자의 직접적 지도나 학습상담, 교수매체, 프로그램, 시설을 통해 개인의 능력을 개발하는 것으로 중요한 의미를 갖는다. 이것은 개인 학습자에게 유익할 뿐 아니라 조직이나 지역사회를 위해서도 많은 잠재적 가능성을 지닌다. 여기에서는 부가적 학습방법으로 인지적 도제 학습방법, 멘토링, 코칭으로 나누어 각각의 교육적 기능과 활용방안에 대해 살펴보고자 한다.

1) 인지적 도제 학습 방법

(1) 배경과 특징

교육제도가 갖추어지지 않았던 과거에는 스승이 자신의 도제(徒弟)에게 먼저 모범을 보이고 도제가 따라오도록 하는 방식으로 지식이나 기술을 전수했다. 도제는 중세 시대 이후 내려온 교육방법으로 특히 전문 직업 분야의 전문가와 초심자 간의 시범과 체험을 통한 실제적 교육방법이다.

이러한 전통적 도제 교육을 현대에 맞게 재구성하여 발전, 변화시킨 교육방법이 인지적 도제 교육이다. 즉, 인지적 도제 이론은 전통적인 도제식 수업 방법의 장점을 최대한 수용하면서 현대사회의 요구에 맞게 창의적, 반성적 사고와 문제해결 등과 같은 내적인 고등정신 기능을 학습하는 데 적합하도록 재구성한 교육방법이다(김윤희, 2000).

인지적 도제 이론은 학습자가 실제 과제를 수행하는 과정에서 그 분야 전문가의 전문적인 지원을 받아 새로운 학습을 성취하게 된다. 교육과정은 문제해결 전 과정을 전문가가 시범해 보이는 '시연 단계', 문제해결을 위한 인지적 틀을 제시하는 '교수적 도움 단계', 학습자 스스로가 문제해결을 할 수 있는 '교수적 도움 중지 단계'의 과정으로 진행된다(이관영, 2020). 학습자의 현재 발달영역에서 혼자서는 해결할 수 없는 과제라도 전문가와 상호작용을 통해서 해결할 수 있게 되며 학습자는 잠재적으로 발전한다.

인지적 도제 이론에서 '도제'라는 용어는 학습이나 지식 습득은 반드시 체험을 통해 이루어져야 한다는 것을 의미하고 '인지적'이라는 용어는 숙련된 전문가의 인지 전략을 전수하는 것에 목적이 있다는 것을 의미한다. 이것이 전통적인 도제 방법과 구별되는 부분이다. 전통적 도제 방법에서는 어떤 물리적 기술과 지식의 습득을 목표로 하지만 인지적 도제 이론에서는 더 나아가 메타 인지적 기술과 지식의 습득을 목표로 하고 있다(Schraw & Dennison, 1994).

(2) 교수 · 학습 방법

인지적 도제 이론에서의 핵심적인 요소는 방법에 있다. 교수 · 학습 방법의 과정은 '모델링 → 코칭 → 스캐폴딩 → 명료화 → 반성적 사고 → 탐색'의 순으로 진행된다(Collins, Brown & Newman, 1989). 이러한 방법은 크게 세 단계로 나누게 되는데, 전문가의 시범을 관찰하고 안내와 지원을 받는 모델링 → 코칭 → 스캐폴딩' 단계, 전문가의 문제해결을 보고 학습자 자신의 문제해결 전략을 수정하는 '명료화 → 반성적 사고' 단계, 마지막으로 학습자 스스로 학습한 지식을 바탕으로 새로운 방식의 문제해결 방안을 설정하는 '탐색' 단계이다(양흥동, 2015).

이관영(2020)은 단계를 다음과 같이 설명하고 있다.

① 모델링(Modeling)

전문가가 학습자에게 지식과 기술을 시범을 통해 보여 주는 단계로, 전문가는 시범을 보일 때 가시적 · 물리적 시범과 함께 그 기술과 지식의 내면적 인지 과정도 함께 드러내 준다. 이 과정에서 전문가는 언어 · 그림 · 기호 등 '상징'을 많이 사용하게 되는데, 인지적 도제 이론에서는 특히, 기술의 전수 과정에서 언어적 설명을 강조하고 있다. 언어적 설명을 통해 전수가 더 명료하게 이루어지기 때문이다. 그리고 학습자가 '단편적인 기술'에 대한 관찰뿐만 아니라 '전체적인 과정'에 대한 관찰을 할 수 있도록 하는 것도 중요하다.

② 코칭(Coaching)

학습자가 모델링을 통해 형성된 지식과 기술로 스스로 문제를 해결하는 과정에서 전문가가 필요에 따라 도움을 주는 단계로 안내적 학습 기회를 제공하는 것을 말한다.

③ 스캐폴딩(Scaffolding)

스캐폴딩도 코칭과 마찬가지로 학습자에게 도움을 주는 데 주목적이 있다. 차이점이라면 코칭은 학습을 촉진하기 위한 광범위한 지도 활동을 의미하지만, 스캐폴딩은 학습자에게 자료를 제공한다든지 다른 학습자들과 아이디어를 교환하는 등 좀 더 직접적이고 부분적이라 할 수 있다. 스캐폴딩은 비고츠키(Vygotsky)의 근접발달영역과 관련이 있다. 학습자가 전문가의 시범을 보고 스스로 연습하는데도 불구하고 실패를 반복하는 경우에 전문가는 학습자가 한 단계 올라설 수 있도록 도움을 줄 수 있는데, 이것이 곧 스캐폴딩에 해당한다.

④ 명료화(Articulation)

학습자가 자신이 습득한 지식과 기술, 문제해결 과정을 명백하게 진술하도록 하는 단계로, 전문가는 학습자로 하여금 자신들의 생각을 말로 설명하게 하거나, 질문을 던져 학습자의 이해를 명료화하도록 한다. 이렇게 말로 설명하게 하는 것이 전통적 도제 학습과 다른 점으로, 전문가는 명료화하도록 함으로써 학습자가 제대로 이해하고 있는지 바로 구별하여 조치를 취할 수 있다.

⑤ 반성적 사고(Reflection)

학습자가 자신의 문제해결 과정과 전문가의 문제해결 과정을 반성적으로 비교하고 검토하는 단계이다. 자신의 수행과정을 되돌아보거나 전문가 또는 다른 학습자들과 비교함으로써 다각도로 분석하게 된다. 이 과정을 통해 보완해 나갈 점을 스스로 판단하고 적용하게 된다.

⑥ 탐색(Exploration)

학습자가 스스로 문제해결을 위한 전략과 가설을 설정하고 탐색하도록 격려하여 독립적인 학습을 수행하도록 하는 단계이다. 학습자는 개인적 관심을 규명하고, 그것에 맞는 목표를 설정하여, 학습을 통해서 문제를 해결하기 위해 질문이나 문제를 만드는 방법을 배우고 스스로 독립적인 지식을 찾아가게 된다.

〈표 5-2〉 인지적 도제 이론의 단계

단계	활동
모델링	전문가가 학습자에게 시범을 보임으로써 인지 과정을 외현화하여 제공
코칭	학습자의 수행에 대한 전문가의 관찰 및 성찰 지도
스캐폴딩	직접적인 도움을 주기보다는 문제해결에 필요한 암기와 단서를 제공
명료화	학습한 내용과 지식을 스스로 확인함으로써 명백하게 재조직
반성적 사고	전문가의 수행과 학습자의 수행을 비교할 수 있도록 안내
탐색	학습자 스스로 전문가의 입장에서 문제해결 과정을 수행

출처: 류지헌 외(2013). 교육 방법 및 교육공학, p.111.

학습자는 이러한 일련의 학습 과정을 통해서 교수자가 문제해결을 할 때 어떠한 메타 인지적 전략과 기술을 사용하는지 관찰하고 교수자의 코칭과 스캐폴딩을 받아 그것을 명료화하고 내면화하며 반성과 탐구를 통해 인지적 성장을 이룩한다. 즉, 도제 방법의 장점을 살려 직접적으로 전문가의 과제 수행과정을 관찰하고 실제로 과제를 수행해 보는 가운데 자신의 지식 상태 변화를 경험할 수 있도록 하는 것이다. 이때 눈에 보이는 기술이나 기능 등을 전수하고자 하였던 전통적 도제 방법과는 달리 인지적 도제 방법에서는 과제 수행에 있어서 관련된 지식이나 인지적 전략과 사고력 등 인지와 관련된 능력의 신장을 목표로 한다(이관영, 2020).

(3) 교수자와 학습자의 역할과 상호작용

인지적 도제 이론의 핵심적 원리는 교수자와 학습자의 상호작용을 촉진함으로써 학습자의 인지적 성장과 학습 목적을 달성하도록 조력하는 것이다. 먼저 교수자에 의해 체계화된 지식이나 기술 등을 포함한 전반적인 과정을 학습자에게 시연해 보이는 '시범 단계'가 있다. 다음으로 학습자가 '시범 단계'에서 관찰한 과제를 제대로 완수할 수 있도록 단계마다 교수자는 안내자의 입장이 되어, 학습자에게 도움을 주는 '교수적 도움 단계'가 있다. '교수적 도움 단계'에선 도움의 횟수나 그 정도를 점점 줄여 나가게 되며, 학습자가 스스로 문제를 해결할 수 있는 상태가 되면 '교수적 도움 중지 단계'로 넘어간다. 이처럼 교수자와 학습자가 각 단계를 거치는 과정에서 끊임없이 상호작용을 하게 된다.

하지만 인지적 도제 이론이 다른 구성주의 이론에 비해 객관주의적 목표를 제시하여, 전문가의 재생산, 재현을 강조하면서 학습자들이 새로운 전문가로서 사회집단의 문화와 지식, 기술에 대해 새롭게 창조하고 변화시키는 측면은 도외시하는 경향이 있다(이영준, 김지애, 2015). 즉, 학습자들 나름의 경험과 지식, 문화와 인지구조는 소외되고 이를 바꿔야 할 대상으로 인식한다는 것이다.

인지적 도제 이론의 이러한 한계를 극복하기 위해서는 모델링보다 코칭을 강화한 수업을 설계해야 한다. 교수자의 과제 해결 전략을 무조건 모델링하게 하기보다는 교수자가 시범을 보인 후, 코칭 과정에서 학습자의 개별성을 인정하고 각자에게 맞게 과제 해결 전략을 탄력적으로 적용할 수 있도록 교수자 학습자 간 인지적 상호작용을 강화해야 한다는 것이다. 이러한 코칭 과정의 강화를 통해 학습자 스스로 자신에게 맞는 과제 해결 전략을 찾게 되면, 학습자 스스로 명료화와 성찰을 하고, 탐구할 때에도 교수자의 방식을 절대적인 기준으로 삼아 자신의 수행을 수정하는 것이 아니라 자신에게 맞는 과제 해결 전략이 무엇이고 이번 수행에서는 어떠한 부분이 부족했는지, 다음에는 어떤 부분을 보완해야 하는지를 중심으로 인지적 활동을 하게 될 것이다.

2) 멘토링

(1) 멘토, 멘티, 멘토링의 개념

멘토링의 사전적 의미는 경험과 지식이 풍부한 사람이 특정한 사람에게 지도와 조언을 하면서 실력과 잠재력을 개발시키는 활동이다. 초보자를 성장시켜 사회의 유능한 구성원이 되는 것을 돕기 위해, 경험과 기술 수준이 높은 사람과 기술 수준이 낮은 초보자 사이에 발생하는 복잡하고 상호작용적이며 역동적인 지원과정을 의미한다.

멘토라는 단어는 호머(homer)의 오디세이(odyssey)에 처음 등장한다. 고대 그리스 왕인 오디세우스가 트로이 전쟁에 출정하면서 아들 텔레마코스의 교육을 그의 친구인 멘토에게 맡긴다. 멘토는 전쟁에서 오디세우스가 돌아오기까지 10여 년 동안 왕자의 친구, 선생, 상담자, 때로는 아버지가 되어 잘 돌보아 주었고 텔레마코스가 훌륭하게 성장하는 데 큰 기여를 하였다. 이후 멘토라는 이름은 지혜와 신뢰로 한 사람의 인생을 이끌어 주는 지도자의 의미로 사용되었고, 미성숙한 사람이나 초심자는 멘티(mentee)라 불리고 있다.

멘토링은 경력이 많은 멘토와 경력이 적은 멘티의 관계를 통해서 멘티가 안내와 지원을 받음으로써 특별한 능력을 배우거나 발전시키는 것이다(Murray, 2002). 멘토링은 지식을 공유하고 개인의 발전을 장려하는 것을 목적으로 한다. 최근 멘토링에 대한 관점은 일방적 멘티 지향적 상하관계인 전통적 멘토링에서 멘토와 멘티 간 상호협력하는 수평적 멘토링으로 바뀌고 있다(박성기, 2021).

(2) 멘토링의 기능

크램(Kram, 1983)은 멘토링 기능을 '경력개발 기능'과 '사회심리적 기능'의 두 가지 차원으로 분류하였고, 스칸두라(Scandura, 1992)와 버크(Burke, 1984)는 멘토링의 '역할

모형기능'을 보완한 3차원 분류를 제시하였다. 경력개발 기능이란 개인 스스로의 역량 계발 및 경력 발전을 도와주는 기능으로 본인이 맡은 역할을 수행하는 데 필요한 능력을 습득하고 학습할 수 있도록 도와주는 기능을 의미한다. 사회심리적 기능은 개인에 대한 카운슬링에 해당되는 것으로 학습 외적으로 멘토와 멘티 사이의 친밀도를 높이고 이런 관계를 통해 형성된 자신감은 업무의 능률 및 동기부여를 촉진시키게 된다. 역할 모델 기능은 멘티가 업무 수행에 있어 멘토의 올바른 행동과 가치관, 태도 등을 닮아 가도록 유도하는 기능으로 이런 과정을 통해 멘토와 멘티는 닮아 가게 된다고 하였다(Burke, 1984; 고아라, 차성현, 2019). 또한 하워드와 윌리엄(Howard & William, 2000)은 멘토링의 교육적 기능을 제시하며 지원, 격려, 상담, 우정, 가르침으로 분류하였다. 멘토링의 기능을 정리하면 다음과 같다.

〈표 5-3〉 멘토링 기능의 학자별 정의

학자	멘토링 기능	
Klauss(1981)	후원과 조정, 역할모델 기능, 개인 개발에 대한 상담, 경력개발에 대한 조언, 피드백	
Kram(1983)	경력개발 기능	노출 및 소개, 지도, 도전적 업무부여, 후원, 보호
	사회심리적 기능	상담, 우정, 역할 모형, 수용, 확인
Burke(1984)	경력개발 기능, 사회심리적 기능, 역할모델 기능	
Howard & William(2000)	교육적 기능	지원, 격려, 상담, 우정, 가르침
박성미(2006)	경력개발 기능, 심리사회 기능, 역할모델 기능, 우정보호 기능	
박경규, 이규만(2010)	심리사회 기능, 전문적 능력 기능	

멘토링 기능을 학습 장면과 연결시켜 보면, 경력 관련 기능은 멘티가 학습 과정을 잘 따라갈 수 있도록 지도해 주고, 진로 계획을 잘 해 나갈 수 있도록 멘토가 지도 후원하는 것으로 볼 수 있다. 심리·사회적 기능은 상담, 우정, 수용 및 지원 등을 통하

여 멘티가 자신감을 가지고 일상생활에 잘 적응해 가도록 수행하는데, 멘티의 고민 해결, 멘토와 호의적 관계 형성, 자아확립을 돕는다. 멘토가 멘티의 역할모델이 되어 바람직한 행동 방식과 태도, 가치관 등을 전해 주고 멘티는 이를 닮아 가는 것으로 볼 수 있다(전광석, 2009).

〈표 5-4〉 멘토링의 기능별 속성과 내용

차원	속성	내용
경력개발 기능	후원	승진이나 좋은 자리 이동을 위해 멘티를 적극 추천
	노출과 소개	기회를 줄 수 있는 주요 관리자와 멘티를 연결
	코칭	목표 달성 및 인정받을 수 있는 방법에 대한 비결 제시
	보호	잠재적인 불리한 상황이나 상급자로부터 멘티를 보호
	도전적 업무부여	효율적인 과업 할당과 피드백을 통하여 멘티가 필요한 능력을 개발할 수 있도록 도와줌
심리사회 기능	수용과 지원	멘토와 멘티 상호 간에 지지와 격려를 함
	카운셀링	멘티가 개인적인 문제를 해결하는 데 도움을 주고 자아개념을 강화시킴
	프렌드십	사회적 상호작용을 통해 서로 만족할 수 있도록 함
역할모형 기능	역할 모델링	멘토를 바람직한 역할모델이나 준거의 틀로 삼아 닮아 가는 것으로 조직 내에서 멘티의 역할수행에 대한 효율성을 고양시킴
교육적 기능	지원	전문가나 지원자가 되어서 멘티의 삶에 효과적인 후원자의 역할을 하는 것, 멘토는 멘티의 필요한 부분을 지원하고 도와주는 것, 멘티에게 필요한 구체적인 협력 기능을 함께하는 것
	격려	멘티의 주위에서 일어난 모든 문제점을 깊이 있게 알아보고 후원하는 것, 멘티의 문제들을 파악하기 위한 자율적인 환경을 제공하는 것, 멘티에게 그들이 가지고 있는 실질적인 문제들이 무엇인지 알아보게 함으로써 문제해결을 위한 사고를 촉진할 수 있도록 이끌어 주는 것
	상담	직접적인 대화의 기능, 문제를 해결하고 치유하는 적극적인 기능, 대화를 통해서 서로를 이해할 수 있으며, 구체적인 목표나 이상들을 설계하고 실천
	우정	친밀한 인간관계를 통해서 유익한 관계를 유지, 친구의 기능은 서로의 고민을 이야기할 수 있고, 경청해 주고, 공감하면서 서로가 후원자가 되기도 하는 수평적인 관계를 의미
	가르침	기본적인 교육 관계, 멘티의 부족한 지식을 제공해 주는 것

(3) 멘토링 프로세스

멘토링은 멘토와 멘티 간에 깊은 인간관계를 맺는 과정이면서 구체적인 변화를 위해 지식과 경험을 교류하는 과정이다. 이러한 과정은 3단계로 이루어진다.

① 신뢰 형성 단계

가장 중요한 단계로서 멘토와 멘티가 상호신뢰하는 관계를 함께 만들어 가는 과정이다. 이 단계에서는 각자가 상대방에 대한 신뢰를 얻기 위해서 개인 특성에 대한 깊은 이해를 서로 공유할 것을 요구한다. 신뢰 형성을 위해서는 여러 번의 만남과 격식 없는 교제를 필요로 한다. 특히 대학생이나 청소년 멘토링 같은 경우는 멘토와 멘티 간에 나이 차이가 크고 살아온 경험이 다르다. 지식과 경험을 나누기 전에 멘토와 멘티가 거리감을 없애고 서로 간에 신뢰를 형성하는 과성을 잘 진행해야 한다.

② 학습과 개발 단계

변화가 이루어지는 단계로, 멘토와 멘티는 개인적으로 성장하고 전문적으로 성장하기 위해 함께 대화하고 경험하고 과제를 완수하기 위해 일한다. 이 단계에서는 서로 간의 합의에 따라 주기를 정할 수 있는데 주간미팅, 격주, 혹은 월간미팅으로 진행될 수 있다. 멘토는 멘티가 배워야 하고 변해야 할 것을 잘 구별해야 하고, 어떤 방식으로 접근해야 멘티의 성장이 잘 이루어질 수 있겠는지 진정성을 갖고 운영해야 한다.

③ 유지단계

멘토와 멘티가 모든 것이 잘 되고 있는가를 확인하고 지속적인 성장을 위해서 계속 접촉을 유지하는 단계이다. 변화와 성장을 위해서는 멘티의 노력과 함께 멘토의 후원이 필요하다. 이 단계는 이전 단계처럼 학습을 위주로 하지는 않지만 역시 중요하다.

멘토는 멘티가 겪게 되는 경험과 도전을 이해하고 지속적인 격려와 후원을 통해 멘토의 성장이 지속되도록 영향을 미칠 수 있다. 주기는 월 1회, 매 6개월마다, 또는 1년에 1회 등 다양하다. 언제라도 필요하다면 학습과 개발 단계를 다시 시작할 수도 있다.

멘토링의 핵심 단계는 멘토와 멘티가 만나 학습하고 계발하는 활동을 하는 것에 있다. 인간의 변화와 성장은 선형적인 과정이 아니고 다양한 계기와 맥락에서 이루어진다. 그렇지만 학습과 개발이 이뤄지는 단계는 몇 가지 단계를 거친다. 멘토는 멘티의 성장을 위해 각 단계가 원활하게 구성되고 각 단계가 제대로 이루어지는지를 관찰하면서 필요한 역할을 수행한다.

① 발전 욕구 확인 단계

멘티는 왜 멘토링을 하고 싶어 하는가? 무엇을 기대하는가? 배우고 싶은 혹은 배워야만 하는 지식과 경험은 무엇인가? 이와 같은 것들을 확인하고 멘토링을 통해 중요한 성장의 계기를 만들겠다는 욕구를 명확하게 하는 단계이다.

② 자기주도적 학습 지원단계

멘토링은 일방적인 지도 전달을 하는 활동이 아니다. 멘토링은 멘토의 지식과 경험을 통해 멘티의 성장에 도움이 되는 깨달음을 멘티 스스로가 깨닫고 필요한 행동을 실천하는 활동이다. 멘토링에서 멘티는 스스로 자기 계발과 성장에 대한 책임을 받아들이고 노력하는 행동을 해야 한다. 멘토는 이러한 멘티의 행동을 격려하고 필요한 조언과 후원을 수행한다.

③ 평가 지원단계

피드백은 멘토링에서 매우 중요한 과정이다. 멘토는 멘티가 노력한 행동에 대해 진정성 있는 피드백을 제공한다. 피드백을 통해 멘티가 어떠한 사람이며, 어떠한 강점과 약점을 갖고 있으며, 무엇을 더 잘할 수 있겠는가를 알 수 있다. 또한 무엇을 더 배워야 하는가도 알 수 있다. 멘토는 멘티가 수행한 노력과 활동, 변화과정을 평가하고 이러한 교훈을 피드백해야 한다.

3) 코칭

(1) 코칭의 정의

코칭(coaching)의 어원은 16, 17세기에 헝가리의 한 마을인 코치라는 지역에서 생산되었던 마차 콕시(Kocsi)에서 유래되었다(정은경, 2020). 이후 코칭은 승객을 현재 있는 곳에서 가고자 하는 목적지까지 만족스럽게 데려다주는 운송 수단의 용어로 사용되었다(이용권, 2019).

현대 코칭의 출발은 재무 컨설턴트였던 토마스 레너드(Thomas J. Leonard)가 1980년대 초 고객과의 대화 속에서 고객이 질문을 통해 스스로 문제를 해결하는 것을 경험하고, 이 상호작용을 '코칭'이라고 명명하며(Leonard, 1998) 시작되었다. 그는 스포츠 분야에서 활용되었던 코치와 선수 간의 파트너십의 개념을 개인의 라이프와 비즈니스 영역으로 확대해 사용하였고, 1995년 국제코칭연맹(International Coach Federation: ICF)을 설립하였다.

국내 코칭 서비스는 2000년 이후에 보급되기 시작하여, 2003년 한국코치협회(Korea

Coach Association: KCA)가 설립되었고, 이후 2011년 한국코칭심리학회(Korean Coaching Psychology Associations: KCPA)가 발족되었다.

[그림 5-1] 마차 콕시의 모습

코칭의 개념은 스포츠뿐 아니라 청소년 및 성인교육 등의 교육학, 상담학, 심리학, 임상 심리와 조직심리, 경영학 그리고 HRD 분야 등 다양한 분야에서 폭넓게 논의되어 왔다(McLean et al., 2005). 그러나 코칭에 대해 일치된 정의는 없으며, 다양한 분야에서 다양한 정의로 논의되고 있다. 실제 코칭이 활용되는 현장의 학문적 토대 위에 각 분야의 특별함이 적절히 융합되어 사용되고 있다. 즉, 코칭은 바라보는 견해와 강조점에 따라 다양하게 정의될 수 있다. 이렇듯 다양한 코칭의 정의를 네 가지 관점으로 분류하면 다음과 같다(박수진, 2020).

첫째, 코칭은 개인의 성장을 지원하는 과정이다. 코칭은 개인이 스스로 더 효과적으로 성장이 가능하도록 기회, 수단 등을 제공하는 지원 시스템이다(Peterson & Hicks, 1996).

둘째, 코칭은 개인이 가진 자원을 통해 성과를 끌어내고 극대화할 수 있도록 돕는 성과 향상 과정이다. 개인이 스스로 보고 배울 수 있도록 도우며 주도적 참여를 통해 지식과 기회, 수단을 제공하고(Cook, 1981), 책임감을 강화하여 지속적 성과를 내도록 돕는다(Peters & Austin, 1983). 또한 예측이 가능한 과정 수행으로 탁월한 성과와 지속적 개선을 위한 몰입, 긍정적인 관계를 갖도록 하는 상호 대화이다(Kinlaw, 1989). 이는 조직원이 성과를 올릴 수 있도록 가능성을 일깨우고, 잠재력을 발휘하도록 충분한 피드백을 제공하는 것으로 보기도 한다(Phillips & Richard, 1994; Hunt & Weintraub, 2002; Whitmore, 2004).

셋째, 코칭은 상호 협력적 관계를 통한 파트너십 과정이다. 코치와 피코치가 공동의 목표를 가지고 함께 통일된 행동을 함으로써 과거의 성과를 능가하도록 지원한다(Katz & Kochan, 1985; Evered & Selman, 1989). 이를 위해 능력 확장, 비전 설정, 목표 달성을 목적으로 존재, 사고, 행동의 재창조를 위한 지원을 제공하는 강력한 파트너십을 발휘하는 과정이기도 하다(Hargrove, 1995).

넷째, 코칭은 정형화된 실제적 절차를 가진 프로세스를 통해서 이루어지는 과정이다. 대화로 방향 제시, 개발, 수행 평가, 관계 등의 구체적인 행동을 나타내는 프로세스이며(Stowell, 1988), 구성원과의 커뮤니케이션으로 서로 존중하며 상대방의 욕구에 관심을 가지는 프로세스이다(Aldag & Kuzuhara, 2002). 또한 구성원에게 지속적이고 긍정적인 영향을 미치는 양방향 커뮤니케이션으로 지속적 역량 개발을 돕는 프로세스이자(최치영 외, 2002), 개인과 조직이 잠재력을 극대화하여 최상의 가치를 실현할 수 있도록 돕는 수평적 파트너십으로 정의되기도 한다(한국코치협회, 2019).

다섯째, 코칭은 학습 과정이다. 조직 목표를 달성하기 위해 고객 개개인의 학습을 촉진하는 것이며(Hodgetts & Knutson, 1998), 학습을 통해 그들의 잠재 능력을 최대한 발휘하도록 하는 것이다(Edwards, 2003). 목적에 따른 학습으로 삶과 직업에서 효과성을 높이고 지속할 수 있도록 하며(Rogers, 2004), 구성원의 성장과 발전을 돕고 개인의 역량과 성과를 높이도록 기술 향상 및 새로운 기술 습득이 가능하도록 돕는 학습 과정이기도 하다(Hamlin et al., 2009).

이상으로 주요 특징 및 다섯 가지 관점에 따른 코칭의 정의와 학자들을 살펴보면 다음의 〈표 5-5〉와 같다.

〈표 5-5〉 코칭의 정의

코칭의 정의	연구자
개인의 성장을 지원하는 과정	Peterson & Hicks(1996), Gallwey(2000), Hunt & Weintraub(2002), Grant(2012), 한국코칭심리학회(2019)
성과 향상 과정	Cook(1981), Peters & Austin(1983), Stowell(1988), Hargrove(1995), Gilley(2000), Whitmore(2004), Hawkins & Smith(2007)
상호 협력관계를 통해 파트너십을 발휘하는 과정	Evered & Selman(1989), Hargrove(1995), Dean & Meyer(2002), McGuinness(2008) (사)한국코치협회(2019)
프로세스 과정	Stowell(1986), Grant(2012), 최치영, Stowell & Starcevich(2002)
학습 촉진 과정	Hodgetts & Knutson(1998), Haberleither 외(2002), Miller & Homan (2002), Edwards(2003), Rogers(2004), Hamlin, Ellinger, & Beattie(2009)

출처: 최인숙(2018). 코칭기반 인성교육 프로그램 효과성 분석. p.27의 내용을 참조하여 재구성함.

코칭의 다양한 정의에 대해 살펴본 결과, 코칭은 학습자의 발전 가능성에 집중해 학습자 스스로 문제를 해결하고 성장할 수 있도록 지원하며 지속적으로 피드백을 제공하는 과정 중심적이고 목표 지향적이며 행동 지향적인 협력 과정이라고 정의할 수 있다(이경호, 2014).

(2) 코칭의 모델

코칭은 코치와 피코치의 대화를 통해 이루어진다. 코칭 대화가 강력한 이유는 그것이 생각하고, 계획을 짜고, 결정하고 행동하는 과정에 구조를 세워 주기 때문이다(Stoltzfus, 2008).

코칭 모델이란 코칭 장면에서 구조적인 대화의 틀을 제공하여 코칭의 흐름이 한 방향으로 정렬되도록 로드맵의 역할을 하는 것으로 코칭 대화와 일반 대화를 구별되게 한다(이소희 외, 2014). 코칭 모델은 코칭의 기대 사항을 분명히 하고, 코칭 성과를 점검할 수 있도록 하며, 코칭 진행의 다음 단계 예측을 가능하게 함으로써 안정적으로 코칭을 진행할 수 있게 한다(박정영, 2010).

코칭 현장에서 가장 많이 일반적으로 활용되고 있는 코칭 대화 모델은 휘트모어(Whitmore, 2002)의 GROW 모델로, 피코치의 능력을 탐색하도록 돕고, 개별 코칭 장면과 코칭 과정에서 좋은 효과를 낼 수 있게 하는 틀이다(Dexter et al., 2011). GROW 모델은 객관성과 실질적인 행동에 초점을 맞추며 프로젝트를 수행하거나, 새로운 습관을 만든다든지, 업무 능률을 향상하게 시키는 등의 외부적인 문제를 해결하는 데 효과적이다(Stoltzfus, 2008). 또한 목표에 초점을 맞추고, 피코치가 목표에 달성하지 못하게 하는 현실을 탐색하여 피코치의 무의식적 동기를 밝혀내는 것에 효과적이다.

GROW 모델은 4단계로 이루어진다. 1단계 목표설정(Goal)에서는 피코치의 이슈를 탐색하여 구체적인 목표를 수립하고, 2단계 현실점검(Reality)에서는 현재 상황을 탐색하여 목표 달성의 장애물을 파악한다. 3단계 대안 수립(Option)에서는 목표를 달성하기 위해 대안을 도출하고, 4단계 실행(Will)에서는 피코치의 실행 내용을 점검하고 실행 의지를 확인한다. 즉흥적인 코칭 현장에도 GROW 모델의 사용은 적합하나, 과도하게 단계별 프로세스를 따라서 사용하면 좌절감과 지루함을 초래할 수 있다. 또한 학습의 시작 시점에서 목표를 확정하는 데 치우치면 자유로운 사고를 저해하고, 창의력을 발휘하는 데 방해가 될 수 있다. 그러나 GROW 모델은 현명하게 사용된다면 유용한 도구가 될 수 있다(Fletcher, 2012).

(3) 평생교육에서 코칭의 활용

교육 환경의 변화로 그 어느 때보다 학습자 중심의 교육이 중요시되고 있다. 빠르게 성장하는 과학 문명의 발달과 사회적 환경에 적응해 나가기에는 교수자 중심의 교육에는 한계가 있다. 이는 산업사회에서 강조되었던 일방적 지식 전달의 개념인 교육훈련이 아닌, 개인과 개인이 만들어 가는 관계와 연대망이 살아 숨 쉬는 일터의 변화를 추구하게 된 까닭이다(유영만, 2009).

교수자 중심의 교육 패러다임에서는 교수자는 지식을 전달하고, 학습자의 문제에 대한 답을 가르쳐 주고 지도하는 역할이지만 학습자 주도적인 학습자 중심 패러다임에서 교수자는 고정된 교과서적 지식을 직접 가르치기보다는 학습자 스스로가 자신의 잠재력을 최대한 개발할 수 있도록 도와주는 촉진자의 역할을 담당한다. 가르쳐 주는 역할에서 스스로 배우도록 돕는 역할로 변해 가고 있다(Means, 1993). 따라서 교수자가 주도적으로 강의를 이끌어 가기보다는 학습의 안내자이자 공동의 참여자로서 학습자들의 문제해결 과정이나 의사결정 과정을 촉진하여 학습 효과를 높이는 역할을 더 요구받고 있다(권대봉, 2006; 백수정, 2013).

복합적이고 종합적인 평생교육 현장에서도 교육 패러다임 전환에 따른 교수 · 학습의 패러다임과 평생교육 교수자에게 요구되는 역할의 변화가 고려되고 있다. 즉, 평생교육 교수자의 역할이 학습자의 학습을 촉진하는 것으로 바뀌고 있다.

코칭은 사람은 누구나 고유하고 유일하며, 내면에 이미 무한한 자원을 가지고 있는 존재로 본다. 만약 교수자가 학습자는 고유하고 유일한 존재이며 이미 그 내면에 무한한 가능성을 가지고 있다는 코칭 철학적 전제를 두고 교육에 임한다면, 학습자 스스로 무한한 자원을 활용하여 내면에 이미 가지고 있는 답을 찾아내도록 질문을 하게 되고, 그에 따라 교수방법이 달라진다.

코치와 학습자는 동반자적인 협력관계와 코칭 과정을 통해 개인 내부에 있는 가능성과 잠재력을 최대한 발휘하도록 돕는 쌍방향 커뮤니케이션이라고 할 수 있다. 교육현장에서의 코칭 관련 연구들은 변화 지향적이고 상호작용적인 코칭의 효과에 대해 탐색하고 있으며, 코칭에 대하여 효과적인 학습을 위한 교수법이라고 밝히고 있다(Collins, Harkin & Nind, 2002). 코칭은 문제해결의 새로운 방법이자 교수방법을 위한 새로운 흐름으로, 학습을 위한 새로운 해결책(남상은, 유기웅, 2019)으로 제안되고 있다.

학습 코칭이나 진로 코칭, 감정 코칭 등 최근 코칭을 이용한 교육이 많이 이루어지고 있다. 최인숙(2019)은 코칭은 집체교육(training)과는 다르며, 고객을 현재 있는 지점에서 출발하여 원하는 목적지까지 안전하게 데려다주는 이동 수행 기능적 개별 서비스로 정의하였다. 이와 연결하여 학습적인 면에서 코칭은 개인의 능력이나 지식수준에 맞춘 개별적인 학습전략으로 학습을 촉진하고, 수평적 파트너 관계에서 학습자의 잠재 능력을 최대한 끌어낼 수 있도록 지지하며, 학습자 스스로 학습의 주체가 되어 생각하고, 자기주도적으로 성장할 수 있도록 돕는 것이다(양병현, 2009).

〈표 5-6〉 코칭과 트레이닝 비교

구분	코칭(coaching)	트레이닝(training)
의미	소수 맞춤식 교육훈련	집체 교육훈련
커리큘럼	반드시 필요하지 않다.	반드시 필요하다.
시작과 종료	학습자가 결정	교수자가 결정
고객 수	소수	다수
비용	상대적으로 고비용	상대적으로 저비용
효과	매우 우수	우수

출처: 배용관(2020). 코치의 커뮤니케이션 특성이 코칭 고객의 긍정 심리자본에 미치는 영향.

학습 코칭은 학습자가 학습목표를 달성할 수 있도록 학습 습관이나 공부 방법을 체계적으로 관리해 주는 시스템으로, 학습에 어려움을 느끼는 학습자에게 효과적으로 학업능력을 향상시킬 수 있도록 하는 것으로 코치는 개인이 지닌 능력을 최대한 발휘하여 목표를 이룰 수 있도록 돕는다(정현옥 외, 2010).

돕슨(Dobson, 2006)은 『The Learning Coach Approach』에서 학습에 대한 코칭 기술로써, 즉각적인 피드백, 학습활동의 촉진, 경험의 공유에 대해 언급하고 있다. 이러한 맥락에서 코치 교수자의 역할은 학습자가 학습 활동에 참여할 수 있도록 격려하고 학습 내용에서 학습자가 이해하지 못하는 지식의 구조를 학습자 수준에 맞추어 즉각적으로 피드백을 하고, 출발점 행동에서 부족한 부분에 대해 자신의 경험을 공유하며 안내해 주어 학습목표에 다가갈 수 있도록 함께 배우고 학습할 수 있도록 돕는 것이다(신미애, 2016).

또한 코칭은 학습과 삶의 경험 사이에 능동적인 관계를 맺음으로 개인의 학습 준비와 알고자 하는 요구에 목표를 두게 되며, 이는 성인 학습에서의 목표 지향적, 자기주도적 학습의 내용과 같다(Griffiths, 2005). 학습과 코칭의 관련성을 설명하는 모델에서 학습자의 학습 요구가 학습 결과와 목표 달성에 영향을 준다는 사실을 볼 수 있다.

코칭은 개인 성장과 삶을 만족스럽게 향상하기 위한 스킬 개발과 강화에 초점을 두고 있다. 코칭은 훈련 프로그램과 다른 맞춤형 학습을 위한 기회를 제공한다. 이것은 코칭과 성인 학습이 명백한 관련이 있음을 보여 준다(Sieler, 2003).

성인 대상 코칭에서 고려해야 할 여러 요인 중 평생학습과 관련된 요소는 동기부여와 자아 개념이다. 자아 개념은 자존감과 함께 과거 경험에 근거하는 것으로 학습 방법에 영향을 미치며 학습 상황에 긍정적으로 작용한다(박윤희, 2010). 코칭은 자발적이고 목표지향적인 학습자들의 인생 경험을 통하여 학습자를 이해하고 자기 개발을 끌어내기 위해 매우 효과적인 학습 방법이다. 성인을 대상으로 진행되는 교육은 과거 경험에 기반을 둔 자아 개념과 동기부여에 따라 학습의 수용과 결과가 달라질 수 있으므로 세심한 배려와 관심이 필요하다.

학습을 지원하고 촉진하는 데 활용할 수 있는 실용적인 도구로 코칭 프로세스가 소개되면서, 코칭은 효과적인 학습자 중심의 교수 전략이자 손색 없는 학습 촉진 기법으로 제안되고 있다(오인경, 2003). 교수법으로 코칭을 활용한다는 것은 학습자의 학습과 성장을 위한 수단이며, 교수자와 학습자 서로 간에 합의한 성과에 도달하기 위해 생각과 경험을 공유하면서 목표를 달성하도록 지도하거나 이끄는 것이다(하버드비즈니스프레스, 2008).

[연구문제]

1. 개인중심 평생교육방법의 장 · 단점은 무엇인가요?
2. 개인중심 평생교육방법 시 교수자가 고려해야 할 것은 무엇인가요?
3. 〈실전방법〉을 통해 GROW 코칭 대화법을 연습해 보세요.

실전방법 GROW 코칭 대화 모델 실습

- 이슈 발생
- G(목표설정)
- R(현실탐색)
- O(대안모색)
- W(실행의지)

Chapter 06

집단중심 교육방법

개요

평생교육 현장에서는 집단구성원들이 구두표현을 통해 서로의 의견을 교환함으로써 각 개인이 해결할 수 없는 문제를 공동의 집단사고로 해결하려는 토의법이 많이 사용된다. 논란의 여지가 있는 주제를 선정하여 그 주제에 대하여 잘 인식하고 있거나 전문적 지식을 가진 토의참여자들이 자유로운 의견교환을 통해 자신의 의견을 발표하고 다른 사람의 견해를 수용하거나 비판하면서 함께 문제를 해결하고 결론을 도출해 나아간다. 이 장에서는 집단중심 교육방법으로 다양한 토의법의 특징과 집단중심 교육방법에 필요한 아이디어 도출기법을 살펴보고자 한다.

학습목표

1. 토의법의 특징에 대하여 설명할 수 있다.
2. 토의법의 유형에 대하여 설명할 수 있다.
3. 집단중심 교육에 필요한 아이디어 기법을 활용할 수 있다.

1. 토의법의 특징과 장 · 단점

1) 토의법의 특징

토의법은 강의법이 갖고 있는 한계를 극복하고, 학습자들의 참여를 유도하기 위해 사용하는 교수법으로 역동적인 상호작용을 통하여 정보와 의견을 교환하고 결론을 이끌어 내는 교수방법의 하나이다. 또한 토의식 교수방법은 다른 어떤 교수방법보다 상호작용적이고 학습자 중심적인 방법이며, 학습자들의 의사 전달 기술과 비판적 사고능력을 기르기 위한 교수방법 중 하나이다.

토의법이란 집단구성원들이 구두표현을 통해 서로의 의견을 교환함으로써 각 개인이 해결할 수 없는 문제를 공동의 집단사고로 해결하려는 방법을 일컫는다. 즉, 학습자들의 자유로운 의견교환을 통해 자신의 의견을 발표하고 다른 사람의 견해를 수용하여 함께 문제를 해결하고 결론을 도출해 나가는 과정이다.

토의법의 특징은 다음과 같다(Cruickshank et al., 1995).

첫째, 단순한 질의응답과는 달리 토의는 대화를 통한 상호작용에 의해서 학습자들의 적극적 참여를 이끌어 냄으로써 효과를 향상시킨다.

둘째, 토의를 주도하는 교수자는 상황에 따라 다양한 역할을 수행한다. 활발한 상호작용으로 토의가 진행된다면, 교수자는 단지 관찰자의 역할을 수행하는 반면, 토의가 활발하게 진행되지 못하면 집단의 일원으로 토의에 참여할 수도 있다. 대부분의 경우 교수자는 토의의 촉진자나 조정자로서의 역할을 수행하게 된다.

셋째, 토의 참여자들의 특성이나 토의집단의 크기에 따라 토의의 성격은 달라질 수 있다. 작은 규모의 소집단으로 토의가 이루어질 수도 있고, 또 참여자 모두가 함께 참여하는 대규모의 토의가 될 수도 있다.

넷째, 토의가 효과적으로 진행될 수 있도록 토의집단의 배치가 적절하게 이루어져야 한다. 토의에 참가하는 참여자들은 대개 원형으로 앉도록 배치하는 것이 좋으며, 다만 토의주제나 참여자의 특성에 따라 집단의 구성이나 배치가 달라질 수 있다.

2) 토의법의 장 · 단점

▶ 장점

- 학습자들의 적극적 · 자발적 참여를 유도할 수 있다.
- 타인과 지속적인 상호작용으로 창조적인 사고능력 배양과 협동적 기술 및 태도가 함양된다.
- 집단역학의 작용으로 집단 시너지 효과를 얻을 수 있다.
- 적극적인 구성원 의식과 집단에 대한 긍정적 태도를 갖게 된다.

▶ 단점

- 시간과 경비가 많이 소요된다.
- 적극적인 몇몇 학습자에 의해 주도되고 나머지는 무관심하기 쉽다.
- 철저한 사전 준비와 규칙개발, 체계적 관리가 요구된다.

3) 언제 필요한가

- 새로운 정보를 획득하고 배우고자 할 때
- 집단의 소속감, 유대감을 높이려고 할 때
- 사고력과 의사전달 기술을 기르려고 할 때

4) 무엇을 주의해야 하는가

- 자신의 역할 변화를 파악한다.
- 모든 학습자들이 참여하도록 한다.
- 활발한 토의가 되도록 준비를 철저히 한다.

가르치는 교수자의 입장에서는 계획자, 진행자, 정보 제공자, 조언자, 상담자, 그리고 평가자로서 역할 변화가 필수적이다.

토의식 교수법을 할 때는 목적이 무엇이고, 무엇을 배울지에 관해 학습자들에게 설명을 해 주고, 토의의 유형에 따라 역할을 분담시킨다. 그리고 필요한 정보를 제공하고 학습자들 간에 생길 수 있는 갈등과 비난을 통제해야 한다.

그리고 학습이 적극적인 일부 학습자에 의해 주도되고 나머지 학습자들은 소외될 수 있으므로 학습자들의 참여와 관리에 신경을 써야 한다. 진행자로서 소외된 학습자들에게 발언권을 주거나 질문을 유도하는 등 토의를 원활히 진행시킨다.

또한 토의법은 많은 양의 학습 내용을 다루기보다는 이슈가 될 만한 주제를 선정하여 다루게 되므로 주제 선정을 잘해야 한다.

특히, 한정된 시간에 맞는 주제를 택해서 토의 도중에 시간이 끝나지 않도록 주의한다. 또, 의사 진행방법이나 토의방법, 의견제시 방법에 대한 명확한 규칙을 세워 난상 토론으로 끝나지 않게 한다.

어느 교수방법이든 철저한 준비는 꼭 필요하지만 토의식에서는 주제 선정, 자료 준비, 진행방법 등에 특히 세심한 준비가 필요하다(권성호, 2000).

5) 토의법의 절차

효과적인 토의를 위하여 거쳐야 할 절차를 살펴보면 〈표 6-1〉과 같다.

〈표 6-1〉 토의수업의 단계

단계	내용
토의 시작 단계	자연스러운 토의 분위기를 조성하는 단계로 토의에 대한 전반적인 안내를 통해 토의의 목적을 소개하고 토의방법을 결정하는 단계이다.
전개단계	다양한 의견이 개진되는 과정으로 자유롭게 자신의 의견을 표현하고 상대방의 의견을 충분히 듣는 단계이다.
정리단계	다양하게 토의된 내용들을 종합하여 주제별로 정리하는 단계이다.
설명 및 생각 단계	전체 토의 과정 중에서 가장 긴 시간을 할애하는 단계로 토의의 지도자와 참여자가 함께 토의의 내용을 검토하는 시간이다. 이 단계에서는 대부분의 토의 참여자들이 장시간의 토의로 인해 많이 피로한 상태이므로 가장 합리적인 결론을 찾도록 해야 한다.
종합단계	지금까지의 토의 내용을 총 정리하고, 결론과 해답을 찾아 종합하는 단계이다.

2. 토의법의 유형

1) 버즈그룹(buzz group)

(1) 버즈그룹의 특징

버즈그룹이란 소집단이 토의하는 모습과 소리가 마치 꿀벌이 윙윙거리는 소리를 뜻하는 영어단어 'buzz'와 같다는 점에 착안하여 붙여진 이름이다. 즉, 집단구성원이 모두 다 함께 토의에 직접 참여하기가 어려운 대집단인 경우에 활발한 토의의 진행을 위하여 2~3명씩으로 이루어진 소집단들로 분리하여 분과 형태로 토의를 진행하는 기법이다. 다시 말해, 대집단을 여러 개의 소집단으로 나누어 토의학습을 전개하는 것으로, 각 소집단들은 벌이 윙윙거리는 것처럼 구성원들끼리 왁자지껄하게 의견을 교환하면서 주체적으로 토의를 진행한다. 소집단 토의가 끝난 후 최종적으로 전체 집단이 다 모여 각 분과별 토론의 결과를 종합하여 정리함으로써 대집단 종합토론의 성과를 얻게 된다.

버즈그룹의 진행절차는 다음과 같다.

① 의장과 기록자는 사전에 임명할 수도 있고, 구성원들이 직접 선출할 수도 있다.

② 의장은 토의 시작 전에 쟁점이나 문제를 명확하게 소개하고 구성원이 희망하는 주제에 초점을 맞추어 동기화시킨다. 그 후 전체 집단을 버즈그룹으로 나누고, 각 집단에 토의 주제를 부여한다.

③ 의장은 구성원들이 서로 친숙해지도록 도우며, 구성원 모두가 토의에 적극 참여하도록 유도한다. 구성원이 모든 사실과 문제들을 고려하도록 권장한다. 문제나 쟁점에 대한 해결책을 도출하도록 하는 것은 의장의 책임이다.

④ 버즈그룹의 소요시간은 대개 10~20분 정도이며, 기록자는 전체 토의가 이루어지기 전에 각 버즈그룹이 토의 내용에 관한 보고서를 제출해야 한다는 사실을 미리 공지한다.

⑤ 기록자는 각 구성원이 토론에 기여한 내용을 기록하고, 토의가 끝났을 때, 제시된 내용을 정리하여 요약문을 준비한다.

(2) 버즈그룹의 기대효과

버즈그룹의 기대효과는 다음과 같다.

① 대집단을 여러 소집단으로 나누어 도의하도록 함으로써 모든 구성원이 토의에 참여할 수 있다.

② 대주제가 구체적인 하위 주제로 나뉘어지므로 포괄적이며 심도 있는 다양한 논의가 이루어질 수 있다.

③ 소집단들의 분과 토의를 종합하는 시간을 통해서, 대집단의 역동적인 참여 및 공동체 의식을 유발할 수 있으며 또한 신속하게 전체 의견을 이끌어 낼 수 있다.

④ 소집단으로 토의를 진행하므로 자유롭고 비형식적인 토의가 가능하다.

⑤ 소집단 토의를 통해 다양한 배경과 견해를 가진 구성원들의 의견을 개진하고 수렴할 수 있다.

2) 허들그룹(huddle group)

(1) 허들그룹의 특징

대부분의 사람들은 큰 집단에 참여했을 때 비형식적으로 삼삼오오 모여서 그날의

회의 주제에 대한 이야기를 주고받는다. 허들그룹이란 이처럼 큰 집단을 작은 단위로 나누어 활성화하는 방법으로 미시간 주립대학교 필립스(Phillips, 1991) 교수에 의해서 알려지게 되었다. 허들 집단토의는 66토의 또는 필립스토의라고 불리기도 하는데, 이는 6명이 6분 동안 문제를 토의한다는 데서 비롯된 것이다. 보통 허들그룹 토의는 구성원을 4명에서 6명의 소집단으로 나누어 주어진 주제에 대해 토의한다. 이때 의장은 문제나 논쟁점을 소개하고 명료화하여 이에 대한 각 소집단의 적극적 참여를 격려한다. 허들그룹은 민주적 과정을 통해 비교적 빨리 합의에 도달할 수 있다. 또한 큰 집회에 참여할 때 집단구성원이 느끼는 소극성이나 권태에서 벗어날 수 있다는 것이 장점이다.

허들그룹은 특히 대집단에서 전체 의견을 빨리 수렴해야 할 때, 개인의 욕구나 의견이 대집단에서 표현되거나 충족되지 못할 우려가 있을 때, 그리고 집단이 가진 이질성을 활용하고자 할 때 사용하면 유익하다.

(2) 허들그룹의 진행절차

허들그룹의 진행절차는 다음과 같다.

① 허들그룹이 진행되는 동안 구성원들은 생각의 변화를 경험하며, 가능한 해결책 등을 예시한 후 최종적으로 하나의 해결책에 도달하게 된다.

② 할당된 시간을 다 사용했을 때, 의장은 각 집단별로 간략한 보고서를 제출하도록 요구한다.

③ 의장이나 기록자가 칠판에 각 집단의 보고 내용을 요약하면, 의장은 집단 간에 서로 질문하도록 한다.

④ 모든 집단이 보고를 끝마치면, 의장은 제시된 내용들을 요약하고 행동계획을 실천하는 방향으로 추진한다.

3) 심포지엄(symposium)

(1) 심포지엄의 특징

심포지엄은 흔히 단상토의라는 집단토의 방식으로 널리 활용되는 토의법으로 주로 다음과 같은 목적으로 개최된다. 첫째, 조직적으로 정보를 제시하고자 할 때, 둘째, 논쟁점에 관한 광범위한 의경을 제공할 때, 셋째, 문제를 명료화시키거나 하나의 주제에 대한 여러 관점을 분석할 때, 그리고 논점에 대한 다양한 이해를 돕고 관심 있는 사람들의 태도를 환기시키고자 할 때 등이다(권이종 외, 2002: 178 재인용).

심포지엄은 특정 주제에 대하여 보통 2~5명의 해당 분야의 전문가들로 구성된 연사가 각자의 견해를 제시한 후 토의하는 일종의 공식적인 좌담토의이다. 각 연사는 의장의 개회사 후 의장의 진행에 따라 특정 주제에 관하여 각자 20~30분씩 발표를 한다. 그러나 심포지엄에서는 이처럼 사전에 준비된 공식적인 의견발표만 할 뿐 발표자들 간의 대화나 토의, 또는 발표자와 청중 간의 의견교환은 허용되지 않는다.

(2) 심포지엄의 기대효과

심포지엄은 다음과 같은 특징 및 기대효과를 가진다.

① 전문가들의 다양한 지식과 견해 및 경험을 짧은 시간 동안에 조직적으로 학습자에게 전달할 수 있다.

② 집단의 규모가 크더라도 간접적 참여를 통해 집단학습능력을 향상시킬 수 있다.

③ 논란의 여지가 있는 주제에 관한 전문가들의 견해를 통해 큰 주제 및 관련 주제들 간의 관계를 보다 명백하게 규명할 수 있다.

④ 하나의 주제에 대한 다차원적 분석을 통해 다양한 관점에서의 체계적인 이해가 가능해진다.

⑤ 학습자들은 청중으로 간접적으로 참여하지만 새로운 지식과 정보를 습득함으로써 새로운 학습동기와 관심이 유발되는 계기가 된다.

4) 세미나(seminar)

(1) 세미나 특징

세미나는 토의법 중 우리에게 가장 친숙한 유형이다. 세미나는 대학이나 대학원의 강의에서, 그리고 평생교육 현장에서 널리 활용되고 있다. 그런데 본래의 세미나 방식과 최근에 대학, 대학원, 연구기관이나 평생교육기관에서 실시하는 보다 비형식적인 세미나는 그 방식에 있어서 조금 차이가 있는 것으로 보인다.

본래 세미나란 주로 5~30명 정도의 해당 주제에 관한 전문가들로 구성된 소수의 참여자에 의해 실시된다. 세미나는 대개 전문 연구기관의 주최로 실시되며, 발표자나 참석자 모두 관련 주제에 대한 수준 높은 지식과 정보 및 경험을 가지고 있어, 발제나 질의 및 토의내용이 고도의 전문성을 갖는다(신용주, 2004).

(2) 세미나 장점

① 세미나의 참여자들은 전문적인 식견을 지니고 있으며 의장 주도하의 토의를 통해 새로운 아이디어 · 경험 · 지식 · 정보 등을 나누게 된다. 세미나 참여경험이 학습자들에게는 자질 향상과 훈련의 기회가 될 수 있다.

② 세미나의 참여자들은 모두 발표자의 발표 내용을 미리 검토한 후 서로 발표하고 의견을 교환한다.

③ 사전에 세미나에 대비한 준비 및 세미나 참여를 통해 주제에 대한 구체적 지식과

새로운 정보를 체계적으로 획득할 수 있다.

④ 모든 세미나 참여자가 적극적으로 발표와 토의에 참가할 수 있다.

⑤ 관련 주제에 대한 흥미와 학습동기를 유발할 수 있다.

5) 콜로키(colloquy)

(1) 콜로키의 특징

콜로키는 패널토의와 유사한 방법에 대담, 좌담토의라고 불리는 토의법으로 특정 주제에 대하여 전문가와 청중의 대표가 토론하는 방법이다. 한 명의 진행자가 도의를 주관하며 대개 6~8명이 토의에 참석하는데 이 중의 3~4명은 청중대표로, 나머지는 자원인사나 전문가들로 구성된다. 토의시간은 학습자 집단과 전문가 집단에게 거의 동등하게 분배된다.

콜로키의 목적은 다음과 같다. 첫째, 특정 주제에 대한 관심을 부각시킬 필요가 있을 때나 문제의 확인과 명료화 작업이 필요할 때, 둘째, 논점확인 또는 토의를 통해 나타난 문제에 대하여 전문지식을 집중시키고자 할 때, 셋째, 청중에게 어떤 주제와 관련된 요인들을 이해할 수 있는 기회를 제공하고자 할 때, 넷째, 어떠한 행위의 장·단점을 비교하고자 할 때, 그리고 다섯째, 자원인사들로 하여금 그 주제에 대한 학습자의 지식 수준을 파악할 기회를 제공하고자 할 때 등이다(신용주, 2004).

(2) 콜로키의 기대효과

콜로키의 기대효과는 다음과 같다.

① 콜로키 참여자의 적극적 · 능동적 참여로 학습흥미와 욕구를 유발할 수 있다.

② 참여자는 전문가들로부터 풍부한 지식과 새로운 정보를 습득하는 한편 자신의 질문에 대한 다양한 답변을 얻을 수 있다.

③ 전문가들 또한 참여한 학습자들을 통해 직접 그들의 질문이나 피드백을 얻을 수 있으므로 학습자들의 욕구에 부응하는 토의가 가능해진다.

④ 전문가와 참여자 및 참여자와 진행자 간의 자유로운 의사소통을 통해 학습효과를 고양시킬 수 있다.

⑤ 진행자가 체계적 · 조직적으로 콜로키를 진행하게 되면 자연스럽고 깊이 있는 토의가 가능해진다. 또한 모든 참석자의 의견을 수렴함으로써 해당 주제에 대한 광범위한 학습이 가능하다.

6) 패널토의(panel)

패널은 특정주제에 관심 있는 3~6명의 구성원으로 이루어진 토의집단이다. 배심토의라고 불리는 패널토의는 패널구성원이 진행자에 의해 대화의 형태로 토의하는 것이다. 패널들은 보통 청중 앞에 있는 테이블에 앉으며, 사회자가 미리 준비한 질문을 통해 대화를 하게 된다. 대화를 통한 토의의 형식으로 진행되며 청중이나 진행자가 연설하는 것은 허용형식으로 진행되나 원칙적으로는 청중이나 진행자가 연설하는 것은 허용되지 않는다. 청중은 패널들의 대화를 보고 들으면서 학습하게 되며 때로는 사회자의 재량으로 토의에 참여하기도 한다.

패널토의는 주로 다음과 같은 목적을 위해 실시된다. 첫째, 문제나 논쟁점을 확인하고 명료화할 때, 둘째, 참여자들에게 주제에 대한 관심을 불러일으키거나 다양한 견해를 제공할 때, 그리고 주제의 구성요소에 대하여 이해를 증진하고 광범위한 의견을 활용하고자 할 때 등이다(권이종 외, 2002: 179).

패널토의의 특징은 다음과 같다.

① 패널토의의 분위기는 공식적일 수도 있고, 또 비공식적일 수도 있다.
② 사전에 패널들과 토의의 범위 및 윤곽 그리고 진행방법에 대하여 의논할 수 있다.
③ 패널들이 질문이나 지시를 묵살하는 경우도 간혹 있으나, 진행자에 의한 통제를 원칙으로 한다.
④ 주제에 대한 다양한 사실 · 의견 · 태도 등이 대두된다.
⑤ 패널들 간의 최대한의 상호작용이 가능하다.
⑥ 주제에 대한 조직적이고 활발한 발제, 주장과 견해의 차이 그리고 경쟁적인 토의 등으로 청중들의 관심을 증가시킬 수 있다.

7) 포럼(forum)

포럼은 공개토의라 불리는 토의기법이다. 포럼은 여러 형태로 어떤 주제에 관해 새로운 사고방식이나 정보, 자료나 분석결과 등을 제공하고, 참가자에게 그 문제에 대해 질의응답을 함으로써 관심과 열의를 북돋고, 더 나아가서 필요한 정보를 부여하여 문제를 명백히 밝히고 참가자의 사고를 더욱 활발히 하고자 하는 방법이다.

포럼은 다음과 같은 경우에 개최된다. 첫째, 강의 · 강연 · 심포지엄 · 패널 등에서 이미 제기된 쟁점을 더욱 심도 있게 분석하거나, 둘째, 집단구성원에게 아이디어나 의견을 개진하도록 하고 이에 대한 토의를 하려고 할 때, 그리고 이에 대한 전문가의 견해를 듣고자 할 때 등이다.

포럼의 특징 및 기대효과는 다음과 같이 정리할 수 있다.

① 포럼은 특정 전문가들의 발표중심이 아닌 전 참가자들의 토의 참여가 가능하다는 점에서 보다 직접적 · 효과적인 학습성과를 기대할 수 있다.
② 포럼은 다른 강의 · 강연 · 심포지엄 · 패널토의 등에서 토의된 내용들을 제기된 주제나 문제를 확인하고 명료화하는 데 효과적이다. 또한 집단구성원의 의견을 개진하도록 격려하고 토의를 유도하는 데 유용하다.
③ 포럼에 참여하는 전문가들은 미리 철저한 준비를 하게 되며 집단구성원들 역시 주제에 대하여 미리 연구를 한 후, 서로 질의 · 응답을 하게 되므로 효과적인 학습이 일어날 수 있다.
④ 포럼을 통해 도출되는 의견은 소수 전문가들의 의견이 아닌 집단구성원들의 견해이므로 풍부하고 의미가 있다.
⑤ 포럼의 진행을 원활하게 이끌어 갈 숙련된 사회자의 확보가 중요하다.

3. 집단학습법

1) 집단학습법

팀 학습은 팀워크를 바탕으로 팀 목표 달성을 위해서 구성원 각자가 지니고 있는 다양한 경험과 아이디어를 공유하면서 주어진 문제를 해결해 나가는 집단학습이다. 학습활동을 하는 데 있어서 목표달성을 위한 과제, 개인별 평가와 팀별 평가, 교수자의 피드백 등의 진행절차가 있는 학습법이다. 팀 차원의 학습은 개인 차원의 학습이 잘된다고 저절로 보장되지 않는다. 개인학습을 촉진시켜 그 결과가 팀 차원으로 승화되고 발전되기 위해서는 팀 학습활동을 촉진시키는 팀 차원의 집단적 조건과 환경이 이를 지원해 줘야 한다. 따라서 팀 학습은 학습 팀이 최상의 성과를 산출하기에 유용한 학습법이므로 팀에 대한 구성과 팀 활성화에 대한 부분을 중심으로 살펴보고자 한다.

팀 학습은 학습 팀이 최상의 성과를 산출하기에 유용한 학습법이다. 팀 학습 그 자체는 소그룹 토의와는 구분이 된다. 특별한 교수전략, 다시 말해서 학습활동을 하는 데 있어서 특별한 결합과 진행 절차, 즉 프로세스가 필요한 학습법이다.

2) 팀 학습의 특성과 원리

(1) 팀 학습의 특성

팀이라는 것은 함께 무언가를 이룰 조직이다. 일반 집단과는 구별되는 특성이다. 공동으로 팀의 발전이라는 목표를 가지고 서로가 높은 신뢰 관계를 형성해야 가능한 일이다. 따라서 팀이 발전적으로 변화하려면 함께하는 시간과 자원의 공유, 공동의 목표를 향한 과업의 시행, 그리고 개인별, 팀별 성과에 대한 피드백이 필요하다.

(2) 팀 학습의 원리

일반적으로 팀 학습에서 가장 우려하는 것은 일부 학습자들의 무임승차이다. 이를 방지하고 구성원 모두가 역할을 가지고 팀 학습에 주도성을 가지고 참여하게 하는 것이 교수자의 역할이다. 적절한 팀구성과 구성원들의 역할 설정, 학습활동에 대한 성찰과 피드백, 그리고 공정한 평가를 통한 개인과 팀의 발전을 촉진할 수 있는 원리를 적용해야 한다.

3) 팀 빌딩

▶ 팀 구성원의 다양한 특성 고려

- 다양한 시각과 경험을 가진 참가자들이 혼합될 수 있도록 고려한다.
- 구성원의 능력 수준이 비슷하도록 팀을 구성하는 것도 하나의 방법이다.
- 어떤 팀은 적극적이고 역량 있는 구성원으로 구성되고 어느 팀은 다른 팀에 비해 저조할 수 있다. 따라서 교수자가 OT시간에 사전조사나 정보수집을 통하여 자료를 분석하여 구성하는 것이 효과적이다. 만약 사전조사를 하지 못한 경우나 사전조사를 하여 팀을 구성하였지만 팀을 바꿀 필요가 있는 경우에는 다음의 방법을 활용할 수 있다.
- 생일이 3월 이내인 사람, 4월에서 6월, 7월에서 9월 등

▶ 적정규모

일반적으로 4~6명을 적정규모라고 말하지만 실제 무임승차를 막을 수 있는 최적의 인원 수는 4명이다. 짝 짓기나 시너지 효과는 짝수, 논쟁은 홀수가 적절하다.

▶ 집단응집력 발달을 방해하는 요인 최소화하기

학습자들에게 구성하도록 하면, 예를 들어 대학이라고 하면 사귀는 남녀가 같은 팀에 들어갈 수도 있고 친한 사람끼리 한 팀에 들어갈 수가 있다. 따라서 그렇지 않은 사람이 들어가면 이질감을 느낀다.

▶ 네임텐트(명패) 만들기

- 접힌 선을 이용하여 그림처럼 삼각형의 텐트 모양을 만든다.

- 앞면의 중앙에는 자신의 이름을 쓰고, 네 귀퉁이에는 자신을 소개할 수 있는 내용을 쓴다.
- 명패를 만들어 테이블에 세팅한 후 돌아가면서 자연스럽게 자신을 소개한다.
- 명패 중앙에 이름을 적고 완성되면 다른 사람이 잘 볼 수 있도록 명패를 책상 위에 올려놓는다.
- 모서리에는 학습자의 특성에 따라 내용을 바꾸어 작성할 수 있다.

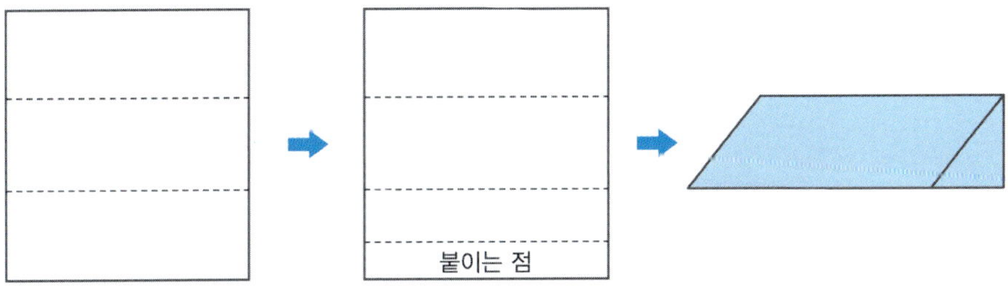

⊙ 접힌 선을 이용하여 그림처럼 삼각형의 텐트 모양을 만든다.
⊙ 앞면의 중앙에는 자신의 이름을 쓰고, 네 귀퉁이에는 자신을 소개할 수 있는 내용을 쓴다.

▶ 그라운드 룰 정하기(예시)

바람직한 사례	바람직하지 않은 사례
• 강의시작 1분 전에 자리에 앉기 • 휴대전화는 전원을 끄거나 진동으로 하기 • 강의 끝나면 앉은 자리 정리정돈하기 • 팀 미션 종료 시 박수 3번 치기	

▶ 팀 빌딩 진행

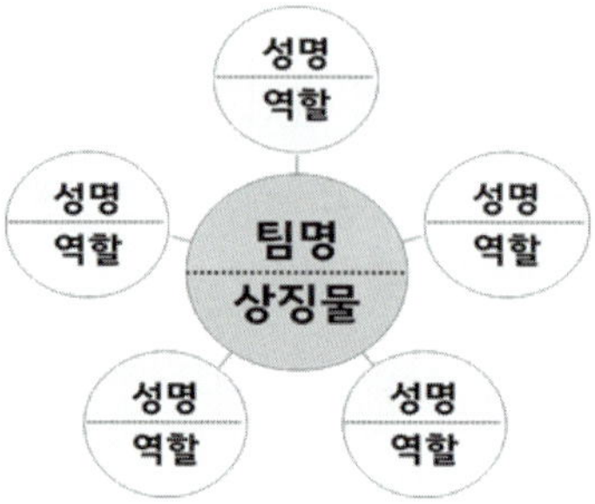

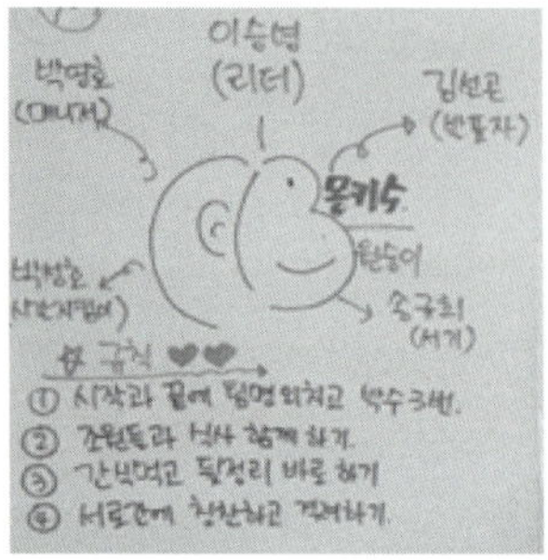

- 팀을 구성한다.
- 구성원 역할을 정한다. 예) 리더, 서기, 발표자, 시간 지킴이, 정리, 분위기메이커 등
- 팀명, 팀구호, 상징물을 정한다.
- 팀 그라운드 룰을 정한다(3~4개).
- 각 팀은 정한 것을 이젤패드나 전지에 작성한 후 전체에게 발표한다.

4. 집단중심 교육에 필요한 아이디어 도출기법

집단중심 교육에서는 토의와 회의, 팀 학습을 위해서 다양한 아이디어를 도출하는 것이 필요하다. 필요한 아이디어를 만들어 낼 때 기본적인 요령을 갖춘다면 보다 효과적으로 아이디어를 도출할 수 있다. 아이디어를 도출하는 방법은 크게 자유연상법과 강제연상법으로 구분할 수 있다. 자유연상법은 주제에 대해 생각나는 대로 자유롭게 발상하여 아이디어를 생각해 내는 방법이며, 강제연상법은 주제와 무관한 그림이나 단어를 강제로 주제와 연결시켜 발상하는 방법이다(장경원, 고수일, 2013). 팀 구성원들이 아이디어를 도출할 때 처음에는 팀원의 아이디어가 지속적으로 증가하지만, 내용에 익숙해질수록 아이디어는 감소한다. 그러나 팀을 이끄는 리더가 팀원들에게 새로운 자극을 제시하면 2차 아이디어 도출이 이루어질 수 있다. 따라서 교수자는 팀원들이 새로운 아이디어를 도출할 수 있도록 아이디어 도출 기법을 활용하면서 수업을 진행하여야 한다.

1) 브레인스토밍(brain storming)

브레인스토밍은 창의력 훈련의 한 방법으로 활용되어 왔다. 'brain'은 두뇌이며, 'storming'은 회오리를 일으킨다는 의미로 기존의 사고방식이나 개념에서 벗어나 자유롭게 사고하며 아이디어나 의견을 내는 방법이다. 어떤 문제나 과제에 대하여 집단구성원들이 집중적으로 그 해결방안을 모색하기 위해 두뇌를 활용하도록 하는 집단사고방법이라 할 수 있다. 자유롭고 제한 없이 의견이나 대안의 교환을 통해 해결방안을 함께 모색하면서 어떤 하나의 아이디어가 다른 아이디어들을 연상 작용처럼 이끌어 내도록 함으로써 한 개인으로는 생각지 못했던 기발한 아이디어들을 이끌어 낼 수 있다는 점이 특징이다.

〈표 6-2〉 학자별 브레인스토밍의 기본규칙

■ 알렉스오스본(Alex Osborn)의 브레인스토밍 기본규칙
① 절대적인 비판 금지 ② 다듬지 않은 거친 아이디어 환영 ③ 가능한 한 많은 양의 아이디어 내기 ④ 타인의 의견에 쌓아 올리기
■ 아서 밴건디(Arthur B. VanGundy)의 브레인스토밍 기본규칙
① 비판금지 ② 자유분방 환영 ③ 많은 양의 의견 추구 ④ 결합편승의 권장
■ 에드워드 드 보노(Edward de Bono)의 브레인스토밍 기본규칙
① 교차자극: 사람의 마음은 반드시 타인의 아이디어에 의해 자극을 받는다. 타당성은 중요하지 않다. ② 심판의 연기: 발전시키지 못할 만큼 바보 같은 아이디어는 없다. ③ 구조의 공식성: 의장과 서기를 임명하고 시간제한을 둔다.

출처: 구기욱(2019).

- 자유분방한 아이디어나 의견을 낸다.
- 타인의 아이디어나 의견을 비판하지 않는다.
- 질보다 양 위주의 많은 아이디어나 의견을 권장한다.
- 타인의 아이디어나 의견을 조합하여 새로운 아이디어나 의견을 창출한다.
- 빠른 속도로 아이디어를 내며 순환하다가 벨이 울리면 발언을 중지한다.
- 엉뚱하고 역동적인 아이디어를 환영한다.
- 다른 사람의 의견에 덧붙여 첨언하는 것은 무방하다.
- 진행자는 격려하는 역할을 하며 되도록 부정적인 말이나 비판적 피드백으로 자유로운 사고를 제한하지 않도록 한다.

- 제기된 의견이나 생각에 대한 판단은 나중에 하며, 특히 타인이 의견을 말하는 순간에는 절대로 평가하지 않아야 한다.

▶ 브레인스토밍의 단계

브레인스토밍은 앞의 규칙들을 숙지한 후 다음의 5단계를 거쳐 실시하게 된다.

〈표 6-3〉 브레인스토밍의 단계

단계	내용
1단계	과제를 정한다.
2단계	진행자와 기록자를 정한다.
3단계	진행자의 수노 아래 사례로 아이디어를 낸다.
4단계	토의기록을 참여자들에게 제시하고 보완 · 분석한다.
5단계	아이디어나 의견을 구체화시킨다.

▶ 브레인스토밍은 다음과 같은 경우에 활용하면 더욱 효과적이다.

- 집단구성원의 창의성과 상호자극을 최대한 허용하고자 할 때
- 과거의 패턴에서 벗어나 새로운 가능성을 탐색할 때
- 어떤 행동의 과정이나 결과에 대한 예측을 하고자 할 때
- 어떤 문제에서 간과되는 부분을 최소화하고자 할 때
- 집단구성원의 의견을 수렴하여 집단의 주요 방침이나 정책을 변경하고자 할 때
- 아무런 제한 없이 역동적인 아이디어를 찾고자 할 때

그러나 브레인스토밍은 수준이 높지 않은 아이디어들에만 맴돌 수도 있으며, 또 개진된 아이디어의 약 10% 미만이 최종적으로 유용하다는 통계를 볼 때 시간 낭비라는

비난도 있다. 그 밖에도 아이디어를 낸 개인에 대한 보상을 하기 어렵고, 참여자 집단 전체에 대한 인정만 할 수 있다는 제한점도 있다.

2) 역브레인스토밍(Reverse Brainstorming)

- 역브레인스토밍(Reverse Brainstorming)은 아이디어의 약점들을 가능한 많이 밝혀서 개선방안을 생각해 보게 하는 기법이다.
- 이 기법의 목적은 생성해 놓은 아이디어에 대해 많은 양의 자유분방한 '비판'을 생성해 내기 위한 것으로 건설적인 비판으로 이루어져야 하며, 기존의 아이디어 등에 대해 제시된 결점을 고려하여 해결방법을 찾는다.
- 교수자는 아이디어가 가질 수 있는 약점들을 모두 발견할 수 있도록 안내하며, 그 아이디어가 실행될 때 잘못될 수 있는 부분은 무엇인지 생각해 보게 한다.
- 브레인스토밍(Brain Storming)은 현실성이 없는 아이디어라도 많이 제출하고 수용하지만, 역브레인스토밍에서는 현실적인 결점을 지적하고 해결방법을 찾도록 하는 데 중점을 둔다(조연순 외, 2017).

▶ 진행방법

1. 전지의 가운데를 나누어 주제와 반대되는 소주제와 메인 주제를 적는다.
2. ○○하지 못하게 하는 거꾸로 아이디어를 포스트잇에 기록하고 부착한다.
3. 적혀진 거꾸로 아이디어를 보고 질문한다.
4. 왼쪽에 나온 아이디어를 뒤집는 해결 방법을 오른쪽에 작성한다.
5. 왼쪽은 포스트잇, 오른쪽은 전지에 작성

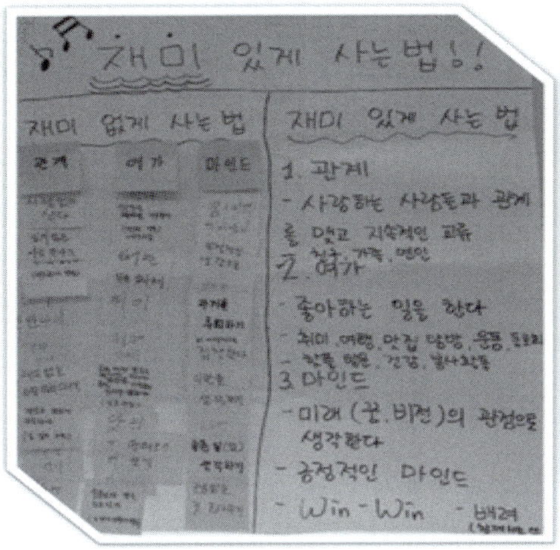

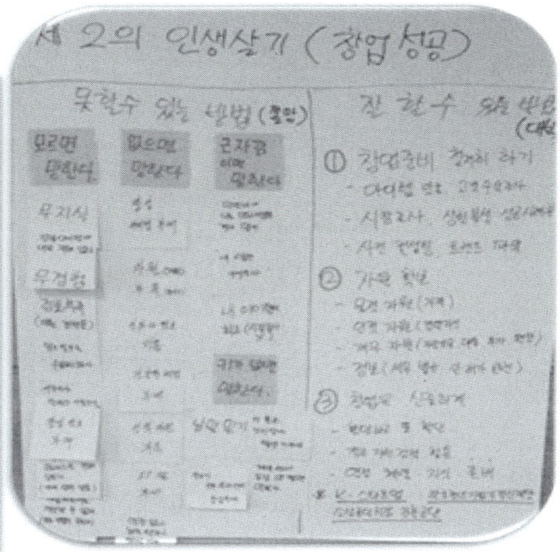

3) 브레인라이팅

브레인라이팅은(brain writing)은 1968년에 로르바흐(Rohrbach)에 의해 개발된 창의성 기법이다. 브레인라이팅은 침묵 가운데 각 개인이 발상하도록 하면서 아이디어 회의를 진행하는 방식으로 6-3-5 법칙 또는 635법칙이라고 불리어진다. 또한 브레인라이팅은 다른 사람이 작성한 아이디어를 보고 새로운 아이디어를 도출하기 때문에 아이디어 릴레이라고도 불린다.

▶ 브레인라이팅 장점

- 침묵의 회의이다. 참가자들은 말을 하는 대신, 시트에 자신의 아이디어를 조용히 적는다. 다음에는 아이디어 시트를 옆 사람에게 전달하고, 옆 사람은 앞사람이 적어 낸 아이디어를 참고로 다시 새로운 발상을 덧붙인다. 다른 사람들 앞에

서 자기 의견을 말하기를 두려워하거나 꺼리는 사람들에게는 효과적인 아이디어 발상 기법이다.

- 단시간에 대량의 아이디어를 모을 수 있는 간단 아이디어 발상법이다. 6명이 기본 방법으로 아이디어를 모을 경우, 108개의 아이디어를 낼 수 있기 때문이다.
- 참가자 전원이 평등하게 참여할 수 있다. 아이디어 발상시간이 전원에게 균등하게 주어지므로 발언이 몇몇 사람에게 치우치는 문제를 극복할 수 있다.
- 지위나 입장이 달라도 눈치 보지 않고 발표할 수 있다. 브레인라이팅은 지위와 상관없이 발상시간이 똑같이 주어짐으로써 평등한 아이디어 회의가 진행될 수 있다.
- 처음 만나는 사람들과 얼마든지 가능하다. 진행규칙만 이해하면 바로 회의를 시작할 수 있어 누구든지 워밍업이 필요 없이 함께 바로 실행할 수 있다.
- 정확한 기록을 남긴다. 직접 적기 때문에 정확하게 기록을 남길 수 있다.

▶ 진행방법(635법칙 적용)

- 브레인라이팅 전용 시트로 A4나 A3 용지와 의견을 적을 수 있는 포스트잇을 준비한다.
- 참가자는 원칙적으로 6명으로 제한한다(6명 이하도 가능).
- 한 라운드에 각자 3개의 아이디어를 작성한다.
- 한 라운드를 끝내는 시간을 5분으로 한다.

5분이 지나면 1라운드는 종료된다. 각자의 시트를 왼쪽 사람에게 전달하고, 오른쪽 사람으로부터 다른 시트를 받으면 다시 2라운드가 시작된다. 이런 방법으로 6라운드까지 진행하면 108개의 아이디어가 나온다.

▶ 아이디어 수집 정리

- 수집된 아이디어는 팀별로 수집 정리하는 방법, 참가자가 직접 부착하는 방법 등, 상황에 따라 다양한 방법으로 유사한 것끼리 모아 분류할 수 있다.
- 분류된 유사한 아이디어를 포괄하는 키워드를 적어 제일 위에 붙인다.
- 지금까지 나온 아이디어 중 가장 좋은 아이디어를 결정하는 방법으로 한 사람이 한 장의 시트에서 나온 아이디어 중 2~3개를 고르도록 한다. 그런 다음 왼쪽으로 시트를 넘기고, 오른쪽으로부터 다른 시트를 받아 점수를 준다. 점수를 줄 때는 투표용 스티커를 활용할 수 있다.
- 이러한 과정을 통하여 가장 많은 점수(스티커)를 받은 아이디어가 채택되는 것이다.

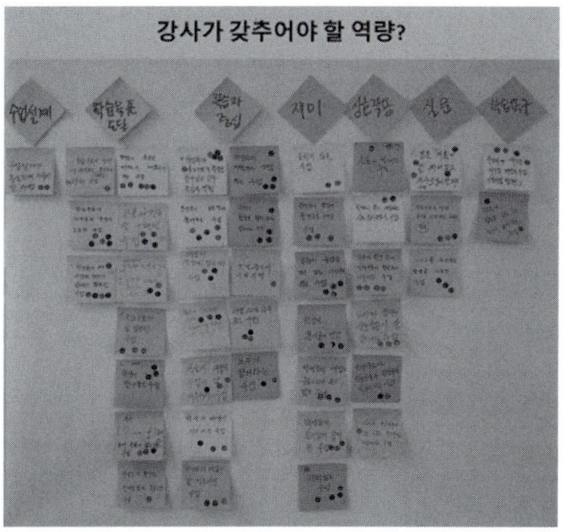

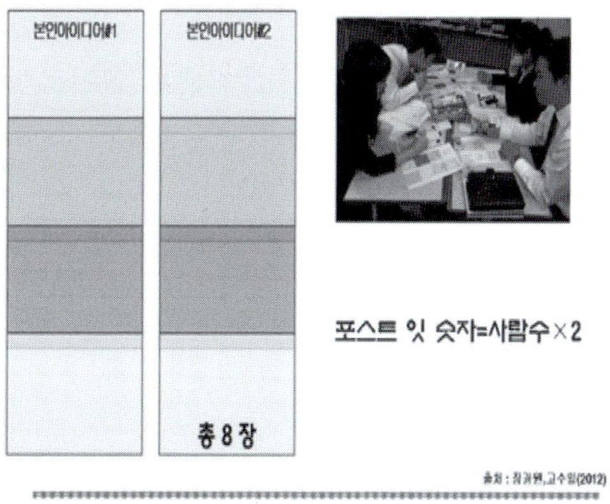

4) 랜덤워드(random word)

랜덤워드는 주제와 무관한 단어를 자극으로 활용하는 강제연상기법의 하나이다. 선택한 랜덤워드의 특성을 15개 내외로 브레인스토밍을 한 후, 이 특성과 논의하고자 하는 주제를 강제로 연관시키는 방식으로 창의적인 아이디어를 만들어 낸다. 반드시 무작위로 단어를 선택해야 하고 주제와 무관하며 참석자들이 일상생활에서 접하는 단어를 활용하도록 한다.

▶ **랜덤워드의 진행방법**

- 주제와 무관한 하나의 단어를 선택한다.
- 이 단어를 가운데 쓴 후, 그 둘레에 그 단어의 특성을 15개 내외로 쓴다.
- 각 특성들과 주제를 강제로 연관시켜서 아이디어를 낸다.
- 아이디어를 내는 과정에서 적절한 아이디어가 더 이상 안 나오면 다른 단어로 바꾼다.

5) 디딤돌

디딤돌은 강제연상법의 하나로 랜덤워드를 조금 더 재미있게 진행할 수 있는 방법이다(장경원, 고수일, 2013).

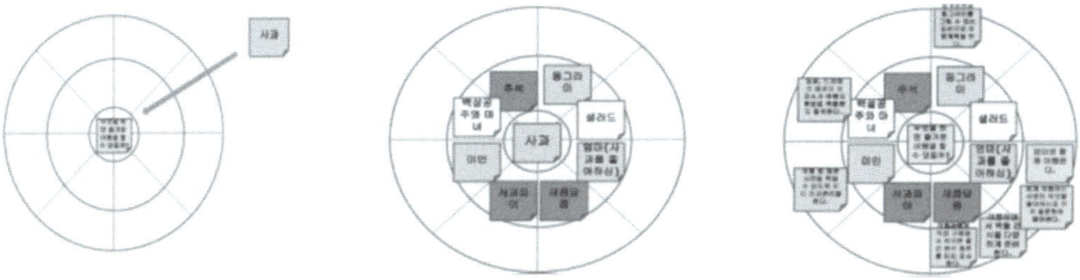

▶ 디딤돌의 진행방법

- 전지나 이젤패드에 피자처럼 8칸을 그린다.
- 아이디어 도출을 위한 질문을 작성하여 원 안에 붙인다. 질문은 What Question + 연결/결합/유추의 형태를 갖도록 작성한다. 즉, 무엇을 하면 ~을/를 해결할 수 있을까?, 어떻게 하면 ~을/를 할 수 있을까?

  예를 들면, 무엇을 하면 즐거운 여행을 할 수 있을까?

  즉흥적으로 떠오르는 단어(명사)를 써 질문 위에 붙인다. 예를 들면, 사과, 시계, 가방 등과 같은 단어이다.

  동그라미 안에 있는 '사과'의 단어를 중심으로, 떠오르는 다양한 것을 포스트잇에 자유롭게 작성하여 동그라미의 8개 칸을 채운다.
- 디딤돌이 되어 줄 단어가 완성되면 다시 원래의 질문이 보이도록 '사과'의 단어를 제거한 후, "디딤돌을 연결/결합하면 무엇을 할 수 있는가?"를 질문하며 본래의 질문에 대한 아이디어를 작성하여 나머지 칸을 채우면서 아이디어를 도출한다.
- 도출된 아이디어가 만족스럽지 않거나 충분하지 못하면 디딤돌의 단어를 교체하여 추가 아이디어를 도출할 수 있다.

6) 피쉬본 다이어그램(Fish bone Diagram)

- 피쉬본 다이어그램은 생선 뼈처럼 생겼다 하여 붙여진 이름으로 일본의 품질 관리 통계학박사 이시가와(Kaoru Ishikawa, 1985) 의해 개발되었다.
- 문제가 커다란 가시를 이루고, 해결 또는 원인, 영향 등이 가시에 살처럼 붙어 있는 형상이라 피쉬본 다이어그램이 하며 원인과 결과를 확인하기 위한 용도, 프로세스 초기 단계에 있는 문제점들을 파악하기 위해서 사용하기도 하며, 예상과 결과치를 분석하기 위해서도 사용한다.
- 즉, 피쉬본 다이어그램은 문제를 해결하기 위해 다양한 원인들을 체계적으로 파악할 때 사용하는 유용한 기법으로 Fish bone 활동을 통해 문제 또는 현재의 상황을 분석함으로써 무엇이 부족한지, 무엇이 문제해결 대안이 될 수 있는지도 확인한다.
- 핵심적인 아이디어를 체계화해서 요약한다는 점에서 피쉬본은 마인드맵과 차별점이 있다.

▶ 피쉬본 진행방법

- 문제가 되는 주제를 선정한다.
- 문제의 원인이 되는 아이디어를 브레인스토밍한다.
- 브레인스토밍한 아이디어를 분류한다.
- 분류된 아이디어 중 팀원들의 의사결정을 통해 문제의 원인이 되는 아이디어를 배열한다.
- 아이디어를 검증하기 위해 5Why기법을 사용하여 아이디어를 추가한다.
- 멀티 보팅 또는 평가도구를 사용하여 문제의 가장 원인이 되는 아이디어를 선택한다.

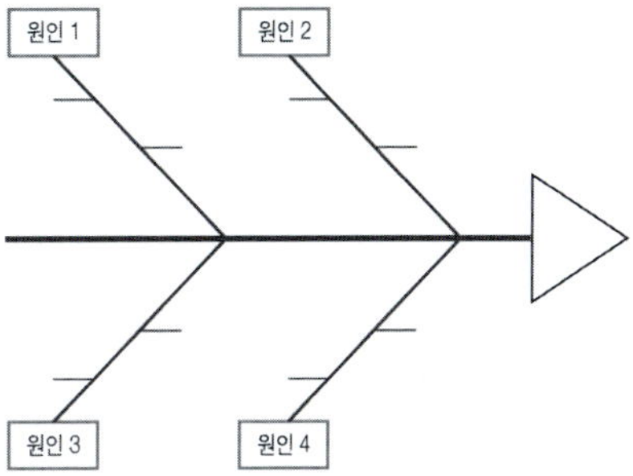
원인 1
원인 2
원인 3
원인 4

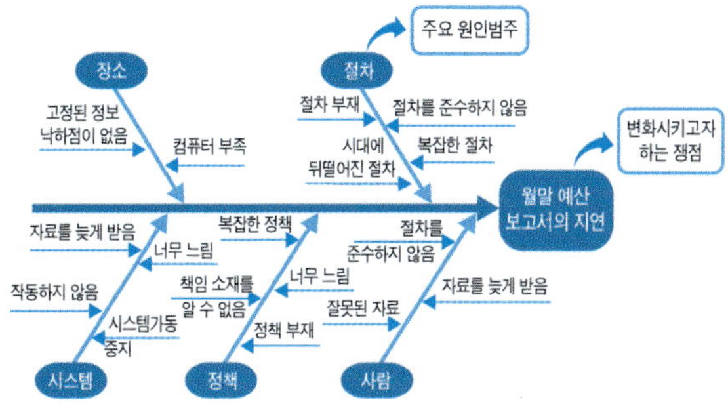
주요 원인범주
장소
절차
고정된 정보
낙하점이 없음
컴퓨터 부족
절차 부재
절차를 준수하지 않음
시대에
뒤떨어진 절차
복잡한 절차
변화시키고자
하는 쟁점
월말 예산
보고서의 지연
자료를 늦게 받음
너무 느림
복잡한 정책
절차를
준수하지 않음
작동하지 않음
책임 소재를
알 수 없음
너무 느림
잘못된 자료
자료를 늦게 받음
시스템가동
중지
정책 부재
시스템
정책
사람

[연구문제]

1. 토의법에서 교수자가 유의할 점은 무엇인가 논의하여 보세요.
2. 〈실전방법〉에 따라 팀별로 팀 빌딩을 하여 보세요.

실전방법 팀 빌딩

시간: 30분, **준비물:** 이젤패드 또는 모조전지, 네임펜 등

1단계: 팀을 구성하고 각자 네임텐트를 만들어 팀 구성원 간 소개를 한다.

2단계: 구성원 소개 후 역할을 정한다.
역할: 리더, 서기, 발표자, 시간지킴이, 분위기메이커 등

3단계: 팀명, 팀구호, 팀 상징물, 그라운드 룰을 정한다.

4단계: 정한 것을 모조전지 또는 이젤패드에 작성한다.

5단계: 팀별로 전체에게 발표한다.

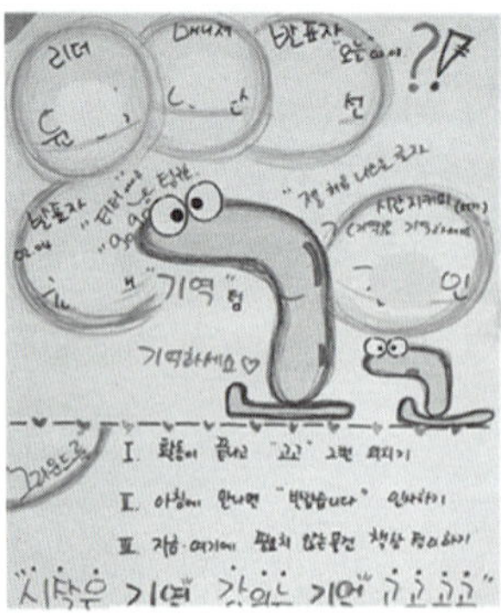

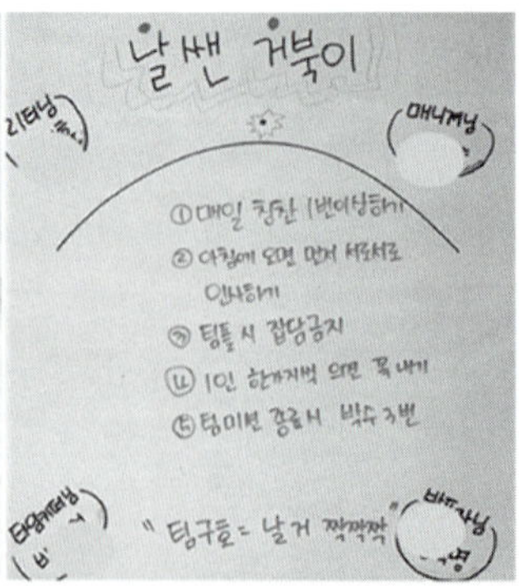

07
Chapter

체험중심 교육방법

개요

체험교육은 체험학습을 포괄하는 개념으로 경험학습이라고도 한다. 체험중심의 평생교육은 우리 인식의 변화와 함께 존재의 변화를 일으킬 수 있는 실천철학이다.

체험중심 교육은 학습자 개인이 자연스럽게 무엇인가를 배울 수 있거나, 또는 교수자와 학습자의 상호작용을 통해서 배우도록 체계화하는 것으로 정리될 수 있다. 평생교육 현장에서 교수자가 체험중심으로 교육을 진행할 수 있는 역량을 강화하기 위해 체험중심 교육의 의미와 원리를 이해하며, 특징과 장단점, 유형, 체험중심 교육을 어떻게 운영해야 하는지 운영 단계와 프로그램 실제 운영 사례를 살펴보고자 한다.

학습목표

1. 체험중심 교육의 의미를 설명할 수 있다.
2. 다양한 체험중심 교육방법의 유형을 알고 활용할 수 있다.
3. 체험중심 교육방법의 실행단계를 적용할 수 있다.

1. 체험중심의 평생교육

평생교육에서 체험중심의 교육은 지식과 이론 중심의 문제점을 보완, 해결하는 효과적인 교육방법으로 인식되고 있다. 또한 성인학습자의 학습에 대한 흥미와 관심을 이끌어 내므로 강의실 교육보다 더 확산되어야 할 필요성이 있다.

학교교육에서 체험중심 교육은 인성 교육을 위한 것으로 이해되고 있으나, 주로 성인학습자를 대상으로 하는 평생교육 현장에서 체험중심의 교육은 직접적 경험뿐만 아니라 그 경험에 대한 생각과 사고를 통하여 유의미한 학습의 결과 및 성과를 얻을 수 있는 교수방법이다.

체험중심의 교육 유형에는 인턴십, 임상 실험, 각종 야외 생활 체험 학습과 실천 학습, 비공식적인 수단에 의해 습득된 사전 학습, 사례연구분석, 문제해결 활동, 역할연기, 시뮬레이션, 게임 학습, 봉사 학습, 실험, 협동 학습 등 매우 다양하다.

체험중심 교육을 현장 체험 학습으로 받아들이는 학교교육의 경향은 체험중심의 교육에 대한 이해를 한정적으로 하게 된다. 또한 체험 교육을 협소하게 이해하려는 입장들로 인하여 체험 교육이 가질 수 있는 장점들과 잠재적 가능성이 축소되고 있다. 이는 체험 교육과 교과 교육, 강의실 외 교육과 강의실 내 교육, 경험 교육과 지식 교육, 이론과 실제, 사고와 행동 등을 흑과 백으로 이분화하는 문제를 낳고 있다(신승인 외, 2022).

듀이(1997)는 “강의실은 학습자들이 경험을 얻는 장소가 아니라고 가정한 것이 커다란 실수”라고 하면서 ‘learning by doing’, 즉 행동함으로써 배운다는 것을 강조하였다.

1) 체험 교육과 체험 학습의 의미

'학습'에 중점을 둘 것인지, '교육'에 중점을 둘 것인지에 따라서 체험 학습과 체험 교육의 의미는 다르게 받아들여진다.

체험 학습이라는 용어는 교육 현장에서 체험 교육, 경험 학습, 경험으로부터의 학습 등 다양한 용어로 쓰여지고 있다. 일반적으로 체험 학습은 학교에서 사용할 경우, 현장 체험, 학습과 인성 등 교육의 차원에서 많이 사용된다(정지은, 2021). 성인교육의 관점에서는 체험 학습이라는 용어보다는 경험 학습이라는 용어가 일반적으로 사용되고 있다(김영애, 2014).

'체험 교육'은 교육이라는 점에서 교수자의 의도를 중시하게 되는 것처럼 보이지만, 체험 교육이라는 용어가 교수자 주도적인 전통적 교육의 의미만을 가진다는 것은 아니다. 이는 체험 학습이 평생교육 현장에서 조직적으로 일어나도록 하는 데 있어 교수자가 주요한 역할을 한다는 것이고, 교수자와 학습자의 상호작용을 통해서 무엇인가를 배우도록 체계화하는 것으로 정리될 수 있다.

'체험 학습'은 학습을 중시하며 학습자 스스로 혹은 자연스럽게 무엇인가를 배운다는 것이 강조되고 있다.

미국 체험 교육협회(Association for Experiential Education: AEE)의 체험 교육의 정의는 다음과 같다.

체험 교육이란?

체험 교육은 교육자가 학습자에게 지식을 증가시키고 기술을 발달시키며 가치를 명료화하기 위해서 직접적인 경험과 초점이 있는 반성에 학습자들을 의도적으로 참여시키는 철학이자 방법론이다.

출처: http://www.aee.org/

미국 체험 교육협회의 정의와 같이, 체험 교육은 학습자의 직접적인 경험과 그 경험에 대한 반성이 중요한 요인이며, 이러한 반성이 자연스럽게 일어나는 것이 아니라 교수자의 의도가 개입되어 학습자에게 반성이 일어나도록 해야 한다.

체험 교육은 체험 학습을 포괄하는 개념으로, 체험 학습이 적극적, 체계적으로 이루어지도록 교수자와 학습자의 활발한 상호작용이 포함된다. 물론 학교교육 및 평생교육 현장에서는 체험 학습과 체험 교육을 같은 의미로 사용하거나, 주로 체험 학습이라는 하나의 통일된 용어로 사용되기도 한다.

체험 학습 활동은?

체험 학습은 교육철학이며 동시에 방법론의 영역이고, 개인과 집단 수준에서 존재하고 눈으로 보고, 생각하고 행동하기 위한 틀이다.

우리는 현재 체험 학습을 개인적으로, 또는 다른 사람들과의 직접적인 만남으로 참여하고, 그 다음에 의도적으로 반성, 정당화, 변형을 한다. 그리고 개인적 · 사회적 의미를 부여하며, 이러한 과정의 결과를 학습자들의 세계와의 관계 속에서 알고 존재하고 행위하고 상호작용하는 새로운 방식에 통합하는 것을 추구하는 과정으로 해석한다.

출처: McGill & Weil(1996), pp.244-248.

정리를 하면, 체험 학습이 교육 현장에서 조화롭게 이루어지도록 체계화, 조직화하는 교육철학을 체험 교육이라고 명시할 수 있다. 체험중심의 평생교육은 성인학습자의 학습과 현장에의 적극적인 참여를 촉진하기 위해서 교수자의 역할을 인정한다. 즉, 체험중심의 평생교육은 단순한 교육방법론이라기보다는 평생교육을 바라보는 새로운 이해의 틀이라고 할 수 있다. 체험중심의 평생교육은 우리 인식의 변화는 물론, 교육과 학습에 대한 존재의 변화를 일으킬 수 있는 실천철학이라고 할 수 있다.

2) 체험 교육의 기본 원리

체험 교육(체험 학습)에 대한 정의를 더욱 구체화하고 체험 교육의 문제점들을 보완하여 평생교육 현장에서 체험중심의 교육이 정착될 수 있도록, 선행연구를 통하여 체험 교육의 다섯 가지 원리를 다음과 같이 제시한다.

(1) 학습자에 대한 능동적이고 적극적인 관점 지향

체험 교육에서 학습자는 학습에 능동적으로 참여하는 존재이며 자기주도적인 학습과도 밀접한 관계를 맺고 있다. 체험 학습 과정 전체에 걸쳐서 학습자는 문제 제기, 연구, 실험, 호기심, 문제해결, 책임, 창의적, 의미를 구성하는 데 적극적으로 참여하게 된다. 따라서 체험 교육의 방식도 타인들과 함께 하는 방식을 고려하여 능동적이고 적극적인 관점 지향이 되도록 해야 한다(http://www.aee.org).

(2) 학습은 경험에 근거한 지속적인 과정

체험 학습이론에서 관념은 사고가 고정되고 불변하는 요소가 아니라 경험을 통해 형성 및 재형성된다. 따라서 학습은 경험에 의해 개념이 파생되고 지속적으로 수정되는 과정으로 이해될 수 있다(Kolb, 1984). 따라서 과거의 경험으로부터 현재의 경험, 또한 미래의 경험으로까지 영향을 미치게 된다. 그 과정 속에서 우리의 사고와 가치관은 고정된 것이 아니라 지속적인 것으로 형성되어진다.

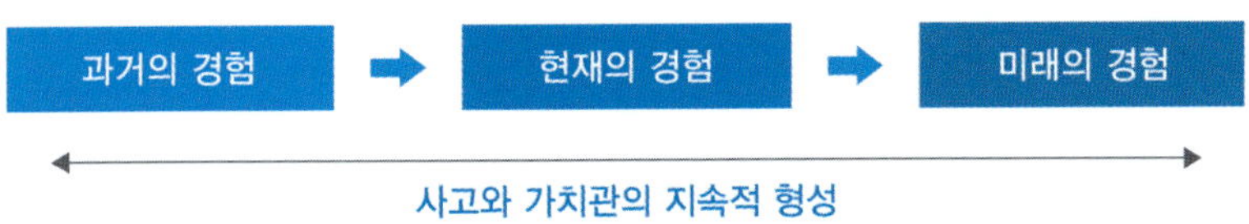

[그림 7-1] 경험의 지속적인 과정

(3) 경험은 반성을 통해 의미가 지속적으로 재구성됨

경험은 판단, 사고, 다른 경험과의 관계를 포함하는 것으로, 교육의 중요한 부분을 차지하는 교육환경과 학습자의 적극적인 참여가 요구된다.

경험은 지각과 의식이 포함되므로 행동하는 가운데 사고가 필요하며 행동을 하고 난 뒤, 반성을 하는 것이 필요하다. 이러한 사고는 학습자가 행동하고 있는 것을 다시 형성하도록 도움을 준다. 우리가 행동을 할 때 이것이 무엇을 의미하는지, 내가 그 행동에 대해 어떻게 생각해 왔는지를 반성(사고)하는 것은 우리의 현재 행동에 영향을 미치게 된다. 그것은 우리의 행동 전략이나 새로운 현상에 대해 혹은 문제를 구상하는 방식을 재구성할 수 있다. 경험하고 있는 학습자는 단순히 경험 자체를 하는 것이 아니라 이러한 과정을 거치고 있음을 이해해야 한다.

학습자는 성공적인 체험 교육을 위해서 행동하고 난 다음 반성을 해야 한다. 경험하는 과정에서 학습자는 자신의 몸이 한 행동에 대한 반성을 통해 지속적인 의미를 재구성함으로써 체험 학습효과를 강화해 간다고 할 수 있다. 이와 같은 반성의 과정이 학습에 의미를 부여하도록 할 뿐만 아니라 새로운 학습의 가능성을 이끌게 되는 것이다.

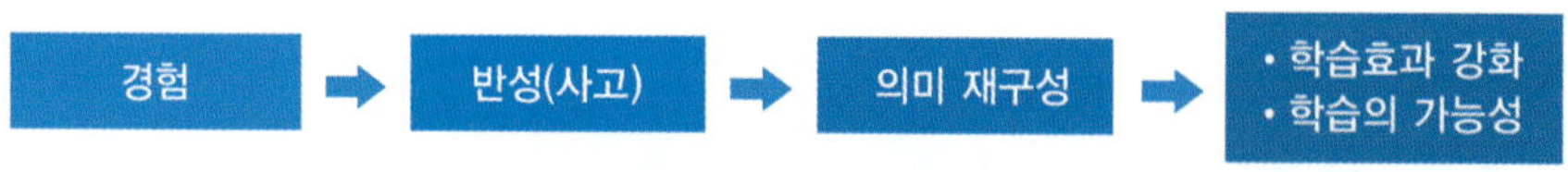

[그림 7-2] 의미의 재구성

(4) 경험은 우리의 몸이 실천적 지식을 얻도록 하는 도구

경험은 우리 몸이 습관을 체득하고, 몸이 구조화되는 기회를 부여하도록 함으로써 경험을 통해 얻은 지식은 우리 몸이 실천적 · 체험적 지식을 얻도록 한다.

체험한다는 것은 행위(행동, 실천)를 하면서 알게 되고, 알게 된 것은 우리의 몸이 세계와의 관계 속에서 이해하게 된다. 우리에게 경험이라는 것은 행동을 동반하며 행동하는 과정에서 몸은 잠재적인 앎을 습득하게 된다. 행동하는 과정에서 생기는 앎은 암묵적인 것으로 체험은 행동하면서 얻는 것이므로 이론적이거나 과학적인 것과는 다르다고 할 수 있다.

행동 속에서의 앎은 행동함으로써 알게 되는 것이며, 실천하는 과정에서 배우게 된다. 행동하는 과정에서 우리 몸에 습득되는 앎은 지속적인 과정을 통해서 습관이 된다. 우리 몸은 낯선 행동을 수행할 때 처음에는 익숙하지 않아 서투르고 의식을 하게 되지만, 습관이 형성되면 자연스럽게 행동하게 된다. 따라서 체험 교육은 우리의 몸이 앎을 획득할 기회를 부여하는 과정이다.

운동을 하거나, 컴퓨터를 켜는 일, 스마트폰을 조작하는 행동들이 자연스럽게 일어나는 것 등이 그 예로 우리 몸이 실천적 지식을 얻었다고 할 수 있다.

[그림 7-3] 경험과 실천적 지식 도구

(5) 체험 교육은 총체적인 과정

체험 교육은 총체적인 과정으로 우리 인간의 몸과 마음(영혼, 정신) 모두가 참여하게 된다(Boud, Cohen & Walker, 1993). 학습자는 어떤 상황 속에서 경험할 때나 경험에 대해 반성하는 과정에서 지(知), 정(情), 의(意)를 모두 갖춘 전인(全人)으로서의 사람으로 참여한다. 그러므로 학습의 결과는 학습자 개인적으로 중요하고 의미가 있으며 학습자의 삶은 학습의 결과로부터 영향을 받게 마련이다. 따라서 체험 교육은 학습자의 삶과 가치에 직접적인 영향을 미치게 되는 중요한 교수방법이다.

체험 교육에는 학습자의 정의적인 측면도 포함되므로 체험 교육을 할 때 학습을 촉진하는 정서와 방해하는 정서가 있음을 알아야 한다. 학습자가 자기 자신의 정서 상태를 분석, 반성해 봄으로써 유의미한 체험 교육이 되도록 하는 데 기여할 수 있다.

학습자의 경험은 사회와 상황과의 관계 속에서 이해하는 것이 중요하다. 학습자의 유의미한 경험은 상황적인 여건이 고려될 때 가능해지는 것이므로 체험 교육은 총체적인 과정이라고 할 수 있다(김영애, 2014).

2. 체험중심 평생교육방법의 유형

체험중심은 평생교육 현장에서 주로 많이 활용할 수 있는 게임 학습, 시범학습, 시뮬레이션, 역할극, 사례연구, 현장 학습 등의 학습 방법이 있다. 각각의 방법에 대한 예시를 제시하여 교수자가 평생교육 현장에서 바로 사용할 수 있는 능력을 키우는 데 도움이 될 수 있다.

1) 게임 학습(game learning)

이 방법은 학습자가 소극적 관찰자가 아닌 능동적 참여자가 되어 교육이 진행되는 동안 학습자는 계속 의사결정을 내리면서 문제를 풀고 자신이 선택한 결과에 대해 반응하며 대처하게 된다(Svinicki & Mckeachie, 2011). 모의적 상황에서 개인 또는 집단의 사고, 행동, 태도 등을 비롯하여 결론이나 결과를 분석하여 해결책을 찾아 나가는 상호

학습방법이다. 평생교육 현장에서 교수자와 학습자 모두가 역동적, 탐구적인 활동을 통해 능력을 습득하는 체험 교육방법이다.

▶ 장점

- 흥미 유발 요소를 동원하여 학습자의 참여를 높일 수 있다.
- 인지적 · 사회적 지식과 기술의 학습뿐 아니라 태도의 학습도 가능하다.
- 순발력과 함께 개인적 경쟁심을 높여 동기유발을 이끈다.
- 소집단에서의 학습자들 간에 의사소통 능력을 향상시키고 규칙의 준수와 협동심을 익히는 경험을 하게 된다.

▶ 단점

- 학습의 진지함이 결여되거나, 흥미 위주 진행으로 학습목표의 달성도가 낮아질 수 있다.
- 시간이 지연되거나 학습 내용의 효과적 전달에 어려움이 있을 수 있다.
- 보조 진행자의 지도력에 따라 학습의 성취도에 차이가 있을 수 있다.
- 시의적절한 피드백의 제공 여부가 학습의 성패를 좌우한다.

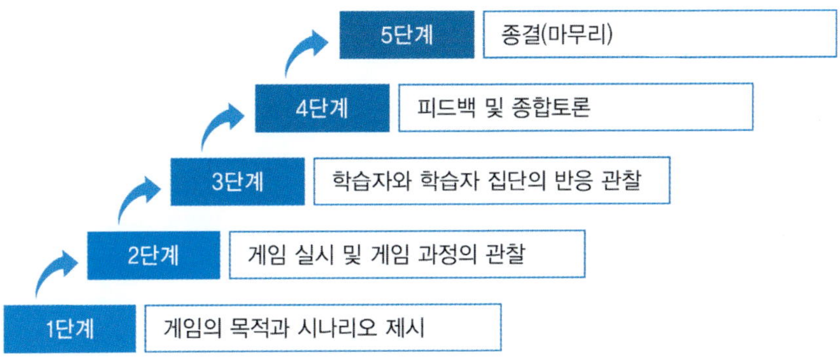

[그림 7-4] 게임을 활용한 학습 진행 절차 5단계

평생교육 현장에서 활용하는 게임 학습의 유형은 크게 세 가지로 나눌 수 있다.

첫째, 아이스브레이킹(ICE Breaking)을 위한 게임

프로그램이 시작되는 첫 수업에서 서로 낯선 학습자들이 인사를 나누고 학습자들을 서로 알 수 있게 하기 위해서 게임이나 짧은 활동이 주를 이룬다.

간단한 자기 소개, 옆 사람 소개하기 등 다양한 방법으로 할 수 있다.

둘째, 문제해결 능력 및 창의력 함양을 위한 게임

일상생활에서 자주 맞닥뜨리게 되는 문제의 모의 상황을 제시한 후 이 문제를 해결하기 위한 아이디어, 기술, 전략 등을 습득하기 위해 하는 게임이다.

30초 이내로 스마트폰 기술 익히기, 숫자 외우기 등의 게임을 할 수 있다.

셋째, 인간관계, 의사소통 및 팀워크 향상을 위한 게임

인간관계 및 의사소통과 관련된 지식, 기술 및 태도의 향상을 도모하기 위하여 하는 게임이다.

카드 게임, 문장 전달하기, 팀별로 문제 맞히기 등의 게임으로 할 수 있다.

평생교육에서 게임 학습은 새롭고 전문적인 지식 습득에 매우 효과적이다. 이러한 효과를 얻기 위해서는 학습자 집단을 소집단으로 나누어 게임의 원칙과 경쟁 방식에 대해 학습자들에게 설명한 후 게임 학습을 하도록 이끈다. 단순하거나 복잡한 게임 학습은 피하며 교수자는 학습자들이 호기심을 가질 만큼 흥미를 유발하는 환경을 조성하도록 한다.

2) 시범 학습(demonstration learning)

시범 학습은 경험 학습에 기초한 것으로 강의(또는 실습)에서 학습자가 배워야 할 기술이나 절차의 성취 행동을 교수자 또는 숙련자가 시범을 보여 주어 관찰하는 경험을 통해 학습의 효과를 높이는 평생교육방법이다.

시범 학습을 실시할 때는 규칙이나 요령에 대한 설명과 함께 부분 기능 또는 전체 기능을 보여 주기도 한다. 이 수업의 과정에서 학습자가 학습해야 할 기술이나, 학습한 원리 또는 기능을 적용하여 보이는 것이다.

▶ 장점

- 학습자가 직접 볼 수 있으므로 이론과 실제와의 간격을 좁힐 수 있다.
- 짧은 시간 내에 학습자의 이해를 효과적으로 도울 수 있다.
- 시범 후에 학습자가 바로 해 볼 수 있고 피드백을 받을 수 있으므로 정확한 방법과 방식을 배울 수 있다.

▶ 단점

- 실제로 보여 주는 것이므로 준비 시간과 노력이 많이 든다.
- 어려운 시범이거나 학습자가 잘 따라 하지 못할 경우 학습동기가 저하된다.
- 능숙한 시범을 보여야 하므로 교수자가 못할 경우 전문가 도움이 필요하다.
- 시범을 위한 장소와 설비가 필요시에 강의실의 이용이 부적합할 수 있다.

3) 시뮬레이션(simulation learning)

시뮬레이션은 어떠한 현상이나 사건을 컴퓨터로 모형화하여 가상으로 수행시켜 봄으로써 학습자들에게 실제 상황에서의 결과를 예측하게 하는 학습 방법이다. 실제 상황에서 고비용이거나, 위험하거나, 너무 빠르거나 느려서 학습자가 사용하기 곤란한 경우에 실제와 유사한 상황을 제공하여 과제를 실천하면서 학습자의 능력을 신장시키는 학습이다.

이 방법은 비용과 시간을 절감하며, 실제 상황에서는 할 수 없는 가상적인 시험도 할 수 있다. 예를 들어, 패션디자인, 건축 디자인 등에 적용하여 최적의 설계에 도움을 줄 수 있다. 시뮬레이션 학습에서 학습자는 컴퓨터나 기기를 이용하여 실제 상황과 유사한 환경에서 위험 부담 없이 환경과 상호작용 및 학습을 한다. 회사 운영, 비행 조정, 우주인 훈련, 위험 상황 등의 환경에 놓인 학습에 많이 활용된다.

어떤 시설이나 조직 체제의 경영에 있어서 그 운용 방법이나 적절한 대안을 찾아내고, 문제를 해결하기 위하여 실제로 조직체나 시설의 운용 순서와 그 주요 요소를 모방하여 모델을 작성하고 그 모델을 사용하여 실험함으로써 얻은 결과를 실제의 현상과 행동을 설명, 예측, 이용하는 실험적 의사결정 기법이라고 할 수 있다.

▶ **장점**

- 실제 현실과 유사한 상황이거나 실제 상황을 반영하므로 학습자는 새로운 생각이나 현실을 더 잘 받아들이게 되며 학습자의 삶과 관련이 된다.
- 새로운 정보를 공유하고, 이를 일반화시키고 적용화하는 과정을 통하여 학습자는 더욱 폭넓은 관점을 갖게 된다.
- 수동적이 아니라 능동적 학습자로 상황에 공감을 하기가 쉽다.

▶ 단점

- 시뮬레이션 상황이나 환경이 복잡할 경우에 학습자가 이해를 못하거나 혼란을 가져올 수도 있다.
- 시뮬레이션을 제대로 수행하지 못한 경우, 학습자는 자아존중감이나 자신감의 상실을 경험하게 될 수 있다.
- 정보 전달자, 학습 촉진자의 역할을 수행할 교수자가 필요한데 기술과 자질을 갖추기가 쉽지 않다.
- 시뮬레이션의 실시에 시간과 비용이 많이 소요된다.

4) 역할극(role playing learning)

이 방법은 학습자들이 접하기 쉽지 않은 상황을 경험해 보도록 하거나 다른 사람의 역할을 연기해 봄으로써 학습자 자신은 물론 타인의 행동에 대해 이해하며 문제를 해결하고 새로운 통찰을 가지도록 하는 것이다.

평생교육에 적용된 것은 1900년대 초에 미국의 정신과 의사들이 심리극을 활용하여 환자의 정신 건강 회복을 도운 것으로 알려져 있다. 이 수업은 인간관계에서 발생하는 문제의 해결을 위해 가상적인 상황을 만들고 그 역할을 하게 함으로써 문제가 되는 태도나 행동을 변화시키려는 감성 훈련이나 심리치료(상담)의 한 기법으로 사용하기도 한다.

▶ 장점

- 참여하는 학습자들 간의 친근감이 좋아진다.
- 자신에 대한 인식을 바르게 할 수 있고 타인에 대한 이해가 쉽다.

- 특정 문제에 대한 관심을 증대하고 다양한 해결책을 고려할 수 있다.
- 연습하는 과정에서 교육적인 효과를 나타낼 수 있다.

▶ 단점

- 준비과정에 비해 교육 효과에 대한 정확한 예측과 평가가 어렵다.
- 학습자 및 교수자의 시간과 노력이 많이 소모된다.
- 참여 학습자의 능력, 자질에 적합하지 않은 역할을 부여 시 효과를 보기 어렵다.
- 참여 학습자의 불편이 있으면 역효과를 나타낼 수 있다.

5) 사례연구(case study learning)

사례연구는 어떤 문제나 특성을 심층적으로 조사하고 분석하는 교육방법으로 분석력, 판단력, 의사결정능력, 협상력 등의 문제해결능력이나 직무수행능력을 증진시키기 위한 것이다.

이 방법은 사례연구 대상을 선정해서 필요한 각종 정보나 자료를 여러 가지 방법을 활용하여 수집하고, 이러한 자료들을 기반으로 하여 사례연구 대상이 가지고 있는 특성이나 문제점을 종합적으로 진단하고 기술하는 연구이자 수업 방법이다(한국교육심리학회, 2000).

사례연구에 사용되는 자료 출처로는 문서, 공문서 기록, 면접, 직접관찰, 참여관찰, 물리적 인공물 등이 있다.

▶ 장점

- 현장 사례는 학습자의 흥미를 높일 수 있다.
- 실제 사례를 통해 학습자의 판단력과 응용력을 증진시키고 실무와 관련된 내용을 학습할 수 있다.
- 다양한 출처를 통해 현상을 연구함으로써 심층적이고 종합적인 정보를 학습하게 되므로 관련된 실생활에 도움을 받을 수 있다.

▶ 단점

- 특정 사례에 관한 학습이므로 일반화하거나 생활에 활용하기 어렵다.
- 학습에 적절한 사례를 수집하기가 쉽지 않으며, 시간과 경비가 많이 든다.
- 단편적 사례이므로 체계적인 학습과 학습 성과 측정이 용이하지 않다.

6) 현장 학습(study trip, field trip)

학습을 위하여 학습 자료가 있는 현장으로 이동하여 학습의 목표를 효율적으로 달성하려는 교육방법의 하나이다.

현장 학습을 위한 현장은 실내의 강의실 환경과는 여러 가지 다른 점들이 많이 있기에 현장 학습을 진행하기 위해서는 특별한 계획과 준비가 필요하며, 강의실 수업과 다른 특별한 방법과 수업 절차가 요구된다. 그러나 조직적이고 체계적인 수업이 진행되는 점에서는 일반적인 수업 장면과 동일하게 진행된다(서울대학교교육연구소, 1995).

▶ 장점

- 경험, 체험의 직접적 기회를 통해서 자기주도적이고 생생한 학습이 될 수 있다.
- 교수자, 동료학습자, 때로는 전문적인 안내자와 함께 관찰하므로 정확한 관찰과 이해 및 해석이 가능하며 현장에서 즉각적인 피드백이 가능하다.
- 실제적인 경험을 통해서 문제의식 제고와 이해의 폭이 넓어질 수 있다.

▶ 단점

- 현장 학습 전에 충분한 계획 수립이 미비한 경우 단순한 오락을 겸비한 여행으로 그칠 우려가 있다.
- 특정 견학 대상이나 장소에 절대적으로 의존할 경우가 있다.
- 신체적 장애나 외부 활동을 꺼리는 학습자에게는 부담이 될 수 있다.
- 주의를 기울여도 사고의 위험성이 언제나 존재하고 있다.

〈표 7-1〉 현장 견학의 절차

절차	내용
사전준비	목적에 맞는 학습내용과 목록 정하기
계획	견학지 선정, 견학시간, 견학지 책임자와의 협조, 체험활동과 이동수단 정하기
실시	학습분위기 조성으로 학습자의 능동적 참여 및 신체적 편의 고려
평가	결과 검토, 현장에서의 사건 · 사항 기록하여 학습자들과 공유, 정리

7) 감수성 훈련(sensitivity training)

감수성 훈련은 4차 산업혁명시대를 살아가는 사람들에게 꼭 필요한 것으로 자신과 타인을 이해하고 수용하는 능력과 인간관계의 협력에 의의가 있다. 이것은 1946년 미국 MIT대학의 레빈에 의해 시작되었으며, 우리나라는 1972년에 감수성 훈련방식이 도입되어 현재는 교육, 산업, 종교 등 다양한 영역에서 활용되고 있다. 소집단 내에서 상호 간의 직접적이고 개방적인 경험을 통하여 나와 타인과의 상호관계에 대한 정서적 민감성을 깨닫고 인간관계의 협동적 발전을 이루기 위한 체험학습의 한 방법이다.

감수성 훈련은 자신과 타인과의 관계에 대한 감수성을 개발함으로써 자신의 내면세계에 대해 정확하게 인식하도록 하며, 집단과 조직 속에서 인간관계를 협동적이고 생산적으로 발전시키기 위함이다(김문섭 외, 2019).

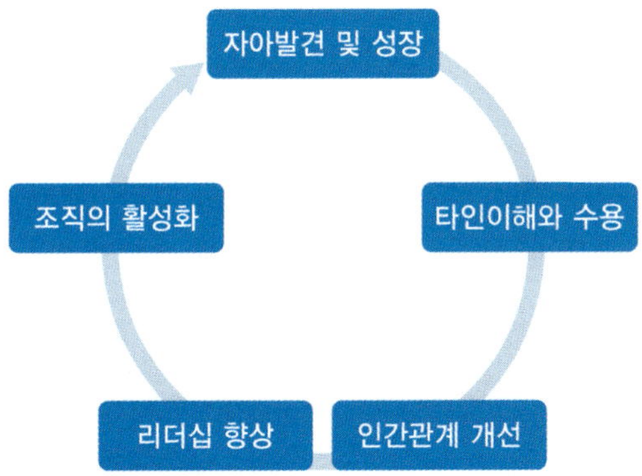

[그림 7-5] 감수성 훈련의 기대효과

▶ 장점

- 학습자들의 주체성 회복을 목표로 하여 그에 따라 경험되는 과정을 학습할 수 있다.

▶ 단점

- 평가받을 본인이 수용할 자세가 충분히 되지 않았는데 평가가 상당히 부정적이고 직선적인 경우가 생긴다.
- 훈련자의 전문적 지식만을 앞세우면 참여자들에게 불쾌감과 자유로운 토론에 부정적인 영향을 미치게 된다.

(1) 감수성 훈련의 기법: T-그룹(훈련집단, training group)

T-그룹은 인간성 회복을 통해 소외와 불안을 타개하는 방법으로 인간의 위기의식에서 시작되었다. 이것은 실험적 분위기 속에서 상호작용을 통해 자기인식과 타인의 행동에 대한 감수성을 증대시키려는 집단훈련의 한 방법이다. 15명 정도의 구성원과 1~2명의 지도자로 구성되어 3박 4일 이상을 외부환경과 차단된 상황에서 인간관계의 체험을 통해 서로를 이해, 자각, 수용을 하기 위한 훈련이다.

모든 참여자는 평등, 존중되는 자유로운 분위기 속에서 정해진 주제나 방향 없이 시작되며 솔직한 대화와 상호작용을 통해 집단과 자신에 대한 이해가 깊어지게 된다. 참여 구성원들의 자유로운 활동과 다양한 행동반응을 통하여 각자의 감정과 생각을 표현하고 스스로 관찰, 분석, 평가할 기회를 가짐은 물론 새로운 행동을 실험해 보고 서로에 대한 피드백을 주고받는 것이다.

〈표 7-2〉 T-그룹의 요소들

지금 여기	지금 바로 여기서 경험하고 있는 것이 학습의 교재가 된다.
피드백	구성원들 간의 의사소통 수준 및 발언자의 의도를 이해하는 정도를 확인하는 현장 검증 방법이다.
해빙	구성원의 고정관념이나 선입관 또는 관습적인 행동 패턴이 무너지는 과정을 의미한다.

심리적 안정감	구성원들이 불안과 위협의 감정에 이끌리지 않고 적극적인 학습욕구가 유발될 수 있도록 분위기를 형성한다.
참여를 통한 관찰	구성원이 적극적으로 참여하면서 전 과정을 주의 깊게 관찰할 때 효과적인 학습이 일어난다.
인지적 구조화	훈련을 통해 경험한 것들을 사고하는 과정으로 경험과 관념을 연결, 문화적 수준과 현실 속의 행동도 연계될 수 있다.

출처: 김종표(2016).

(2) 감수성 훈련의 기법: E-그룹(실험집단, encounter group)

E-그룹은 실험집단이라고도 불리며 인간잠재력 운동에서 도입되어 집단 활동을 통해 감수성, 반응성 및 감정 표현력을 증진하기 위해 노력하는 비구조화된 집단이다(http://psychology.jrank.org). 일반적으로 10여명 정도의 참여사와 시도자로 구성되며 회기가 진행됨에 따라 개방적이고 솔직해지는 경향이 있다. 인카운터 그룹은 주말 또는 수개월에 걸쳐 진행됨에 따라 참여자 간의 신뢰의 분위기가 형성되면서 다른 사람에 대한 방어적 태도가 점점 줄어들게 된다.

참여자들이 낯선 사람들과의 현실적인 경험을 통해 더욱 개방적으로 관계를 형성하도록 돕는 것이 특징이며, 근래는 T-그룹과 E-그룹이 같은 의미로 활용되고 있다.

(3) 감수성 훈련의 기법: 일반화 시간(session for generalization)

참여자 전원이 함께 모여 집단생활을 하는 시간을 의미하며, 진행자를 중심으로 패널이나 버즈 그룹의 방식으로 진행된다. 이 시간에는 T-그룹이나 E-그룹 등 소집단 훈련에서 체험한 내용을 함께 모여 정리하고 검토한 후, 이를 토대로 이론을 형성하게 된다. 일반화 시간을 거치면서 참여자들은 체험학습을 통해 겪은 심리적 충격과 독특한 경험을 정리하며 심리적 안정을 찾게 된다(신용주, 2021).

3. 평생교육 현장에서의 체험중심 교육 실행

일반적으로 체험 학습이론은 지각과 인지를 고려하지 않는 것처럼 인식되는 경향이 있는데, 콜브의 체험 학습이론은 인지적, 행동적인 면을 모두 고려한 구체적인 경험, 반성적 관찰, 추상적인 개념화, 적극적인 실험의 순환으로 체험 학습 모델이 이루어진 것이다.

평생교육 현장에서 체험중심의 교육에 참여하는 학습자들은 새로운 경험에 적극적으로 참여할 수 있어야 하고, 많은 접근으로부터 자신들의 경험을 반성하고 관찰할 수 있어야 한다. 또한 교수자는 학습자들의 관찰을 논리적이고 건전한 이론으로 통합시킬 수 있는 개념을 창조할 수 있도록 도와야 하고, 결정을 내리고 문제해결을 위해서 이론을 사용할 수 있어야 한다(신승인 외, 2022).

체험중심의 교육은 학습자가 경험에 대한 의미를 부여하는 과정을 통해서 경험에 대해 새로운 해석을 하게 되고, 이를 통한 인격적인 성장이 이루어지게 된다.

체험 교육은 경험을 실제로 하기에 앞서서 체험중심의 학습을 준비하는 단계가 요구되는데, 일반적으로 브리핑(briefing, 사전활동), 경험 혹은 실천(experience or execution, 현장활동), 디브리핑(debriefing, 사후활동) 단계로 나눈다.

[그림 7-6] 평생교육 현장에서의 체험중심 교육의 3단계

1) 사전활동 단계

이 단계는 평생교육 현장에서 체험중심의 교육을 하기 위한 준비 단계로 오리엔테이션 단계라고 할 수 있다. 체험중심 교육의 효과 극대화를 위해서는 학습자가 경험할 내용에 대해 미리 준비를 하는 것이 필요하다. 경험을 하기 전에 철저한 사전준비는 더욱 의미가 깊은 학습이 되도록 돕는다고 할 수 있다.

이 단계에서 학습자들이 무엇을 다루게 될 것인지, 또한 체험을 하는 동안 학습자가 성취해야 할 구체적인 목표가 무엇인지, 학습자 각자가 갖고 있는 경험에 대한 기대, 욕구, 필요, 감정을 서로 나누게 할 수도 있다. 이와 같은 과정을 통해서 학습자들은 스트레스와 불안을 감소시키게 되는 것이다(Joplin, 1995; Mackenzie, 2002).

일반적으로 사전활동 단계에서는 흔히 학습자들이 수행할 활동에 대한 설명, 장소와 관련된 사전 정보와 지식에 대한 조사에 관심을 두게 된다. 하지만, 이 단계에서 고려할 부분은 기존의 경험과 앞으로 할 경험을 서로 연결 짓고, 기존의 학습자 경험에 대한 회상 및 반성(성찰)이 요구된다. 기존의 학습 경험에서 좋지 않았던 감정이 이후의 경험에 부정적 영향을 미치지 않도록 주의가 필요하다.

사전활동 단계를 통해서 학습자들은 자신들이 행하게 될 지적, 정의적, 실천적 측면을 모두 포함하는 활동에 대해 준비를 하는 것이다.

2) 현장활동 단계

이 단계는 구체적 체험(경험)의 실행단계로 체험이 제대로 되기 위해서는 경험을 실제로 할 기회를 제공하여야 한다.

콜브(1984)는 학습자들이 새로운 경험에 편견 없이 개방적으로 충분하게 참여할 수 있어야 한다고 주장한다.

앞서 언급한 것처럼, 구체적인 경험을 하는 과정은 우리의 몸이 세계에 대한 앎을 획득함으로써 몸의 습관이 만들어진다. 이렇게 될 때 학습자는 행동 속에서 앎과 반성이 생길 것이다. 구체적인 경험을 하는 동안에 학습자가 행하는 반성은 자신이 현재 하고 있는 활동을 변경하도록 할 것이고, 우리의 경험은 이런 과정을 통해 지속적으로 재구성된다. 말로만 듣던 것을 실제로 보거나, 자신이 활동에 직접 참여하는 것과 같은 구체적인 경험 단계는 학습자들에게 산지식을 주게 될 것이다.

체험중심의 평생교육에 있어 교수자는 학습자들의 몸의 습관을 넘어, 비판적으로 사고하는 습관을 기를 수 있도록 조력해야 한다. 그러기 위해서 교수자는 학습자들이 미처 보지 못하고, 생각하지 못하는 것에 대한 질문을 통하여 깊은 학습을 촉진할 필요가 있다. 또한 활동에 대상이 있는 경우에는 그 대상과 지속적인 대화를 함으로써, 상황에 대한 지식과 타인의 입장에서 배려하는 능력을 함께 길러 줄 수 있다. 학습자들이 경험 활동에 참여하는 동안에도 지속적인 사고와 배려의 습관을 갖추어야 한다.

3) 사후활동 단계

이 단계는 경험이 일어나고 난 후에 행하는 의도적인 반성의 과정으로, 경험 학습과 체험 교육을 구분 짓도록 하는 중심적인 단계라고 할 수 있다. 즉, 학습자가 경험으로부터 학습하는 것을 촉진하기 위해 조직적으로 교육시키는 단계이다.

매켄지(Mackenzie, 2002)는 현장 경험에서 사후활동 단계의 목적은 "현장 경험을 재검토하고 목표가 얼마나 성공적으로 성취되었는지 평가함으로써 학습을 극대화하는 것"이라고 하였다. 사후활동은 학습자들이 현장 경험을 어떻게 지각하고 해석하고 있는지, 현장경험으로부터 무엇을 배우고 있는지를 명확히 말할 수 있도록 하는 것에 중점을 둔다.

▶ **사후관리 과정의 세 가지 요인**

첫째, 그 경험 동안에 무슨 일이 일어났는가를 기술함으로써 경험한 것에 대해 반성하는 것

둘째, 그 경험 동안에 일어났던 감정, 지각, 생각을 주관적으로 기술하는 것

셋째, 기존의 경험과 현재의 경험을 연결 짓고 경험을 체계화하는 과정을 통해서 경험을 재평가하여 경험의 의미를 새롭게 구성하는 것(Sims, 2001)

경험에 대한 반성은 대화와 토론, 글쓰기 등을 통해서 진행할 수 있다. 이러한 과정을 거쳐서 자기반성을 하게 되고, 대화를 통해 자신의 경험을 공유하는 과정에서 서로 다른 견해도 인정하고, 경험을 서로 다른 관점에서 보게 되는 것이다.

이처럼 학습자는 과거와 미래 경험을 분석하는 동안 상황, 느낌, 생각, 행동 등을 모두 반성해 보는 시간을 갖는 것이 필요하다. 사후활동 단계에서의 반성은 경험에 대한 의미와 경험에 대한 해석, 그리고 이러한 해석을 통한 새로운 의미를 재구성하고 향후 경험에 대한 연속성 등을 위한 시간을 가질 수 있는 여지를 제공하는 것이다.

체험중심의 교육이 평생교육 현장에서 성공적으로 실행되기 위해서 교수자는 경험에 대한 올바른 반성을 통해서 유의미한 학습이 이루어지도록 하는 촉진자의 역할을 하는 것이 필요하다. 또한 교수자는 학습자가 새로운 것을 발견하도록 질문자의 역할을 하는 것이 중요하다.

체험중심 평생교육에서 체험(경험)은 학습자 개인에 의해서 만들어지는 것이 아니라 교수자와 학습자, 학습자와 학습자들의 상호작용을 통해서 만들어진다. 체험중심 교육

은 학습자들의 직접적인 경험을 통해서 이루어지므로, 학습자들의 능동적인 참여를 통해 학습과 학습자의 삶에 의미부여가 되므로 진정한 학습이 이루어지게 된다.

평생교육 현장에서 체험중심 교육의 성공은 전체적인 교육환경의 변화, 학습자에 대한 교수자의 인식 변화, 의미가 있는 학습을 위한 가치관 변화 및 교재 개발 등이 지속적으로 이루어져야만 가능할 수 있다.

또한 체험중심 교육은 평생교육 기관의 노력과 평생교육에 관심 있는 지역사회와의 연계가 적극적으로 되어야 더불어 함께 평생교육의 장을 만들어 갈 수 있음을 인식해야 한다.

[연구문제]

1. 체험 학습이 중요한 이유는 무엇인지 생각해 보세요.
2. 감수성 훈련의 3가지 기법을 나누어 보세요.

실전방법 게임법

1단계: 목적 및 규칙을 설명한다.
- 팀 구성: 3~5명씩 한 팀으로 하여 별칭을 정하기
- 준비물: 해답판, 필기구(소형 칠판이나 A4용지, 보드마카)
- 게임방법: ① 진행자가 퀴즈를 공개하면, 팀원 각자가 정답을 적게 한다. (이때는 팀원끼리 의논할 수 없음)
  ② 진행자가 퀴즈를 공개하면, 팀원이 의논하여 하나의 답을 쓴다.

2단계: 게임 진행 및 과정의 관찰
(학습자의 모습을 관찰하고 피드백이나 토론의 자료로 활용)

▶ **퀴즈의 사례**
- '첫' 자가 들어간 속담은?(첫 술에 배 부르랴? 등)
- 천 원짜리 화폐의 인물은 누구인가?(퇴계 이황)
- 평생교육의 6진 분류에서 6번의 영역은?(시민참여교육)
- 매슬로의 인간욕구 5단계 중 평생교육을 강조하는 단계는?(자아실현 단계)
- 학습자의 참여 유도를 위한 교수법으로 버즈그룹, 심포지엄, 세미나, 포럼 등은 어떤 수업 유형인가?(토의식 수업)

3단계: 반응을 관찰
(게임의 과정을 주의 깊게 관찰하며 학습자 및 학습자 집단의 반응을 파악)

4단계: 피드백 및 종합 토론
(학습자들의 반응을 토대로 게임의 성과나 결론, 문제점 및 원인을 분석하고 적절한 피드백을 제공하면서 토의)

5단계: 종결
(게임의 승자 혹은 팀을 발표, 학습자의 학습목표 달성 정도 및 전반적인 게임 진행 과정에 대한 종합적인 결과 평가를 제시)

실전방법 역할극

1단계: 주제를 설정한다
(교수자가 RP: Role Playing 하는 목적과 의의, 주제를 설명한다.)

2단계: 시나리오를 작성한다.
학습자들이 자연스럽게 RP에 참여하도록 분위기를 조성하고 팀별로 시나리오를 간단하게 작성한다.
(학습자에 따라 즉시 가능 또는 미리 공지하고 일주일 후 실행)

3단계: 역할을 결정한다.(지도자, 연기자, 관찰자를 정한다.)
지도자: 학습자나 교수자로 전체의 진행
관찰자: 연기자의 행동을 관찰, 분석, 피드백 하기

4단계: 역할극 실시 이전의 사전 준비 및 지도

5단계: 연기를 실시한다.

6단계: 분석 및 피드백으로 의견 발표하고 교수자는 강평을 한다.

상황 1. 노인학습자와 평생교육사

[상황설명]

노인학습자가 평생교육사에게 학습 상담을 하러 왔는데 담배 냄새와 함께 인상을 쓰며 사무실로 들어왔다. 공부를 하고 싶다고 하면서 프로그램에 대해 문의를 하는 것이 아니라 자신의 이야기를 자꾸 하고 있다.

- 노인: 76세
- 직업: 없음
- 성격: 말이 무척 많으며 억지와 고집이 세어 보임

→ 새 학기가 되어 프로그램 홍보 및 접수로 인하여 전화와 학습자들의 응대로 아침부터 정신없이 바쁜 평생교육사에게 노인학습자가 찾아왔다. 무엇을 하고 싶은지 물어보니 노인은 자신이 혼자 산다는 이야기, 어느 회사를 다녔다는 이야기, 외롭다는 이야기, 자식 이야기 등을 늘어놓고 프로그램에 전혀 관심이 없다. 다음에 다시 오라고 했더니 자신을 무시했다며 고함을 치며 책상을 손으로 탁탁 치며 난동을 부린다.
자, 이 같은 경우에 어떻게 해야 할까요?

<table>
<tr><td rowspan="2">노인</td><td>1.</td><td rowspan="2">평생
교육사</td><td>1.</td></tr>
<tr><td>2.</td><td>2.</td></tr>
</table>

Chapter 08

문제중심학습

개요

21세기 지식사회에서 요구되는 고차적 추론기능과 자기주도적 학습기능을 통한 문제해결력은 평생교육 현장에서도 요구되는 능력이다. 이러한 능력은 지식과 기술을 융복합하여 새로운 가치를 만들어 내는 능력의 '창조성', 그리고 지식과 기술을 실제 생활에 적용하여 문제를 해결하는 능력의 '전문성', 문제해결과정에서 조직과 사회에서 협업할 수 있는 '사회성' 능력이 요구된다. 따라서 이 장에서는 PBL(Problem-Based Learning: 문제중심학습)의 교수학습 방법을 살펴보고자 한다.

학습목표

1. PBL의 개념과 특성을 설명할 수 있다.
2. PBL 수업에서 교수자의 역할을 올바르게 할 수 있다.
3. PBL을 평생교육에 적용할 수 있다.

1. PBL 개념과 특성

1) 개념

PBL(Problem-Based Learning, 문제중심학습)은 문제를 활용하여 학습자 중심으로 학습을 진행하는 교수·학습 방법으로 1970년대 캐나다 MacMaster 대학교 의과대학 교육의 문제점을 개선하기 위해 개발된 교수·학습 방법이었다.

전통적 수업이 교수자가 학습자에게 학습할 개념과 원리를 설명한 후 학습결과를 확인하기 위한 문제를 소개하고 정답을 찾는다면, PBL은 교수자가 학습자에게 문제를 제시 후, 문제해결을 위해 필요한 개인 및 팀 학습을 통하여 다양한 해결책을 찾는 방법이다.

PBL은 21세기 지식사회에서 요구되는 인재상에 부합하는 교수·학습 방법으로 다음의 능력을 들 수 있다(강인애 외, 2007).

- **창조성**: 지식과 기술을 융복합하여 새로운 가치를 만들어 내는 능력
- **전문성**: 지식과 기술을 실제 생활에 적용하여 문제를 해결하는 능력
- **사회성**: 문제해결과정에서 조직과 사회에서 협업할 수 있는 능력

2) PBL 수업 특성

① PBL은 '문제가 학습의 시작'이다.

- PBL은 문제가 제시되면 그 문제를 해결하기 위한 학습과제를 찾은 후, 그 학습과제를 해결하는 학습활동 과정에서 학습이 이루어진다.
- 따라서 문제의 질에 따라 학습성과는 달라지기 때문에 문제는 학습자들과 실제적 관련성을 갖는 것이어야 하며, 다양한 해결안이 가능한 비구조적(비형식적)이며 복잡한 문제가 바람직하다.

② PBL은 '학습자 중심'이다.

- PBL 수업에서 학습자는 자기주도적으로 문제를 파악하고, 문제해결을 위한 학습내용은 무엇인지, 학습에 필요한 정보는 어디서 입수하는지 등을 스스로 결정해야 한다.
- PBL 수업은 교수자 중심의 전통적 수업과 달리 학습자가 중심이 되어 학습활동이 진행되므로 학습자가 주인의식을 갖고 학습에 참여해야 한다.

③ PBL은 '팀 활동 중심'이다.

- PBL은 문제해결과정에서 4~6명이 학습과제에 대하여 역할을 분담하여 팀 활동을 하게 되므로 각자의 성실성과 참여도는 학습성과에 큰 영향을 끼친다.
- PBL은 문제해결안에 대하여 한 사람의 한정된 해답보다도 집단지성을 발휘하여 다양한 해결안과 최선안을 요구한다.

④ PBL은 '교수자의 수업 촉진자 및 안내자 역할'이 중요하다.

- PBL에서 교수자의 역할은 '지식전달자'보다 '학습진행자 또는 촉진자'의 역할이 대부분이다.
- 교수자는 문제 관련 내용에 대한 요약 강의도 하지만 학습자의 생각을 묻거나 아이디어 도출을 위한 질문을 하는 등 개인학습 및 팀 활동이 효과적으로 수행될 수 있도록 촉진하는 역할이 크다(최정임, 장경원, 2015).

2. PBL 수업 진행 절차

PBL 수업 진행의 절차를 살펴보면 다음과 같다.

1) 문제 제시하기

- 교수자는 수업에 사용할 문제를 개강 전에 미리 준비해서 해당 수업시간에 학습자가 해결해야 하는 문제를 제시한다.
  - 문제는 텍스트, PPT, 프레지, 동영상 등으로 제시할 수 있다.
  - 문제를 해결하고 난 후 최종적으로 어떤 과제를 제출해야 하는지도 안내한다.
- 학습자는 교수자가 제시하는 문제를 제공받고 내용을 파악한다.

2) 문제확인 및 학습과제 실천계획서 작성하기

- 교수자는 학습자들이 문제를 파악할 수 있도록 개인 및 팀 활동을 촉진한다.
  - 문제를 해결하기 위한 방법에는 무엇이 있는지 묻고 이를 정리할 수 있도록 돕는다.
- 학습자는 문제가 제시되면 해결해야 할 문제가 무엇인지, 문제의 근본원인 제거 및 해결안을 모색한다.
  - 문제의 근본원인이 무엇인지 파악하고, 가능한 해결책 도출을 위한 가설을 설정하고 검토한다.
  - 제시된 문제상황의 사실과 학습자가 이미 알고 있는 사실을 확인한다.
  - 필요한 학습과제 도출 및 역할분담을 통한 과제해결방법, 자료검색방법, 시간계획 등 실제로 실천가능한 계획서를 작성한다. 즉, '생각-사실-학습과제-실천계획'의 단계로 문제를 검토한다.
    - 생각(ideas): 문제의 원인과 결과, 원인 제거를 위한 가능한 해결안에 대한 학습자들의 가설이나 추측을 검토한다.

    ※ 가설수립이 어려운 교과영역(예: 사회과학)에서는 문제에서 무엇을 요구하며, 학습자가 해결해야 할 문제가 무엇인지, 그 결과물은 어떤 형태가 될 수 있는지 등 문제를 이해하는 데 필요한 아이디어를 검토할 수 있다.

    - 사실(facts): 문제해결과 관련하여 문제에서 제시된 중요한 사실과 학습자가 이미 알고 있는 사실을 확인한다.

    ※ 학습자가 이미 많이 알고 있다면 학습해야 할 과제가 줄어들 수 있고, 문제의 사실을 확인하기 위해서 어떤 추후활동이 필요한지도 결정할 수 있다.

    - 학습과제(learning issues): 사실 확인 후 문제해결을 위해 추가적으로 필요한 학습과제를 도출한다.

※ 학습과제는 문제해결과 직접적 관계가 있기 때문에 교수자는 학습자가 학습과제를 잘 도출할 수 있도록 도움을 제공해야 한다.

• 실천계획(action plans): 문제해결에 필요한 학습과제가 도출되면 학습과제에 대한 학습자의 이후 실천계획을 수립한다.

※ 실천계획은 과제의 역할분담, 자료검색방법, 시간계획 등을 포함한다.

3) 문제해결을 위한 자기주도적 학습 및 팀 활동하기

• 교수자는 학습자의 학습 과정을 지속적으로 관찰하고 참고자료 및 내용의 적절성 등에 대한 피드백을 하며, 자기주도적 학습능력이 부족한 학습자에 대해서는 조력자 및 안내자 역할을 한다.
  – 학습자의 개별학습에 교수자의 개입은 자료의 예 제시, 도움을 줄 사람 소개, 참고자료 및 학습과정의 적절성 피드백 등이다.
• 학습자는 각자 문제해결을 위한 자료수집 등을 통한 개별학습을 한다.
  – 학습자가 이용하는 자료는 전공 서적, 인터넷, 학술지 논문, 비디오 및 인적 네트워크 등이다.

4) 문제 재확인 및 해결안 도출하기

• 교수자는 학습내용을 점검하는 판단기준이나 방법을 점검한다.
• 학습자는 개별학습 후, 팀별로 모여 개인학습 결과를 발표하고 팀 의견을 종합하여 최적의 해결안을 도출한다.

– 이 과정에서 최종적인 해결안이 도출되지 못하면, 새로운 학습과제를 모색하고 최종해결안에 도달할 때까지 수차례 문제 재확인과정을 반복할 수 있다.

5) 문제해결안 발표하기

- 교수자는 학습자가 최종 문제해결안을 발표할 수 있도록 공간적 · 시간적 지원을 제공한다. 즉, 강의실뿐만 아니라 e-Class 활동도 가능토록 지원을 해야 한다.
- 학습자는 최종 문제해결안을 PPT, 프레지, 동영상, 전시, 시연 등 다양한 방법으로 발표한다.
  – 최종 문제해결안이 만들어지면 수업시간에 각 팀별로 준비한 문제해결안을 순차적으로 발표하고 팀별로 비교할 수 있다.

6) 학습결과 정리 및 평가하기

- 교수자는 최종 문제해결안과 관련된 주요 개념을 요약, 정리하여 강의 후 학습자에게 성찰일지를 제공하여 성찰 활동을 수행할 수 있도록 하고 평가를 한다.
  – 성찰일지는 각 문제가 해결될 때마다 작성하게 할 수 있다.
  – 학습결과 평가는 자기평가, 동료평가, 해결안 발표 평가, 팀 평가, 성찰일지 평가, 최종보고서 평가 등이 있다.
- 학습자는 학습과정 및 결과에 대한 성찰의 시간 및 평가에 참여한다.

〈표 8-1〉 버로우즈와 마이어스(Barrows & Myers)의 PBL수업전개과정(1993)

<table>
<tr><th colspan="4">수업전개</th></tr>
<tr><td colspan="2">1. 수업소개</td><td colspan="2">2. 수업분위기 조성(교수자의 역할 소개)</td></tr>
<tr><th colspan="4">문제제시</th></tr>
<tr><td colspan="4">1. 문제제시
– 문제에 대한 주인의식을 느끼도록 한다(목적: 학생들이 문제를 내재화하도록 하기 위함).
– 마지막 제출할 과제물에 대해 소개한다.
2. 과제
– 그룹 내 각자의 역할을 분담한다.</td></tr>
<tr><th>생각(가정)</th><th>사실</th><th>학습과제</th><th>실천계획</th></tr>
<tr><td>주어진 문제에 대한 학생들의 생각을 기록: 문제원인과 결과, 가능한 해결안 등</td><td>개인 혹은 그룹학습을 통해 제시된 가정을 뒷받침할 지식과 정보를 종합한다.</td><td>주어진 과제를 해결하기 위해 학생들 자신이 더 알거나 이해해야 할 사항을 기록</td><td>주어진 과제를 해결하기 위해 취해야 할 구체적 실천계획</td></tr>
<tr><td colspan="4">3. 주어진 문제의 해결안에 대하여 깊이 사고를 한다: 다음 사항에 관하여 과연 나는 무엇을 할 것인가를 생각한다.</td></tr>
<tr><th>생각(가정들)</th><th>사실</th><th>학습과제</th><th>실천계획</th></tr>
<tr><td>확대/집중시킨다.</td><td>종합/재종합한다.</td><td>규명과 정당화한다.</td><td>계획을 공식화한다.</td></tr>
<tr><td colspan="4">4. 가능할 법한 해결안에 대한 생각을 정리한다.
5. 학습과제를 규명하고 분담한다.
6. 학습자료를 선정 · 선택한다.
7. 다음 토론시간을 결정한다.</td></tr>
<tr><th colspan="4">문제의 재확인</th></tr>
<tr><td colspan="4">1. 활용된 학습자료를 종합하고 그것에 대해 의견교환을 한다.
2. 주어진 문제에 대하여 새로운 접근을 시도한다: 다음사항에 대하여 나는 무엇을 할 것인지를 생각한다.</td></tr>
<tr><th>생각(가정들)</th><th>사실</th><th>학습과제</th><th>실천계획</th></tr>
<tr><td>수정한다.</td><td>새로 얻은 지식을 활용하여 재종합한다.</td><td>필요하다면 새로운 과제 규명과 분담을 한다.</td><td>앞서 세웠던 실천안에 대해 재설계한다.</td></tr>
<tr><th colspan="4">결과물 제시 및 발표</th></tr>
<tr><th colspan="4">문제 결론</th></tr>
</table>

3. PBL 수업에서 교수자 역할

PBL은 교수자가 중심이 되는 전통적인 수업과 달리 학습자가 중심이 되는 학습활동이다. 효율적 · 효과적 수업을 위해서는 다음과 같은 교수자의 역할수행이 중요하다.

1) 교수 설계 및 개발자

- 전통적인 수업에서는 수업을 계획하고, 설계 · 개발하는 교수자의 역할이 중요하다. 그러나 PBL 수업을 위해서는 추가적인 교육과정 및 수업방법에 대한 설계, 그리고 학습자 워크북, 각종 문제와 양식 등 교보재 및 도구개발이 필요하기 때문에 더욱 중요하다고 볼 수 있다.
- 교수자는 기존의 전통적인 수업을 PBL 수업으로 전환할 수도 있고, PBL 수업을 위한 새로운 과정을 구상 및 시도할 수 있다. 어느 경우든 교수자는 PBL 방식 수업을 이해하는 것이 선행되어야 한다. 그렇지 않으면 수업운영은 물론 결과에도 악영향을 끼칠 수 있다.
- 따라서 PBL 방식 수업과정을 개발하기 위해서는 교육목표 수립 및 내용 선정, 운영전략 및 교수방법 결정, 교보재 및 도구 개발, 평가 방법 등 수업 전반에 대한 설계 및 개발자로서 역할을 한다.

2) 학습 촉진 및 운영자

- PBL은 학습자가 교수자로부터 필요한 지식과 기술에 대한 가르침을 받기보다는 학습자 스스로 문제해결에 필요한 자료를 찾고, 팀 활동을 통해 문제를 해결하는 학습자 중심의 교수·학습 방법이다.
- 전통적인 수업에서 교수자는 잘 가르치는 능력, 즉 전달능력이 무엇보다 중요했지만, PBL에서는 학습자가 왜 이 학습이 필요한지를 깨닫고 학습과제를 찾아 학습 후 문제해결안(학습결과) 도출이 가능하도록 도움을 줄 수 있어야 한다.
- 따라서 교수자는 학습자의 자기주도적 학습이 가능하도록 학습환경을 조성해 주고 학습동기부여가 충만하도록 학습자 수준에 맞는 질문과 피드백을 적절히 잘할 수 있는 촉진자 역할을 해야 한다.

3) 학습 과정 및 결과 평가자

- PBL 수업평가는 결과뿐만 아니라 과정도 중요시한다. 그 이유는 PBL은 개별학습 및 팀 활동의 성실 여부가 의미 있는 결과를 만들어 내는 데 중요한 역할을 하기 때문이다.
- 교수자는 신뢰성 높은 평가를 위해서 수업과정에서 학습자들의 수업참여 및 활동 정도에 대해서도 객관적이고 투명성 있는 평가가 이루어져야 하므로 개인 및 팀활동 일지, 문제해결안 발표, 성찰일지, 학습 종료보고서 등을 평가해야 한다.
- 따라서 교수자는 학습자들이 학습 후 현장실무능력을 갖출 수 있도록 실제적 수업 운영과 학습결과에 초점을 맞춘 학습평가자 역할에 충실해야 한다.

4. PBL 수업준비

PBL 수업준비는 교수체제개발(ISD; Instructional Systems Development) 모델 중 핵심모형인 ADDIE 모형(Analysis, Design, Development, Implementation, Evaluation)을 활용하여 수업단계별 기본적으로 준비를 할 수 있다.

ADDIE 모형은 대부분 지침과 준거, 그리고 절차를 포함하고 있어서 교수설계와 개발과정에서 발생할 수 있는 수행상의 오류를 방지하도록 도와준다.

1) 분석(Analysis)

분석이란 강의에 영향을 미칠 수 있는 요소들을 생각해 보는 것이다. 교수자는 PBL 수업에 들어가기 전 먼저 교과목정보, 강좌의 규모, 학습자 특성, 교실환경 등의 분석을 고려하여야 한다.

〈표 8-2〉 교과목정보

교과목 명	평생교육방법론	대상학년	
교과목 코드		학점(시수)	3 학점
수강인원		분반	
교과목 특징	※ 교과목과 관련한 특징 자율적으로 기술		
학습목표	※ 교과 소개 및 본 교과를 통해 달성하고자 하는 전반적인 학습목표 기술		

(1) 수업 특성(규모)

- 소규모 수업: 학습자 규모는 15명 이하이며, 학습자 5~8명을 한 팀으로 편성하고 교수자가 지원 활동을 한다. 2개 팀 이상의 경우 독립된 활동공간 지원이 중요하며 전통적 시험은 없다.

  ※ 대학원 수업 및 고학년 세미나 유형 수업에 적합

- 중규모 수업: 학습자 4~6명을 한팀으로 편성하고, 팀별 교수자의 지원 활동이 필요하다. 팀 활동 및 피드백은 강의실 또는 온라인(e-Class)으로도 가능하다. 각 팀별 토의결과 발표 및 피드백은 전체가 모인 가운데서 하는 것이 바람직하다.

  ※ 일반적인 대학 수업에 적합

- 대규모 수업: 학습자 규모는 30명 이상이며, 학습자 8명 이하로 팀을 구성하며, 교수자 중심 전략이 요구된다. 팀이 많아서 팀별 발표 및 교수자의 지원 활동에 많은 시간이 소요되므로, 교수자는 보다 정형화된 문제 및 질문, 제한된 토의시간 배정 그리고 우수팀만 해결안을 발표토록 할 수 있다.

  ※ 대학 대규모 수업에 적합

(2) 학습자 특성

- 대학생 및 성인들은 일반적으로 강의식 수업을 선호하는 경향이 있고, 개인학습 활동시간이 부족한 학습자는 PBL 수업방식에 부정적, 소극적 태도를 보이기도 한다.

  ※ 자격증 및 취업준비생 또는 직장인은 PBL 방식에 부담을 갖을 수 있음

- 교수자는 수업 중 팀 활동을 활성화하기 위해서, 기본적으로 개강 전에 수강등록자 현황을 파악할 수 있다면 파악해 두는 것이 좋다.

– 개강 전 학습자 특성 파악이 어려운 경우는 수업 첫 시간을 통해 파악하고 분석결과는 팀 편성 및 교수전략에 반드시 반영한다.

〈표 8-3〉 학습자 특성 분석

학년	성별		자격증 및 취업 준비생	직장인	비고
	남	여			

(3) 강의실 환경

- 강의실은 기본적으로 팀 활동이 가능하도록 공간은 물론 교구 및 장비가 갖추어져야 한다.
  - 강의실의 책상은 팀 활동이 가능한 이동식 책상이어야 한다.
  - 팀(4인 또는 6인) 형태의 책상 배열 후, 팀별 토론이 가능한 규모의 공간이어야 한다.
  - 팀별 칠판 또는 화이트 보드, 개인별 노트북(인터넷 가능) 사용이 가능해야 한다.

  ※ 그룹별 모조전지와 매직을 대용으로 할 수 있다.
  - 팀 활동을 활성화하기 위한 온라인 공간(e-Class)에 공지사항, 자료실, 토론방, 과제물, Q&A 등 메뉴를 이용할 수 있다.

2) 설계(Design)

(1) PBL 수업(학습)목표

- 학습목표는 분석(Analysis)결과를 토대로 수립되며, 다음과 같은 역할 때문에 요건을 갖추어 올바르게 작성되어야 한다.

학습목표 역할

- 강의내용, 방법의 결정 및 설계의 기초가 된다.
- 학습자의 학습 후의 결과를 예측하게 한다.
- 학습평가에 대한 기준이 된다.
- 학습자가 학습 내용을 예측할 수 있도록 한다.
- 학습동기 및 흥미를 유발한다.

학습목표 기술방법

- 관찰 가능한 행위동사로 기술한다.
- 정확한 용어를 사용한다.
- 하나의 문장에는 하나의 학습목표만 기술한다.

※ 가능한 다음 4가지 요건을 갖추도록 한다.

❶ Audience(학습자)
❷ Behavior(행동)
❸ Condition(조건)
❹ Degree(기준)

【작성 예】

학습자는(A) 제품 카탈로그를 보지 않고(C),
제품 특징의 10가지 중에서 7가지 이상을(D) 설명할 수 있다(B).

(2) PBL 설계요소

벅 교육협회 BIE가 개발하여 연구와 교육현장에서 입증된 핵심설계요소는 다음과 같다(강인애 외, 2007).

〈표 8-4〉 PBL 핵심요소

핵심요소	주요 내용
Challenging Problem(문제)	도전적인(비구조화된) 문제 제시, 학생들에게 적합한 것
Inquiry(탐구)	문제해결을 위한 질문, 자원 발견, 정보 활용
Authenticity(실제성)	실제 상황의 과제, 학생들의 흥미
Student Choice(학생선택권)	문제해결 방법과 내용에서 학생 선택권
Reflection(성찰)	프로세스와 결과물에 대한 성찰
Revision(수정)	과정과 결과물에 대한 피드백과 개선
Public Product(산출물)	문제해결안 발표

① 구조화된 문제 또는 질문

- 문제와 질문은 PBL 학습 구조를 체계화하고 학습을 의미 있게 만든다.
- 문제나 질문에 초점을 두어 학생들이 사용하기 위한 지식을 얻도록 한다.
- 문제 또는 질문의 난이도는 핵심정보의 이해 및 적용수준, 구조화 정도, 절차의 복잡성을 고려하여 학생들에게 적합한 것으로 적용한다.

생각하기	학생들이 평생교육 졸업 후 업무현장에서 '평생교육방법론' 교과목을 수강한 내용을 활용할 상황을 예상해 보고 성공적 수행에 필요한 능력이나 수행 시 예상되는 문제점이나 장애요인에 대해 생각해 보자.

② 지속적인 탐구

- 탐구는 책이나 웹 사이트에서 정보를 찾는 단순한 개념의 조사를 의미하는 것이 아니라 문제를 해결하기 위해 전문가를 인터뷰하거나 현장학습을 하고 실험을 할 수도 있다.
- 학생들은 소스탐색(자료, 출처)을 위해 직접방문을 통해 자료조사와 자연물들을 외부관계자와 함께 찾아보고 분석 또는 해석하도록 한다.

생각하기	수강 학생들이 활용해야 하는 학습자원은 어떤 것들이 있는지 생각해 보자.

③ 실제성

- 실제성을 확보하기 위해서는 과제 상황, 활용하는 도구, 결과의 영향력 및 학생들의 실제적인 삶과의 연관성 등을 고려할 수 있다.
- PBL 문제가 개인적인 관심사와 흥미, 인생문제에 대해 이야기함으로써 실제성을 가질 수 있다.

생각하기	교과목에서는 어떻게 문제해결의 실제성을 확보할지 생각해 보자.

④ 관련성

- 좋은 PBL 과제는 학습자가 관련성을 느끼게 하는 것이다. 즉, 자신이 체험했거나, 체험할 수 있는 문제라고 느끼게 하는 것이다.

〈문제(관련성) 사례〉

당신은 ○○평생교육기관의 2년차 직원입니다. '강사양성 심화 프로그램'이 새로이 개발되었습니다. 신규 등록할 학습자에 대한 모집방안과 관리 계획을 수립하여 제출해 주기 바랍니다.

⑤ 학생의 선택권

- 학생들은 세부테마결정, 관심사항선정, 시간관리, 결과물 포맷의 다양성에 대해 세부요소를 선택한다(내적동기 부여).
- 과제는 교수가 내지만 문제를 어떻게 해결할지, 모형은 어떻게 만들 것인지에 대한 의사와 선택권은 학생에게 있다. 그렇기에 다양한 해결안들이 가능하다.
- 학생의 선택권을 어느 정도 허용해야 하는지를 결정할 때는 반드시 학생이 무엇을 할 수 있고 어떤 지도를 받을 수 있는지 고려해야 한다.

생각하기	문제해결 수행과정에서 학생들은 문제해결안 모색부터 최종 결과물 포맷의 다양성까지 선택할 수 있다. 학생들이 선택권을 어떻게 확보하게 하는지 방법 및 고려사항을 생각해 보자.

⑥ 성찰

- 성찰은 PBL 수업의 순조로운 진행을 돕고 혼란을 줄일 수 있다.
- 개별평가 방법인 성찰일지, 팀 활동 과정 및 발표를 통한 동료평가나 피드백을 통해서 성찰할 수 있다.
- 토론 과정에서 스스로를 성찰·비평하고, 문제를 개선하는 동시에 최종발표 과정에서 최종 결과물을 서로 공유하면서 성찰을 할 수 있다.

⑦ 비평과 개선

- 학생들은 피드백을 통해 개선할 기회를 얻는 한편 서로의 작업을 면밀히 살피는 법을 배우고 어떻게 하면 발전을 위한 제안을 할 수 있는지 배우게 된다.
- 학생들은 자신의 학습 성과를 이해하고 관리해야 한다. 여기에는 자신의 성장

정도를 평가하는 것, 학습에 대해 더 책임감을 가지는 것, 동료 학생들과 함께 학습을 통해 얻은 성과가 무엇인지 알아보는 활동에 참여하는 것 등이 포함된다.

생각하기	피드백 후에 결과물을 개선할 기회가 주어지는지 생각해 보자.

⑧ 공개 결과물

- 문제해결 결과물을 강의실 밖의 청중들과 공유할 결과물이라면 공개 기회를 제공한다.
- 학생들이 결과물을 만드는 데 최선을 다하며 참여를 증진시키는 효과가 있다.
- 학생들은 그들의 결과물이 가치 있고 교사뿐 아니라 동료학생, 외부전문가 혹은 제품사용자들로부터 자신의 결과물에 대한 피드백을 받기 때문에 학습에 더욱 심혈을 기울이게 된다.

생각하기	문제해결 결과물을 교실 밖의 청중들과 공유하기 위해 어떤 방법을 활용할 수 있을지 생각해 보자. (* PBL 수업 문제해결의 결과물이 공개 가능할 때)

〈표 8-5〉 결과물의 핵심요소

핵심요소	잘함	부족	왜 그렇게 생각하는가?
① 핵심 지식과 성공 역량: 과제가 핵심 지식과 성공 역량을 배우는 데 초점이 맞춰져 있는가?			
② 도전적 문제 또는 과제: 과제는 배운 지식을 활용해 볼 수 있도록 의미 있고 적절한 도전수준을 제공하는가?			
③ 지속적 탐구 과제를 해결하는 과정에서 생기는 질문에 답을 찾기 위해 다양한 학습지원(사람 포함)을 발견하고 활용하는가?			
④ 실제성: 과제는 실제의 상황, 실제 활용하는 도구, 실제의 영향, 학생들의 실제 관심, 흥미와 삶과 연관되어 있는가?			
⑤ 학생 선택권: 과제 진행방식과 시간 운영 등 문제해결 수행 시에 학생들의 의견 반영과 선택권이 주어지는가?			
⑥ 성찰: 문제해결과정에서 학생들이 무엇을 어떻게 배웠는지 성찰할 기회를 주는가?			
⑦ 비평과 개선: 과제 결과물에 대해 피드백을 주고 이를 개선할 기회를 주는가?			
⑧ 공개할 결과물: 과제 결과물을 교실 밖의 사람들에게 공개할 기회를 주는가?			

3) 개발

(1) PBL 문제개발

- PBL 수업의 학습목표가 결정되면, 학습을 통해 목표달성을 할 수 있는 문제를 작성해야 한다.
- PBL 문제는 학습목표와 내용에 따라 설계되어야 한다.
- PBL 문제는 웹사이트 검색 및 관련 논문 또는 저널에 게재된 사례를 활용할 수도 있다.
- PBL 문제를 교수자가 직접 작성할 경우, PBL 문제의 특성을 이해하고 개발절차에 따라서 개발해야 한다.

① PBL 문제의 특성

㉠ 비정형성

PBL에서 사용되는 문제는 비구조화된 비정형 문제이어야 한다. 비정형 문제는 학교에서 전형적으로 사용되는 정형화된 문제와는 다른 특성을 갖는다.

구분	정형성(구조화) 문제	비정형성(비구조화) 문제
개념 및 특성	• 한정된 개수의 규칙이나 원리 적용됨 • 목표나 해답이 명확함 • 사실과 목적, 해결방법 절차 진술됨 • 정확하고 효율적인 해결방법에 초점	• 상황, 요소, 정보가 불분명(충분)함 • 다양한 해답과 해결경로를 갖음 * 정답이 아닌 대안적 해결책을 찾음 * 해답이 없을 수도 있음 • 의사결정의 명료화와 논쟁에 초점 • 자신의 가설 설정 후 지지 위한 논의 • 최선의 해결책을 선택 후 다른 대안들보다 뛰어난 점을 증명하고 설득함

구분	정형성(구조화) 문제	비정형성(비구조화) 문제
사례	1. ADDIE 모형의 특징을 서술하고 교육적 시사점을 기술하시오. 2. 체성분 분석검사를 측정하고 체성분 검사결과를 통한 비만평가를 하여 보시오.	1. ADDIE 모형을 이용하여 학습자의 동기를 유발할 수 있는 수업계획서를 작성해 보시오. 2. 체성분 검사결과를 가지고 중년 비만관리를 위한 운동요법 계획과 식이요법 계획을 세워 보시오.

㉡ 실제성

PBL에서 사용되는 문제는 학습자의 흥미와 동기를 유발해서 학습내용에 대한 더 깊은 이해를 촉진시킬 수 있는 실제적 문제이어야 한다.

구분	비실제적 문제	실제적 문제
개념 및 특성	• 지식과 기능에 대한 이해 여부 파악 • 현실 적용성이 떨어짐 • 학습자의 경험, 능력 부족으로 해결가능성이 낮음 • 학습자의 흥미 및 동기유발 안됨	• 지식, 기능을 현실에 활용할 수 있음 • 학습자의 흥미와 동기유발 촉진 • 학습자의 경험, 능력으로 해결가능성이 높음 • 전공 교과영역의 전문성을 높여 줌
사례	여러분은 이번 학기를 마치고 대학(원) 졸업과 동시에 전공을 살려 창업을 할 계획입니다. 창업을 위해서는 많은 준비사항이 있지만, 무엇보다 사업자금이 필요한데, 사업계획서를 작성하여 투자자를 설득하여야 할 것입니다. 지금으로부터 한 달 후에 투자자들에게 발표할 수 있도록 준비하여 주기 바랍니다.	여러분은 대학(원) 졸업반으로서 졸업과 동시에 친구들과 함께 전공과 관련된 회사를 창업하는 데 뜻을 함께하였습니다. 그러나 창업을 위해서는 의욕보다는 철저한 준비가 필요하다는 것 때문에 고민입니다. 그런데 마침 보건복지부에서 주최하는 전국 대학생 창업지원 경진대회가 있다는 정보를 얻고 여기에 응모해 보기로 결정하였습니다. 이 경진대회는 창업을 위한 아이디어를 적용해 볼 수 있는 기회가 될 것이기 때문입니다. 아래 응모방법에 따라 경진대회에 응모해 보세요. **〈대회목적〉** • 대학(원)생의 창업에 대한 관심과 분위기 조성, 참신한 아이디어와 사업모델 발굴 및

구분	비실제적 문제	실제적 문제
		청년창업 촉진, 창조경제형 청년창업가 육성 및 평생교육 강국 코리아 구현에 기여 **〈응모기간〉** 0000년 10월 1일~10월 15일 **〈응모형식 및 방법〉** 참가신청서(양식), 사업계획서(PPT) 각 1부 온라인 접수 **〈전형방법〉** 1차: 서류, 2차: 프레젠테이션

㉢ 관련성

PBL에서 사용되는 문제는 학습자가 직접 체험했거나, 직업 현장업무와 관련하여 직접 체험할 수 있는 문제이어야 한다.

구분	일반 문제	관련성 있는 문제
개념 및 특성	• 상황 정보, 학습자의 역할 정보, 과제설명이 구체적이지 않음 • 문제인식의 주체가 학습자가 아님	• 학습자의 역할에 대한 단서 부여 • 학습자의 수행과제가 분명해야 함 • 학습자의 경험과 수준에 적합해야 함
사례	평생교육기관 코디네이터의 역할에 대하여 작성하여 보시오.	여러분은 'S평생교육기관 평생교육사'입니다. S기관에서는 기관개원 10주년을 맞이하여 도내 지자체 평생교육기관 중심으로 특별 포럼행사를 계획하고 있습니다. 여러분은 행사의 모든 준비와 기획의 책임을 맡게 되었습니다. 어떻게 행사를 준비하고 역할을 할 것인지 기획보고서를 작성해서 제출하시오.

㉣ 복잡성

PBL에서 사용되는 문제는 상황이 간단명료하고 해답이 단순하기보다 직업 현장의 복잡한 상황과 다양한 해답이 요구되는 문제이어야 한다.

구분	단순성 문제	복잡성 문제
개념 및 특성	• 구조화된 문제로서 해답이 분명함 • 상황과 과제가 분명함 • 문제의 인과관계가 분명함	• 비구조화된 문제로써 대안이 다양함 • 문제해결자가 어떤 입장이냐에 따라서 문제해석과 방법이 달라짐 • 문제가 충분히 길고 복잡하여, 단순히 역할분담만이 아니라 협동을 요구함
사례	"고객 응대의 유형별 특징과 유의사항을 비교 설명하시오."	"여러분은 A커피전문점의 직원입니다. 이곳에서는 최근 고객응대법을 새롭게 개발하였습니다. 지금까지 이곳을 방문하는 고객은 담당 직원의 능력에 따라 좌우되고 관리 프로그램에 비하여 만족도는 낮은 편이었습니다. 고객들은 가격, 서비스 등에 대하여 불만족 반응을 나타냈습니다. 따라서 이번에 개발된 고객응대관리법을 통해서 더 많은 고객 확보와 만족도를 높이는 방안을 모색하고 있습니다. 활성화 방안을 수립하여 2주 후 전 직원들 대상으로 발표준비를 바랍니다."

〈바람직한 PBL 문제 vs 바람직하지 못한 PBL 문제〉

바람직한 PBL 문제	바람직하지 못한 PBL 문제
• 다양한 해결방안과 전략을 포함 • 직업 현장에서 발생하는 문제 • 학습할 질문을 학습자가 생성함 • 학습자의 경험에 기초한 문제 • 협동학습이 필요한 과제	• 한 가지 해답만 있는 경우 • 교재의 제목을 붙인 문제 • 학습할 질문을 교수자가 제시함 • 학습자의 경험과 동떨어진 문제 • 혼자서 할 수 있는 과제

② PBL 문제개발(예시)

【양식 1】 PBL 연습문제

여러분은 지역신문의 기자입니다. 새 편집장은 여러분에게 토요일 신문의 1면에 실을 기사를 준비하고, 그 기사를 독자에게 더욱 호소력 있게 만들라고 지시하였습니다. 편집장은 가장 중요한 기사가 1면을 차지해야 한다고 말했고, 그 기사들은 자신의 승인을 받아야 한다고 말했습니다. 여러분은 어떤 기사를 써야 할까요? 2000자 분량으로 원고를 작성하세요.

구분	내용
생각	• 토요일 1면에 실을 기사 작성 • 기사를 선택하고, 승인하는 기준 • 신문의 특성, 독자
사실	• 우리는 지역신문 기자다. • 토요일 신문의 1면 기사를 준비해야 한다. • 1면은 보다 호소력이 있어야 한다. • 가장 중요한 기사가 1면에 나와야 한다. • 우리는 기사를 작성하고 편집장의 승인을 받아야 한다.
학습과제	• 누가 이 신문을 읽는가? • 예산은 얼마인가? • 일반적으로 1면에는 어떤 종류의 기사들이 실리는가? • 얼마나 많은 색상이 사용될 수 있는가? • 좋은 기사와 나쁜 기사의 기준은 무엇인가? • 기사의 길이는 얼마나 길어야 하는가? • 1면의 공간은 어느 정도인가? • 무엇이 신문을 호소력 있게 만드는가? • 1면을 구성하는 데 '최선'의 방법이 있는가?
실천계획	• 신문 1면을 읽고 특징 파악하기(전원) • 신문의 호소력과 관련된 문헌 및 자료 찾기(영미, 영순) • 좋은 기사와 나쁜 기사의 기준 파악하기: 문헌 및 인터넷 검색(길동, 철수) • 편집장의 기사 선택 기준 파악하기: 신문 편집장 면담(전원) • 다음 모임 일정: 4월 15일 오후 4:00

※ 출처: 최정임, 장경원(2015).

연구문제

1. PBL 수업에서 교수자가 유의할 점은 무엇인가요?
2. 〈실전방법〉을 토대로 PBL 연습문제를 작성하여 보세요.

실전방법 PBL 연습문제

여러분은 평생교육기관의 4년차 평생교육사입니다. 기관장은 여러분에게 평생학습축제 행사를 대내외적으로 알릴 수 있는 홍보방법을 우리 기관의 보고서 양식에 근거하여 작성하라고 지시하였습니다. 홍보계획안은 구체적으로 하며, 예산까지 포함하여 2주 후에 있는 회의 때까지 작성하여 보고해 주세요.

생각	•
사실	•
학습과제	•
실천계획	•

Chapter 09

뉴노멀 시대 교육방법

개요

COVID-19 여파로 사회적 거리두기가 일상화되면서 학교교육에서 비대면 원격 수업이 일반화되었으며, 평생교육을 포함한 모든 교육 현장에서 융합형 웹 기반 학습의 연구와 활용이 진행되고 있다.

평생교육 교수자는 변화된 시대적 환경과 교육 환경을 고려하여 학습자가 효과적으로 학습할 수 있는 교수 원리와 교수 기법을 충분히 이해할 필요가 있다. 이번 장은 평생교육 교수자가 시대적 요구에 부응하는 교수활동을 계획하고, 효과적으로 활용할 수 있도록 평생교육방법들을 구성하였다. 이에 융합형 웹 기반 평생교육의 방법인 블렌디드 러닝, 하이브리드 러닝, 하이플렉스 러닝의 개념과 특성을 살펴보고자 한다.

학습목표

1. 뉴노멀 시대의 개념을 설명할 수 있다.
2. 블렌디드 러닝, 하이브리드 러닝, 하이플렉스 러닝의 개념과 특성을 말할 수 있다.
3. 융합형 웹 기반 평생교육 시 유의점을 설명할 수 있다.
4. 비대면 평생교육방법을 활용할 수 있다.

'뉴노멀(New Normal)'이란 장기 저성장 국면을 설명하는 경제용어로 새로운 경제 질서를 일컫는다. 우리가 가지고 있던 지금까지의 신념들이 새로운 개념 체계에 의해 과거로 돌아갈 수 없는 '새로운 정상'이라는 의미이다(Hinssen, 2010).

2019년 12월부터 전 세계로 확산한 COVID-19 팬데믹 사태 이후 국가 간의 이동이 전면 금지되었다. 한 국가 안에서도 사람들과의 접촉이 제한되었고, 우리나라에서도 사회적 거리 두기가 실시되었다. 이러한 국가 정책에 따른 사회적 변화로써 유치원 및 초·중등학교는 신학기 개학을 연기하고 단계별 온라인 개학을 실시하였고, 기업의 경우 재택 근무를 실시하였다. 문화·평생교육 기관들도 휴관에 들어가 대규모의 집단 감염으로부터 대비하고자 하였다.

현재 '뉴노멀'은 팬데믹의 감염증 확산 방지를 위한 사회적 거리 두기 시행 등 강력한 방역 조치에 따른 전반적인 사회적 변화를 의미하며, 대면 접촉 서비스의 불황으로 인한 언택트 문화의 확산 등 새로운 사회문화의 변화 양상의 의미로 널리 사용되기 시작하였다(한윤희, 2021).

일상의 사회적 변화를 촉발한 팬데믹으로 재택근무와 미디어 콘텐츠, 온라인 수업과 e-커머스(Electronic Commerce) 등은 그동안 진행되어 온 디지털 시대의 비대면 시대를 확장시켰다. 비대면 사회이자 사회적 거리 두기 상황 속에서, 소통을 가능하게 해 주는 디지털은 새로운 사회의 일부가 되어 가고 있으며, 우리는 이를 '뉴노멀 시대'의 한 모습으로 보고 있다. 뉴노멀은 '언택트(Untact)'라는 용어와 밀접한 관련이 있으며, 디지털 기기는 중요한 필수품으로 우리의 일상은 디지털 없이 가능하지 않은 상황이 되었음을 말한다. 선택의 차원이 아니라 살아남아야 하기 위한 비대면의 일상화는 일명 언택트(Untact) 환경 속 대안적 방법적 모색을 넘어 디지털 기술의 급격한 개발로 이어졌다(정옥희, 2021).

'언택트 사회'는 새로운 패러다임으로 등장했고, 언택트는 배달앱으로 대표되는 소매·유통뿐 아니라, 원격의료, 원격학습, 원격근무 등 사회 전반으로 확산되고 있다.

변화 속에서 생존을 넘어 수월성을 선점하기 위한 노력은 전 세계적으로 계속되고 있다(함영주, 2020).

그중 교육 분야에서 두드러진 변화가 나타났다. 기존의 전통적인 대면 방식의 수업에서 비대면 방식인 원격수업으로의 강제적 전환은, 준비되어 있지 않은 교수자와 학습자 모두에게 혼란을 가져왔다. 그러나 사회적, 시대적 요구에 따라 새로운 교육방법으로의 전환이 불가피해졌다. 비대면 온라인 교육에서 어떤 내용을 가지고 어떠한 방식으로 교수, 학습 활동을 설계하여 운영할 것인가는 교수, 학습 방법 분야에서 중요한 이슈로 부각되고 있다(성은모 외, 2020).

류태호(2020)는 교사의 역할이 뉴노멀로 인하여 지식의 전달에서 지식의 공유와 재창출로 바뀌고 티칭보다 코칭의 중요성이 강조될 것이라 하였다. 글로벌 팬데믹 사태 이후 더 빠르게 디지털화된 일상을 맞이하게 된 상황에서 IT 기술 없이는 고립될 수밖에 없어 교육은 랜선 라이프 속에서 만남과 소통이라는 대안을 찾으며 해결점을 모색하고 있다(정옥희, 2021). 뉴노멀 시대의 교육은 단순히 교육을 온라인 방식으로 전환하거나 응용하는 것뿐 아니라, 그 이상이 되어야 할 것이다.

1. 이러닝을 활용한 평생교육방법

최근 전 세계적으로 시행된 폐쇄 조치의 결과로 교육계에서는 이러닝이 더욱 대중화되고 있으며 전성기를 맞이하고 있다. 이러닝은 다른 방법보다 훨씬 저렴한 비용으로 새로운 기술을 습득할 수 있으며, 시야를 넓히고, 좋은 학습 기회를 제공한다.

이러닝은 전기선을 연결하여 사용하는 학습 매체를 통해 인터넷과 같은 네트워크를 매개체로 이루어지는 학습이다. 우리가 아는 온라인 교육을 통틀어 이러닝이라고 한다. 이러닝의 발달로 TV, PC는 물론 태블릿, 모바일 등 다양한 매체를 통한 교육이 가능해졌다.

1) 이러닝

이러닝(e-Learning)이란 electronic learning의 약자로 전기적 신호를 매개로 강의를 제공하는 원격 교육방법을 지칭한다. 넓게는 컴퓨터 테크놀로지 또는 정보통신기술을 활용한 학습을 의미하고, 좁게는 인터넷과 같은 네트워크를 통하여 이루어지는 학습을 말한다(강인애, 2006; 권양이, 2012; 박종선, 2013).

이러닝이라고 하면 모든 디지털 장치를 통한 교육을 의미한다. 흥미로운 기사 읽기, 교육 비디오 시청, 퀴즈 풀기, 이 모든 것이 이러닝이다. 또한 학습을 용이하게 하기 위해 전자기술을 사용하는 것을 말한다. 이러한 기술에는 컴퓨터, 모바일 장치, 인터넷 등이 포함될 수 있다. 이러닝은 원격수업, 온라인 강의, 평생교육 등 다양한 목적으로 활용될 수 있다.

이러닝은 학습자가 자신의 속도에 따라 학습할 수 있고, 교육에 대한 접근성 향상, 유연한 학습 일정, 비용 절감 등 많은 이점을 제공할 수 있다. 학습자에게 멀티미디어 콘텐츠 및 서로 상호작용할 수 있는 기회를 제공하여 기존의 대면 수업보다 더 매력적일 수 있다. 또한 자료를 인쇄하거나 배송할 필요가 없기 때문에 매우 비용 효율적인 학습 방법이 될 수 있다. 이러닝은 또한 학습자가 전 세계의 다른 사람들과 상호작용할 수 있는 기회를 제공하며 이는 관계 및 네트워크를 구축하는 좋은 방법이 될 수 있다.

이러닝은 인터넷 시스템을 통해 학습자와 교수자가 전화, 태블릿, 데스크톱 컴퓨터, 노트북 등을 사용하여 학습 및 교육과정에 참여할 수 있다. 특정 장소에 가지 않고도 어디서나 편리하게 가르칠 수 있다. 인터넷과 학습 능력이 있는 곳이면 어디에서나 이 플랫폼을 사용하여 자신의 지식을 늘리거나 전달할 수 있다.

그동안 컴퓨터 보조 수업이나 멀티미디어 활용 교육, 웹 기반 교육 등으로 불렸던 정보통신을 활용한 여러 형태의 교육을 통합한 개념이 이러닝이다. 학습자가 시간과 공간의 제약을 받지 않고 교육을 받을 수 있으며, 웹(web)의 무한한 학습자원을 활용할 수 있다. 여러 효율성과 편리성의 장점 때문에 이러닝은 교육계의 화두가 되고 있다.

그러나 최근에는 이러닝을 통해 교육의 효율성을 높이는 데 힘을 쏟았던 기존의 경향을 비판하면서, 이러닝의 가능성과 효과를 새롭게 해석하는 주장들이 제기되고 있다. 이는 이러닝을 전자기술(electronics) 활용의 문제로 보았던 기존의 시각과 큰 차별점이다. 대표적으로 엘리엇 마지(Elliott Masie)는 e-Learning에서 e는 우선, 경험(experience)을 의미하고, 둘째로 학습 선택권의 확장(extension)을 지칭하며, 마지막으로 학습 기회의 확대(expansion)를 의미하는 것으로 새롭게 해석할 필요가 있다고 주장한다(유재수, 이석재, 2003).

이러닝이 각 대학의 온라인 수업과 가상대학, 기업의 교육훈련 등 여러 분야에서 활용되고 있지만, 아직은 강의실 수업을 온라인으로 옮겨 진행되는 정도라 할 수 있다. 그러나 이러닝의 잠재력은 앞으로 교육 지형의 판도를 바꿀 수 있을 만큼 주목받고 있으며, 활용을 위한 많은 연구가 진행되고 있다.

2) 이러닝의 장점

(1) 학습과 교수 과정의 편의성

이러닝의 가장 큰 강점은 시간과 장소의 제한 없이 교육이 가능하다는 것이다. 오프라인에서 진행되는 교육은 정해진 시간과 장소에서만 학습이 가능하다. 개설된 교육 시간대가 맞지 않아서 교육을 듣지 못하거나, 교육장과 거리가 멀어 원하는 교육을 포기해야 할 수도 있었다. 이러닝을 사용하면 교수자와 학습자 모두 학습 및 교육에 적합하다고 생각되는 장소에서 하루 중 언제라도 참여할 수 있다. 사람들은 더 이상 공부와 훈련을 위한 시간과 공간의 제약을 받지 않는다. 학습자의 시간과 공간의 편안함이 특정 시간과 특정 장소에서 공부하는 것보다 학습 과정에 더 도움이 될 수 있다.

이러닝의 경우에는 학습자가 가능하거나 원하는 시간에, 24시간 언제든 학습이 가능하다는 장점이 있다. 또한 장소의 제약도 없다. 네트워크를 이용하면 집에서뿐 아니라 카페, 도서관 등 어디에서나 학습이 가능하다. 필요에 따라서 학습이 가능한 시간을 설정하거나 이러닝 접속이 가능한 지역을 한정하여 운영관리하기도 한다.

(2) 반복 학습

오프라인 수업의 경우에는 잠시 자리를 비우거나, 졸거나 혹은 순간 이해가 되지 않더라도 학습자 개개인의 사정에 맞추어 반복 설명해 주지 않는다. 교육이 끝나고 난 뒤 내용 이해에 어려움이 발생해도 다시 반복 학습하기가 어렵다. 이러닝의 경우에는 콘텐츠 '다시보기'를 통해서 언제든지 복습이 가능하다. 복습의 경우에는 이러닝의 운영과 관리를 위해서 시스템을 통해 복습이 가능한 횟수나 기간을 한정시킬 수 있다.

(3) 비용과 시간 절약

이러닝은 기존 학습 방법에 비해 비용과 시간을 절약할 수 있다. 모든 강의, 콘텐츠, 학습자료는 클라우드 시스템인 서버 시스템에 저장된다. 결과적으로 교수자와 학습자는 전통적인 학습과 같은 종이 기반 학습자료를 가질 필요가 없다.

또한 교수자와 학습자는 학습을 위해 지정된 장소에 갈 필요 없이 인터넷이 연결된 장소만 있으면 온라인 학습을 시작할 수 있다. 이는 집에서 학교까지 이동 시간과 통근하는 비용을 절약하는 데 도움이 된다.

(4) 다양한 지식과 기존 학습에 없는 새로운 것을 흡수

전통적인 대면 학습 방법에서 학습자는 일정 기간 동안 특정 교수자와 함께 특정 과정만 수강할 수 있었다. 그러나 이러닝의 경우 코스, 지식 및 교수자의 다양성이 훨씬 더 넓어진다. 학습자마다 관심, 전공 및 요구가 다를 수 있으며, 자신에게 맞는 학습 과정과 교수자를 결정할 수 있다. 그뿐만 아니라 해외의 지식 소스와 교과서를 접할 수도 있다. 전통적인 학습에서 거의 접하기 불가능했던 지식과 자원들을 학습하기 용이해진다.

(5) 환경 영향

점점 더 많은 기업이 탄소 발자국을 줄이기 위해 노력을 기울이고 있다. 이러닝은 환경에 미치는 영향을 줄이는 데 좋은 선택이 된다. 종이 기반 학습에 대한 대안을 제공하고 보다 친환경적이고 지속 가능한 학습에 기여한다.

3) 이러닝의 주의점

(1) 학습자의 자기 동기부여와 자제력 요구

이러닝은 학습자의 자기 훈련이 필수적이다. 전통적인 과정에서 학습자들은 모든 학습 과정을 지도하고 리드하는 교수자를 갖고 있다. 교수자는 전달하고자 하는 지식을 학습자에게 가르치고, 학습자의 이해 여부를 확인하기 위한 시험을 치른다. 학습 과정을 세심히 설계하여 커리큘럼화하고 있다.

그러나 이러닝 과정에 들어가면 학습 과정 전반에 걸쳐 자기 훈련과 독립성에 익숙해져야 한다. 전통적 교수방법에 비해 학습을 강요하는 교수자나 환경이 아니기에 의지가 좋지 않거나 재미의 유혹에서 벗어나지 못하는 사람에게는 이러닝 형태의 학습이 그다지 효과적이지 않을 수 있다.

(2) 학습 집중도의 한계

영상만을 통해서 교육이 이루어져 학습 집중도가 떨어진다. 그러나 최근에는 이러닝 콘텐츠를 통해서 이러닝의 이런 한계를 계속 넘어서고 있다.

- **이러닝 콘텐츠:** 「이러닝 산업 발전 및 이러닝 활용 촉진에 관한 법률」에서 전자적 방식으로 처리된 부호, 문자, 도형, 색채, 음성, 음향, 이미지, 영상 따위의 이러닝과 관련된 정보나 자료를 말한다. 즉, 이러닝을 위한 교육 자료이다.

- **콘텐츠 제작 유형:** 촬영, 모션그래픽, 애니메이션, 스마트 콘텐츠가 있다. 이러닝의 단점을 보완하기 위해서 지속적으로 발전하고 있는 이러닝 콘텐츠 제작 유형은 스마트 콘텐츠이다. 스마트 콘텐츠는 html5를 기반으로 해 이러닝 콘텐츠에 상호작용을 추가한다. 강의를 클릭해야 다음 내용을 학습할 수 있고, 중간중간 퀴즈를 맞춰야 학습을 마칠 수 있는 등 학습자가 콘텐츠에 '반응'을 해야 학습이 진행될 수 있도록 제작해 학습의 집중도를 높이고 있다. 최근 콘텐츠에서

는 html5를 기반의 온라인 학습 교보재의 시뮬레이션 콘텐츠 제공 시스템을 개발하고 이러닝을 통해 간접 실습, 체험이 가능한 콘텐츠를 제작하고 있다. 이를 통해 기업 내에서는 신제품 사용 매뉴얼 교육 등을 진행하고 있다. 또 학교에서 하던 과학 실험도 이러닝을 통해 진행할 수 있다. 질량과 무게를 추를 통해 직접 재어 보는 실험을 이러닝으로 진행할 수 있는 콘텐츠로 이러닝을 통해서 지구 이외의 장소에서의 질량과 무게도 실험해 볼 수 있다. 이렇게 장소에 대한 제약을 없앤 콘텐츠도 개발되어 앞으로 이러닝이 어디까지 발전할 수 있을지 기대할 수 있다.

출처: 콘텐츠랩스(이러닝을 만드는 가장 쉬운 방법) 중.

(3) 여러 학습 요소 필요

이러닝을 사용하려면 교수자와 학습자 모두 안정적인 속도로 인터넷에 연결된 장치를 소유하고 있어야 한다. 이 요구 사항은 인터넷 사용이 원활한 지역에 거주하는 경우에만 충족될 수도 있다. 한편, 안정적인 인터넷 연결이 어려운 환경으로 인해 최상의 연락을 취하기 어려울 경우 학습의 효율성에 지장을 줄 수 있다.

CBT(Computer Based Training) 형식으로 이러한 단점을 해결할 수 있지만, 특정 전자 장비에만 설치되는 경우 여전히 어려움에 직면할 수 있다. 저장된 지식은 소프트웨어에 미리 보관해야 하며 변경 사항이 발생할 경우 새로운 지식을 업데이트하는 것은 거의 불가능하다.

(4) 선택할 수 있는 전공과 코스의 다양성

이러닝을 통해 학습 및 교육 과정에서 많은 선택을 할 수 있다. 이렇게 하면 동일한 문제에 대해 여러 관점을 얻을 수 있어 지식을 더 깊이 이해하는 데 도움이 된다. 그러나 이것의 주의점은 학습자가 정확하고 적절한 과정을 선택할 수 있도록 학습 분야에 대한 기본 배경이 필요하다는 것이다. 지식을 제공하지 않고 시간과 돈을 낭비하게 만드는 과정을 선택하지 않도록 주의를 기울여야 한다.

(5) 실습 교육을 제공하지 않음

이러닝은 훈련 실습의 이론적 구성 요소를 제공할 수 있지만 숙달을 달성하기 위해 특정 주제에서 요구되는 실제 훈련을 제공할 수는 없다. 그러므로 기존의 대면 교육과 함께 사용되는 혼합 학습으로 활용되고 있다.

(6) 학습의 대면 측면이 누락

학습자가 실제 교수자와 온라인으로 액세스할 수 있다고 해도 사회적인 부분이 부족하여 특정 학생에게 이러닝이 적합하지 않을 수 있다. 일부 학습자에게는 부족한 대면 상호작용이 학습의 저해 요소가 될 수 있다.

4) 이러닝의 과제

이러닝 학습은 가까운 장래에 기하급수적인 속도로 계속 증가할 것이다. 전 세계적으로 더 많은 교육 기관, 조직 및 학습자가 이러닝 학습의 중요성을 인식하기 시작함에 따라 교육에서 이러닝의 역할은 계속해서 중요해질 것이다. 그러나 아직도 많은 학습자들이 이러닝 학습을 불편해하며 여전히 익숙한 기존의 실시간 대면 강의를 선호한다고 표현한다. 학습자들은 각자 다른 학습 스타일을 가지고 있으므로, 온라인 학습이 교육 문제에 대한 획일적인 해답이 될 수는 없다. 이러닝이 풀어 나가야 할 과제를 살펴보면 다음과 같다.

첫째, 온라인으로 평생교육이 전달될 때 누가 교육에 참여하고 누가 또 교육에 소외되는지 생각해 보면 격차가 여전히 존재한다. 연령별로 소위 디지털 디바이드(digital divide)라고 하는 온라인 접근성의 격차가 상당히 크다. 예로, 고령층은 일반인의 60%

정도만 디지털 기기를 활용한다든가, 혹은 웹을 통해 콘텐츠에 접근하는 역량들이 부족한 실정이다.

둘째, 집에 디지털 기기가 충분히 갖춰져 있는 사람과 그렇지 않은 사람 사이에는 오히려 이러닝 학습이 격차를 더 만들어 낼 가능성이 높다. 온라인 학습 접근이 쉽고 유연하다고 하지만 항상 거기에 접근할 수 있는 건 아니다. 예로, 집에 있는 와이파이 망이 불통이 되면 디지털 사용이 어렵게 되고 모든 것이 멈춘다. 또 유연하다고 하지만 제공하는 사람이 어떻게 이것을 제공하느냐에 따라서 학습자들이 종속되기도 한다.

셋째, 이러닝 학습이 비용 대비 효과가 크다고 얘기한다. 그러나 온라인에 접근하기 위해서는 충분한 투자가 필요하다. 인프라 투자가 많이 되지 않으면 그 효과를 보기가 어려운 것이 또한 온라인이다. 그러나 교육 분야에서 이러닝으로 새로운 장이 시작됐다는 데는 의문의 여지가 없다.

효과적인 이러닝 제공 방법

1. 학습 관리 시스템(LMS) 사용

학습 관리 시스템(LMS)은 전자 학습 콘텐츠를 제공하고 학습자의 진행 상황을 추적하는 데 도움이 되는 소프트웨어 유형이다. 시중에는 다양한 LMS가 있으며 각각 고유한 기능 집합이 있다. 이러닝 요구 사항에 맞는 LMS를 선택할 때 특정 요구 사항을 고려하는 것이 중요하다. 예를 들어, 다수의 학습자에게 콘텐츠를 전달해야 하는 경우 확장성이 있는 LMS가 필요하다. 자습 콘텐츠를 제공하기 위한 간단한 도구부터 실시간 가상 교실 및 종합적인 온라인 프로그램을 지원하는 복잡한 플랫폼에 이르기까지 다양한 유형의 LMS를 사용할 수 있다. 조직을 위한 LMS를 선택할 때 요구 사항과 목표를 고려하는 것이 중요하다. 사전 녹화된 콘텐츠를 제공하기 위한 간단한 솔루션이 필요한가? 아니면 실시간 교육 및 실시간 상호작용을 지원할 수 있는 보다 강력한 플랫폼이 필요한가? 요구 사항에 따라 결정해야 한다.

2. SCORM 사용

SCORM은 다양한 플랫폼에서 일관된 방식으로 학습 콘텐츠를 전달하고 추적할 수 있는 이러닝의 기술 표준이다. SCORM은 Sharable Content Object Reference Model의 약자로 미국 국방부 이러닝 콘텐츠가 전달되고 추적되는 방식을 표준화하기 위해 개발되었다. SCORM은 이러닝의 산업 표준이 되었으며 대부분의 LMS(학습 관리 시스템)에서 지원된다. SCORM을 사용하여 이러닝을 제공하려면 콘텐츠를 생성해야 한다. 그리고 LMS에 업로드를 한다. 업로드되면 LMS는 코스 내에서 학습자의 진행 상황과 활동을 추적한다.

3. xAPI 사용

이러닝 개발자는 콘텐츠 제공과 관련하여 고유한 문제에 직면하게 된다. 기존의 교실 기반 교육과 달리 이러닝은 비동기식으로 전달되는 경우가 많다. 즉, 학습자는 언제 어디서나 콘텐츠에 액세스할 수 있다. 이로 인해 학습자의 진행 상황과 참여를 추적하기 어려울 수 있다. 그러나 xAPI는 이 문제에 대한 솔루션을 제공한다. 이러닝 콘텐츠와 학습자의 상호작용을 추적함으로써, xAPI 개발자는 학습자가 자료에 참여하는 방법을 세부적으로 이해할 수 있다.

이 데이터를 사용하여 이러닝 콘텐츠 제공을 개선할 수 있다. 결과적으로 xAPI는 콘텐츠가 효과적으로 사용되고 있는지 확인하려는 이러닝 개발자에게 필수적인 도구이다.

2. 모바일 테크놀로지를 활용한 평생교육방법

1) 모바일 학습

2000년대 초반부터 모바일 장치는 점차 대중화되고 보편화되어 스마트폰과 태블릿의 형태를 취하고 있다. 사람들은 단순히 전화를 걸기 위한 기능으로 스마트폰과 태블릿을 사용하지 않는다. 스마트폰과 태블릿으로 학습하고, 영화를 보고, 책을 읽고, 게임을 한다. 그로 인해 오늘날까지 이동통신 회사는 모바일 연결을 개선하고 발전하기 위해 계속적인 노력을 기울이고 있다. 모바일 장치는 이제 일반 교육과 기업교육 등 모든 교육영역에서 이러닝에 액세스하기 위한 인기 있는 선택이 되었다.

COVID-19 팬데믹 사태로 인해 학교와 학원 수업이 중단되기도 했으며, 그 여파로 비대면 교육과 재택근무가 활성화되었다. 비대면 교육이 활발해지면서, 모바일 학습 사용 또한 빠르게 증가하였다. 모바일 학습 사용이 빠르게 증가한 데에는 스마트폰의 보급이 중요한 이유로 꼽힌다. 스마트폰이란 휴대전화와 개인 휴대 단말기(personal digital assistant; PDA)의 장점을 결합한 것으로, 휴대전화의 기능은 물론이며 일정 관리, 인터넷 접속, 팩스 송수신 등의 데이터 통신 기능을 갖추고 있다(한국이러닝개발원, 2021). 이메일, 인터넷쇼핑, 뱅킹, 웹브라우징, 카메라, 캠코더, TV 시청, 라디오 청취 등 다양한 기능을 갖추고 있고, 엑셀이나 문서 작성도 가능하다(네이버 지식백과).

스마트폰에 대한 수요가 늘어나기 전에는 우리의 인터넷 환경은 PC를 통한 인터넷 접속이 일상적이었다. 그러나 스마트폰이 보급되면서, 스마트폰과 태블릿PC에 대한 수요가 늘어났고, 기존 PC나 노트북보다 모바일 장치를 더 많이 사용하고 있다. 모바일 장치 사용이 증가함에 따라 교육도 모바일 학습에 대한 수요로 늘어났다. 본질적으로 이러닝 시장이 모바일 학습 경험을 수용하고 이를 적용할 필요가 있음을 의미한다.

2) 모바일 학습의 장점

(1) 유연성

모바일 장치에 대한 보급 및 수요가 많지 않았을 시절에는 디지털 과정을 수강하기 위해서 PC나 노트북으로만 학습이 가능했다. 장소도 온라인 교육이 가능한 곳에서만 수강해야 했고, PC 사용이 가능한 시간대에 접속해야 하므로 학습 장소와 시간에 제한이 있었다. 모바일 장치의 이용이 늘어남에 따라 학습자가 편리한 장소와 시간에 접속하여 어느 곳에서든지 모바일 학습을 진행할 수 있게 되었다.

(2) 이수율 증가

모바일 학습은 과정 이수율을 향상시킨다. 모바일 학습은 시간과 장소에 제한을 받지 않아 인터넷 환경이 구축되어 있다면, 어느 시간과 장소에서든지 학습과 수강이 가능한 큰 장점을 가지고 있다. 모바일 학습 시 출석도 모바일로 확인되고, 시험도 모바일로 진행할 수 있어 학습에 최적화된 모바일 장치들을 통해 이수율이 높아진다.

(3) 장치의 호환성

모바일 학습은 스마트폰, PC, 태블릿PC, 노트북 등 모든 장치에서 구동이 가능하다. 모바일 학습에는 경계가 없다.

3) 모바일 학습의 주의점

모바일 학습에 따른 학습 부담감이나 학습자의 정보와 위치 노출 등 사생활 보호 문제가 대두된다(권양이, 2012). 특히 원활한 학습을 위해서는 일정 수준 이상의 휴대용 단말기가 필요하며, 변화와 발전의 속도가 빨라서 일부 학습자에게는 접근성의 문제가 대두되기도 한다. 또한 교수 · 학습을 진행하기에는 전달할 수 있는 대화의 내용이 짧고, 스크린이 작으며, 인쇄가 용이하지 않고, 배터리 충전 등 실제적 측면에서의 문제점에 대한 지적도 있다(BIR Reserch Group, 2012).

모바일 학습 경험 향상을 위한 7가지 팁

1. 주기적으로 리마인드 할 수 있는 학습 안내/스캐폴딩을 제공해라.

많은 조직에서는 온라인 교육과정 개발에 집중적으로 자원을 투입하지만, 실제 중요한 학습 단계에서는 각종 데이터의 분석을 기반으로 학습자를 조력하고 있음을 충분히 알리지 않아서 많은 온라인 학습자가 "홀로, 외롭고, 쓸쓸하게" 학습하고 있다. 다소 번역체스러운 문구이긴 하지만 내버려 둔다는 이야기다. LMS를 통해 배포까지 마치고 나면 '내 할 일은 끝. 이제는 공부는 학습자가!'라는 태도였다. 학습 과정에서 알림을 적절하게 제공하지 않으면 제아무리 승진을 위한 필수 과정이나 자격갱신을 위한 의무교육에서조차도 학습을 중도 포기하는 경우를 쉽게 찾아볼 수 있다. 다행히 모바일 디바이스의 푸시 알림 기능은 학습 과정에서 리마인드 서비스를 제공하는데 매우 용이하다. 학습자에게 필요한 것은 관심과 독려, 즉 리마인드, 새로운 것을 학습하거나 학습과정 중 때때로 그 과정을 일깨워 주는 것이다.

모바일 디바이스는 이를 쉽게 해 준다.

2. 작은 덩어리로 세분화해라.

마이크로러닝은 최근 세계적으로 아카데미 기관에서부터 기업교육 영역에 이르는 교육영역에서 가장 큰 트렌드 중에 하나다. 사람들은 지금 우리가 살고 있는 초연결, 빠른 변화의 시대를 지배하는 바이트 사이즈(Bite Size)의 정보에 익숙해져 왔다. 유튜브, 블로그, 소셜네트워크, 새로운 사이트 그리고 비디오 플랫폼은 주목받는 바이트 사이즈 서비스다. 단순히 바이트 사이즈 정보가 많이 저장되어 있어서 주목받는 것은 아니다. 그들이 사람들의 관심 범위를 이해하는 데이터를 가지고 있기 때문이다.

바이트 사이즈의 정보들이 깊은 생각을 하지 않는 부정적인 영향을 미친다는 것, 이에 호응하는 디지털 세대의 짧은 주목 시간과 범위에 대해 냉소적일 이유가 없다. 필요에 따라 골라서 활용할 수 있는 의사결정 역량만 있으면 된다. 상시 학습을 위한 하나의 중요한 요소로 성공적인 모바일 학습 서비스를 제공하고자 한다면 짧은 비디오와 수 분 내에 완료할 수 있는 독립적인 개념 단위의 학습 모듈을 고려해야 한다.

이젠 오랜 시간을 책상에 앉아서 학습해야 하는 전통적인 방식보다는 학습자 스스로의 페이스와 환경에 맞게 학습할 수 있도록 서비스를 제공할 수 있어야 한다. 이런 방식은 학습자가 훨씬 잘 응답하고 정보를 잘 유지할 수 있다. 물론 깊은 생각을 할 수 있는 방식의 독서와 아카데미식 교육이 불필요하다는 것은 아니다. 단지 '상시적 학습, 업무 중 문제해결에 요구되는 학습에 마이크로러닝이 효과적이다'라는 이야기다.

3. 협력학습 과정으로 만들어라.

모바일 학습 플랫폼은 대화방, 포럼, 비디오 컨퍼런싱과 같은 도구를 통해 상호작용을 쉽게 할 수 있게 해 준다. 상호작용은 학습자에게 특별한 통찰력과 다른 관점에서 사물을 볼 수 있는 기회를 제공한다. 이 과정은 학습 과정에서 중요한 부분에 집중시키고, 상호작용을 통해 스스로 성찰할 수 있는 기회를 준다.

산업혁명 이후 대량생산을 위한 공장식 학교 체제 도입 전, 인류는 수천 년 동안 사회적 환경 속에서 학습해 왔다. 이는 우리가 적응적이고 사회적 학습 프로세스를 더욱 고도화해야 하는 이유다. 공장식 일방향적 강의 형태의 학습은 끝났다. 다른 사람들과 아이디어와 콘셉에 대해서 이야기하는 것이 우리의 기억을 강화하는 데 도움이 된다는 것은 의심할 여지가 없다. 에듀테크 생태계가 성숙되면서 교수 학습 모형과 교육철학이 기술과 밀도 있게 결합했고 이러한 결과로 다양한 협력학습 지원 도구들이 선보이고 있다.

4. 피드백을 요청해라.

여러분이 운영하는 모바일 학습 서비스는 완벽한가? 학습자의 의견을 물어보지 않았다면 여러분이 알지 못하는 중요한 요소를 놓치고 있을 수 있다. 이것은 일반적으로 교육과정 개발과 운영상에서 흔히 일어나는 치명적인 실수다. 사실 프로그램을 개선하는 데 필요한 모든 정보를 얻기 위해 이메일을 통해 간단한 설문 조사만 하면 된다. 이 피드백은 무기명으로 제공될 수 있기에 학습자는 무엇을 원하는지 그리고 무엇이 보다 효과적인 방법으로 학습을 하는 데 도움을 줄 수 있을지에 대해서 편하게 이야기해 줄 것이다. 예를 들어, 비디오 내에서 내레이션에 지겨워한다는 것을 알 수 있다. 또는 어떤 자료에 대해 그룹 토론을 선호하는지 여부도 발견할 수 있다.

이제는 콘텐츠와 서비스를 대규모(big bang)로 개발하고 론칭했다고 종결되는 서비스 형태는 지나갔다. 린스타트업의 비즈니스 전략처럼 MVP(최소 모형)를 개발하고 지속적으로 사용자의 요구에 맞게 서비스와 콘텐츠의 수준을 맞춰야 하는 구조의 개발방법론이 필요하다. 당신이 묻지 않는 한 당신은 결코 알 수 없다!

5. 보안을 강화해라.

보안 침해는 지난 몇 년간 IT 산업계에서 흔한 일이다. 대부분의 온라인 커뮤니케이션 플랫폼에서는 한 번쯤은 발생한 흔한 현상이었다. 보안 침해사고를 예방하기 위해서는 학습 서비스에서 데이터 암호화는 필수적이고 주기적인 암호 변경을 해야 한다. 만약 여러분의 교육과정이나 교육훈련 자료가 단독 서버에 존재한다면 악의적인 목적을 가진 개인이 실행하기 쉬운 DDOS 공격으로부터의 방어를 항상 감안해야 한다.

6. 다양한 기기에 최적화해라.

일부 교육과정 개발자는 여러 장치에서 UI(User Interface)를 테스트하기 전에 모바일 학습 응용 프로그램을 배포하는 실수를 한다. 대부분의 학습자가 스마트폰의 자료에 접근하려고 하지만 UI가 랩톱이나 태블릿에서만 호환되는 경우에는 큰 재앙이 될 수 있다. 모바일 학습 플랫폼의 상호 호환에 많은 시간을 투자해서 철저한 검증을 해야 미래에 엄청난 양의 골칫거리를 줄일 수 있다.

7. 프로젝트 소통/관리 도구를 활용해라.

프로젝트 관리 도구는 주로 이러닝 서비스 개발 과정에서 주로 활용되어 왔다. 최근 스타트업이 개발하고 있는 가볍고도 핵심적인 소통과 협력 기능을 탑재한 다양한 프로젝트 관리 도구들이 교육에 활용되고 있다.

출처: 7 Ways To Improve Your Mobile Learning Experience 정훈 재가공. 2022-03-05 러닝스파크.

3. 웹 기반 평생교육방법

1) 블렌디드 러닝

(1) 블렌디드 러닝의 개념

사회변화만큼 교육의 형태도 많이 바뀌었다. 요즘은 학교에서도, 집에서도 수업을 듣는 학생들이 많아졌다. 이렇듯 온·오프라인의 수업을 혼합하는 것을 블렌디드 러닝(blended learning) 혹은 혼합형 지도라고 한다(장현주, 2021). 그 외에도 하이브리드(hybrid), 기술 매개 지도(technology-mediated instruction), 혼합 모드 지도(mixed-mode instruction) 등 이를 표현하는 다양한 표현들이 많다. 블렌디드 러닝은 1998년 웹 기반 학습의 탄생 이후 활발하게 사용되기 시작한 학습 방법이다.

(2) 블렌디드 러닝의 유형

블렌디드 러닝의 종류에는 4가지가 있다(교육부 블로그, 2021).

첫째, 순환 모델(Rotation)이다. 순환 모델은 일정한 시간에 맞춰서 여러 형태의 학습을 돌아가면서 진행하는 모델이다. 순환 모델의 하위 모델들로는 거꾸로 교실, 스테이션 순환학습, 개별 순환학습, 랩 순환학습이 있다. 그중에서도 우리에게 친근한 학습은 거꾸로 교실(Flipped Learning)로, 본 수업을 들어오기 전에 온라인으로 미리 강의를 듣고 와서 대면 수업으로 프로젝트를 수행하거나 실습을 진행하는 모델이다. 다른 순환 모델은 비슷한 커리큘럼으로 진행이 된다. 개별 온라인 학습 후 전체 교수학습, 소그룹 학습, 개인 과제 학습 등의 각각의 스테이션을 순차적으로 수행하는 방식이다.

둘째, 플렉스 모델(Flex)이다. 플렉스 모델은 온라인 학습이 주를 이루고 오프라인 수업은 가끔 진행할 수 있는 학습 형태이다. 방송통신대학교나 사이버대학을 비슷한 예시로 들 수 있다. 학생들의 필요에 따라 유동적으로 학습 활동을 조절할 수 있는 것이 특징이다.

셋째, 알 라 카르테(A La Carte) 모델이다. 알 라 카르테 모델은 학교에 다니며 수업을 듣지만, 온라인 과정을 통해 학교 외의 교육과정을 이수하거나 선택 교과를 학습할 수 있는 모델이다(조현경, 2022). 듣고 싶은 수업이 본교에 없는 경우 자습 시간이나 방과 후 시간을 활용해 다른 학교의 수업을 들을 수 있다.

넷째, 가상학습 강화모델(Enriched Virtual)이다. 가상학습 강화모델은 처음에는 전일제 온라인 수업으로 시작했다가 점차 학교 대면 수업을 제공하는 학습 형태이다. 이

모델은 등교 수업이 필수이기 때문에 학교 행사들은 대면으로 진행되나 주중에 매일 학교에 가지 않아도 된다는 점이 차별화된 점이라고 할 수 있다. 예를 들면, 일주일 중에 자신의 일정에 맞게 2~4일 정도만 등교를 하면 된다.

(3) 블렌디드 러닝의 장점

블렌디드 러닝의 가장 큰 장점은 학습자 주도의 교육으로 개인별 맞춤형 교육이 가능하다는 점이다. 만약 대면 수업에서 수업을 이해하지 못한 내용이 있다면, 원격수업에서 보충할 수 있다. 발전한 인공지능과 빅데이터 기술은 개별 학생들의 정량화된 데이터를 토대로 학습자의 수준과 관심에 맞는, 개별화되고 세분화된 맞춤형 학습자료와 효과적인 학습 방법을 제공한다.

둘째, 시·공간의 제약이 적어서 수업의 효과와 효율을 극대화할 수 있다. 특히 COVID-19 사태와 같은 팬데믹 상황이나 혹은 앞으로 닥칠지도 모르는 자연재해의 상황 속에서도 안정적으로 교육을 받을 수 있는 시스템의 구축은 큰 장점이라 할 수 있다. 언제, 어디서나 들을 수 있는 원격수업으로 도서 지역에 사는 학습자들에게 질 높은 교육을 제공하여 교육 격차 해소에도 도움을 줄 수 있다.

셋째, 미래의 창의·융합형 인재를 양성할 수 있다. 세계는 점점 더 빠른 과학기술의 발전 속도를 가지고 변화하고 있다. 여기에 발맞춘 학습 방법의 변화에 수용력과 적응력을 지닐 필요가 있다. 이제 학습자들은 단순히 지식을 습득하는 것이 아니라, 정보와 지식을 선별하고, 구분하여 학습하고, 자신만의 지식으로 재탄생시킬 수 있는 역량이 요구된다.

(4) 블렌디드 러닝의 주의점

첫째, 블렌디드 러닝이 성공하기 위해서는 기술적인 장비들의 구비가 필요하다. 교수자와 학습자가 상호작용할 수 있는 마이크와 웹캠, 그리고 인터넷 작동이 원활히 되어야 한다. 선진국들은 인터넷 구축 상황이 양호한 편이지만, 일부 국가들은 이러한 인터넷 환경이 부족하여 블렌디드 학습법이 원활히 진행되지 못할 수도 있다.

둘째, 원활한 수업이 가능한 원격수업 플랫폼이 필요하다. 원격수업으로 활용할 수 있는 대중적인 프로그램은 화상으로 실시간 상호작용이 가능한 줌(zoom), 구글 행아웃(Google Hangouts), 웹엑스(Webex), 마이크로소프트의 오피스365팀즈(Teams)와 스카이프(Skype) 등이 있다. 교육 자료 확인 · 제출 플랫폼에는 EBS 온라인 클래스와 e-학습터 등이 있다. 앞으로도 교수자와 학습자 간 의사소통이 활발히 이루어질 수 있는 환경은 물론이고, 학습자가 능동적 · 적극적으로 수업에 참여할 수 있는 플랫폼을 위해 지속적인 연구와 개발이 필요할 것이다(신종우, 2020).

셋째, 디지털 리터러시 능력에 대한 향상이 필요하다. 교수자의 경우에는 수업을 위한 자료 제작과 강의를 진행하는 과정에서 어려움을 경험할 수 있고, 학습자의 경우에는 수강과 과제 제작의 과정에서 어려움이 발생할 수 있을 수 있다. 또한 정보를 선별하고 습득한 정보를 올바르게 사용하는 윤리적 측면에서의 교육에 대해 지속적인 교육이 진행되어야 한다. (디지털 리터러시란 디지털 기기를 활용하여 원하는 작업을 실행하고 필요한 정보를 얻을 수 있는 지식과 능력을 말한다.)

해외의 블렌디드 러닝 사례

가장 유명한 블렌디드 러닝의 사례는 미네르바 스쿨이다. 이 학교는 코로나19 이전부터 블렌디드 러닝을 적극적으로 도입하여 꾸준히 발전시켜 온 대학이다. 캠퍼스가 없는 대학이라고 불리는 이곳은 4년간 7개의 도시에서 수업이 진행된다. 오프라인 수업은 없지만, 기숙사에서 전 세계 학생들과 같이 지내며 지역 사회를 하나의 큰 캠퍼스로 활용하는 과정에서 많은 것들을 배운다. 학생들은 지역 사회 내에서 기업 및 행정기관들과의 연계 활동을 하기도 한다. 즉, 온라인 수업과 오프라인 활동이 접목된 블렌디드 러닝이라고 할 수 있다.

두 번째 사례는 일본의 메이세이 사이버 학습국이다. 최근 유행을 떨치고 있는 '메타버스'를 적극 활용한 블렌디드 러닝의 사례라고 할 수 있다, 이곳은 메이세이 고등학교가 2015년 개설한 가상의 고등학교이다. 가상의 캠퍼스에 학생들을 대신하는 아바타가 등교하게 된다. 기존 대면 수업과 원격수업을 병행하는 학습 방법을 진행 중이라고 한다. 적극적인 교육방식의 변화가 학습에 대한 학생들의 흥미를 더욱 높여 주고 있다.

마지막 사례는 2013년에 설립된 사립 교육 기관인 캐나다의 토론토 e스쿨이다. 원격수업을 제공하고, 토론토 캠퍼스에서 수업에 참여도 가능한 블렌디드 러닝 학습법을 가지고 있다. 이 학교만의 독특한 점은 외국에 있는 학생은 우선 온라인으로 학점을 취득한 후, 이후에 토론토 캠퍼스에서 전일제 대면 수업을 듣고 학위 취득을 가능하게 만들었다는 점이다(교육부, 2021).

2) 하이브리드 러닝

(1) 하이브리드 러닝의 개념

교육 시장은 전면 오프라인 교육보다는 온라인과 오프라인을 동시에 병행하는 것이 대세가 될 것으로 보인다. 코로나-19를 경험하며 기관과 기업의 입장에서는 이미 온라인 교육 인프라에 많은 투자를 했고, 비대면 교육이 효율적이라는 점을 직접 체감했기 때문이다. 학습자 또한 이미 온라인 교육에 익숙해졌고, 비대면 콘텐츠와 소통이 친숙한 MZ 세대는 전면적인 오프라인 교육이 상대적으로 부담스럽다는 의견도 있다.

이처럼 면대면 수업과 비대면 수업을 조화롭게 운영하기 위해서는 하이브리드 러닝(Hybrid Learning)으로 진행되어야 한다. 하이브리드(hybrid)는 특정한 목표를 달성하기 위해 두 개 이상의 요소가 합쳐진 것으로, 일반적으로 아날로그와 디지털을 합쳐 하이브리드라고 한다.

COVID-19 이후에 가장 주목받는 것이 바로 하이브리드 러닝이다. 하이브리드 자동차는 엔진과 구동 모터 동력을 필요에 따라 교체해 가며 효율적으로 주행한다. 이처럼 학습에 있어서도 필요에 따라 온라인과 오프라인 교육을 교체해 가며 최적의 학습 효과를 이끌어 내는 것이다(변현정 외, 2021). 온/오프라인 교육 두 가지를 모두 시행하되, 학습자에게 참여 방법의 선택권을 부여한다. 오프라인에서는 한정된 인원으로 수업을 진행하고, 동시에 실시간으로 중계를 하고, 나머지 인원은 온라인 교육 플랫폼으로 참여한다. 만약 오프라인 교육에 참여할 수 있는 상황이 아니면 시간에 맞춰 온라인으로 강의를 들으면 된다. COVID-19로 집체교육 참여 인원에 제한이 생기고, 재택근무를 시행하면서 일부 인원이 직접 교육 현장에 찾는 일이 쉽지 않다. 그래서 현재 많은 기업과 교육 현장에서 하이브리드 러닝 형태로 교육을 진행하고 있다.

하이브리드 러닝(Hybrid Learning)은 면대면 교실수업과 비대면 온라인 학습인, 오프라인과 온라인 수업을 융합한 학습법이다. 장점을 결합하여 적절히 활용함으로써 학습효과를 극대화할 수 있는 학습 형태로 이러닝의 한계를 극복하고 교육효과를 향상시킬 수 있다(김주영, 2022).

하이브리드 러닝(Hybrid Learning)의 학습효과를 높이기 위해서는 면대면과 비대면 수업 모두 기본적으로 학습 관련 자료를 학습자가 주도적으로 선행학습을 할 수 있도록 온라인으로 제공되어야만 가능하다. 왜냐하면, 온라인으로 선행학습을 한 뒤 교수자와 학생들과 집단지성의 토론을 원격 화상수업이나 면대면 교실 수업으로 진행할 수 있기 때문이다. 특히 면대면 수업의 학습목표를 높이기 위해서는 실시간 방송 채팅으로 실기와 실습 관련 교과목을 사전에 진행해야 한다. 면대면 교실 수업은 실기와 실습이 필수인 교과목으로 학습자의 온라인 학습이 이루어져야 면대면의 접촉시간을 줄일 수 있다. 실시간 방송 채팅으로 상호작용하는 유튜브, 페이스북, 인스타그램, 밴드 라이브 등 온라인 라이브 방송 채널 중 선택적으로 이용하면 된다. 교수자의 수업 진행방식에 따라 대부분 무료로 이용할 수 있다.

신종우(2020)가 제안한 기존 오프라인 진행방식과 실시간 방송영상 활용법을 간단하게 소개하고자 한다.

첫째, 라이브 영상 중계방송으로 교수자 혼자 실시간 라이브 스트리밍을 통해 온라인으로 학습자들과 상호작용하는 수업 방식이다. 학습자들에게 URL이나 초대 코드를 보내 스트리밍 채널에 입력하면 실시간 생방송을 통해 채팅으로 상호작용할 수 있으며, 영상을 녹화하여 복습 학습으로도 이용 가능하다.

둘째, 하이브리드 방식으로 교실에는 소수의 학습자들만 참석하게 하고 일부 학습자들은 온라인으로 참여하는 방식이다. 실기 및 실습과목의 일정에 따라 수업을 진행하고, 동일한 시간에 온라인 학습자도 시청하면서 교실수업과 실시간으로 소통하는 방식이다.

셋째, 녹화방식으로 발표 영상이나 관련 영상을 사전에 온라인에 제공하는 방식이다. 학습자들은 온라인으로 접속하여 VOD 형태로 시청하면서 관련 질문을 보내면 교수자가 실시간으로 답변을 해 주는 방식으로 수업 관련 영상을 특정 시간에만 시청할 수 있도록 하거나 시간제한 없이 시청하게 할 수도 있다.

넷째, 누구도 예측하지 못한 코로나19가 일상의 모든 부분을 뒤엎었던 상황 속에서, 위기를 기회로 전환하는 역발상인 디지털 전환(Digital Transformation)이 무엇보다도 필요한 시간이다.

하이브리드 수업의 특성은, 첫째, 강의실 현장 수업과 온라인 수업의 '동시적(synchronous)인 운영', 즉 공간적인 분리를 극복하는 시간적인 연결성을 통해 원격지 학습자들이 수업에 몰입할 수 있도록 해야 한다는 것이다. 둘째, 교수자, 교실 학습자, 온라인 학습자가 기본으로 구성되는 수업 참여자 사이의 활발한 '상호작용성(interaction)'이 이루어져야 한다. 여기에 수업 조교가 추가적으로 포함되기도 하는데, 수업의 '동시성'은 '상호작용성'을 충족하기 위한 필요조건이다. 셋째, '동시성'과 '상호작용성'을 가능하게 하는 '테크놀로지 기반의 하이브리드 강의실 및 환경'이 구축되어야 한다. 여러 대의 카메라, 마이크, 네트워크 등이 편리하고 안정적으로 구축되어 있어야 한다(대학지성, 2021).

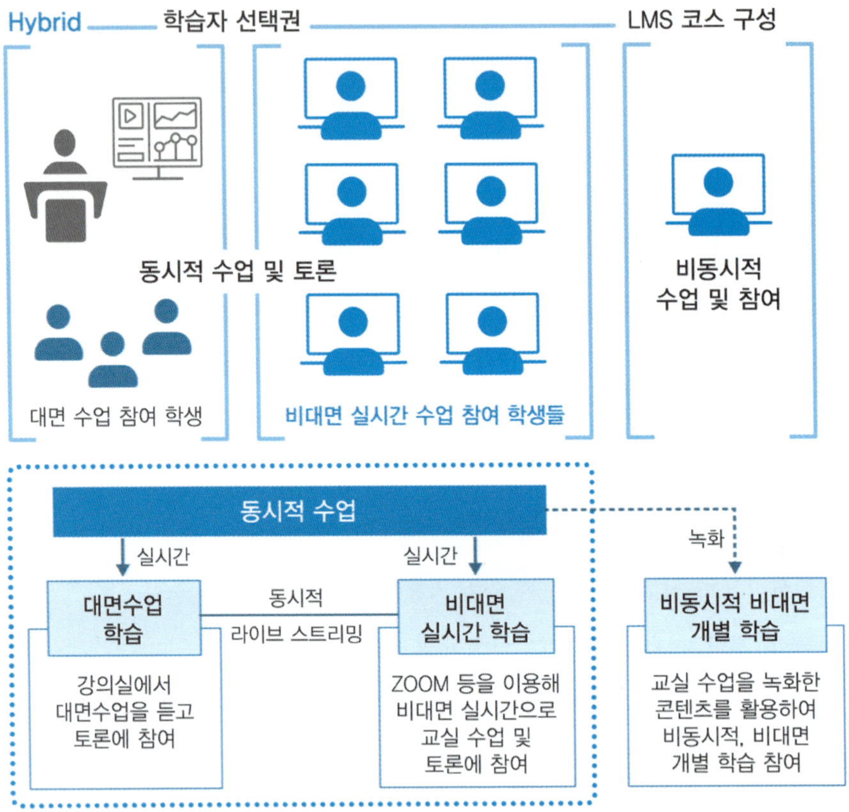

[그림 9-1] 하이브리드 수업 모델

출처: 김주영(2022).

(2) 하이브리드 러닝의 장점

하이브리드 러닝은 개인 간의 접촉을 최소화하면서도 학습자들의 학습권을 보장하고, 원하는 교육 목적과 수업 효과를 달성할 수 있다. 코로나19 팬데믹과 같이 사회적 거리 두기가 시행되고, 대면 교육과 집체교육이 어려운 상황에 선택할 수 있는 매우 현실적이면서도 효과적인 교육 모델이다.

더 나아가 첨단 IT를 토대로 구축될 미래의 교육 환경 속에서, 하이브리드 러닝 모델은 개인 차원에서는 평생학습을 실천하고, 대학과 국가 차원에서는 대학-대학, 대학-지역-국가, 대학-산업체, 국가-국가 사이의 교육 협력과 교류를 방해했던 물리적 경계를 넘어서서 다양한 형태의 공유형 교육을 실현하는 혁신적인 교육 체제이다(대학지성, 2021).

(3) 하이브리드 러닝의 주의점

온라인으로 참석하고 있는 학습자들이 학습에 소외되지 않도록 지속적으로 채팅창을 확인하고, 교수자와 소통이 원활하게 이뤄질 수 있도록 수시로 체크해야 한다.

국내·외 하이브리드 교육 사례의 공통적 특징은 교실수업과 온라인 수업의 동시적 운영과 수업 참여자(교수자, 교실 학습자, 온라인 학습자) 사이의 활발한 상호작용성이 이루어져 한다는 점이다. 그리고 상호작용성 및 동시성을 가능하게 하는 테크놀로지 기반의 하이브리드 강의실 환경이 구축되어야 한다는 것이다.

(4) 하이브리드 러닝의 시사점

첫째, 하이브리드 교육 운영의 체계화이다. 즉, 상호작용성과 동시성이 구현될 수 있는 하이브리드 강의실 또는 스튜디오 등의 시설을 확보하고, 더불어 학습자 환경에 대한 지원과 학습데이터 관리 시스템 구축을 위한 재정지원이 이루어져야 한다.

둘째, 수업참여자 간 '상호작용성'과 학습자의 '자기주도성'이 강화된 하이브리드 교수·학습 모델 및 전략 개발이 필요하며, 이를 위한 실제적인 가이드라인 개발이나 인적·물적 지원시스템이 구축되어야 한다.

셋째, 하이브리드 교육의 핵심 인적 자원인 교수자의 교육 역량이 강화되어야 한다. 교수자 대상 연수에서 하이브리드 교육에 관련된 주제(예: 하이브리드 교육에서 ICT

활용법, 수업 설계 및 운영 사례, 피드백 및 상호작용 전략 등)를 필수로 포함시켜 교육 혁신의 주체가 될 수 있는 역량 개발 기회를 주어야 한다.

넷째, 정부 · 권역별 거버넌스 차원의 지원을 강화해야 한다. 개별 교수 혹은 개별 대학 차원의 노력만으로는 부족하고, 정부나 권역별 원격교육지원센터 등을 활용한 거버넌스 차원의 지원 방안을 마련하고 체계적으로 시행해야 한다.

다섯째, 하이브리드 교육 제작 콘텐츠 활용 범위 및 인정 등과 관련한 합리적인 제도 마련이 필요하다. 실시간 수업의 녹화로 제작된 콘텐츠를 정규 수업이나 평생교육 등의 목적으로 활용하게 될 경우 교수자의 수업시수나 학습자의 이수 학점으로 어떻게 인정되는지 등에 관련된 제반 규정 마련 및 제도화가 필요하다.

여섯째, 하이브리드 교육을 위한 지속적이고 안정적인 인력 확보 및 지원 방안이 마련되어야 한다. 기술적 지원 및 애로사항을 해결하기 위한 엔지니어, 수업 콘텐츠 설계 지원을 위한 교수설계 전문가, 콘텐츠 개발 전문가 등에 대한 단순 인건비 지원 사업이 아닌 지속적이고 안정적으로 근무할 수 있는 여건이 조성되어야 한다.

국내 대학의 하이브리드 교육 사례

▪ 한양대 첨단 강의실 LIVE+

한양대는 첨단강의실 LIVE+를 통해 대면 수업과 비대면 수업을 동시에 진행하는 방식, 즉 'HY-LIVE 혼합형태'의 수업방식을 도입함. 개별 대학이 확보하기 어려운 다양한 4차 산업혁명기술분야 대표 교수 그룹을 구성한 뒤 Telepresence 기반 교육 시스템을 활용하여 다수의 학생들에게 교육을 동시에 제공함.

한양대 학생이 아니더라도 현재 HY-LIVE 컨소시엄이 체결된 대학의 학생들은 HY-LIVE 수업을 정규 교과목으로 수강해서 학점을 받을 수 있는데, 현재 13개 대학 16개 캠퍼스와 함께 HY-LIVE 컨소시엄 MOU 체결을 맺었고, 대학 간 우수한 교육 자원을 공유함으로써 지속 가능한 공유 교육(sharing education) 모델의 대표적인 혁신 사례가 되고 있음.

▪ 세종대 온×오프믹스 하이브리드 러닝

세종대의 '온×오프믹스 하이브리드 러닝'은 코로나19에 따른 전면 온라인 수업 형태로 실시했던 지난 20-1학기 학사운영에 대해 학생들이 문제 제기했던 '소통 및 상호작용'의 부재를 해결하고, WITH COVID-19 시대에 새로운 학사운영의 지평을 여는 계기를 마련코자 시도되어 '20학년도 2학기부터 적용되기 시작함.

'온×오프믹스 하이브리드 러닝' 강의실에서는 온라인 수업과 오프라인 수업이 동시에 이루어지며, 이때 교수자의 교탁에는 온라인 학습자와 오프라인 학습자의 출석 여부를 보여 주는 대시보드, 프레젠테이션으로 구성된 강의자료, 강의실에 배치된 카메라 영상 등이 실시간으로 송출됨.

인공지능을 기반으로 한 2대의 카메라가 교수자와 오프라인 강의실에서 질문하는 학습자를 자동으로 추적하며, 목소리를 듣고 즉각 화면을 전환하는 형태로 작동되므로, 온라인 학습자는 마치 강의실에서 수업을 듣는 것과 같음.

▪ 백석문화대, 숭실대 하이브리드 수업(Hybrid Class)

백석문화대, 숭실대는 '20년 2학기에 '하이브리드 수업(Hybrid Class)' 시범 운영 방안을 마련하고, 21-1학기부터 3개의 '하이브리드 수업(Hybrid Class)'을 시범 운영함.

숭실대의 하이브리드 수업은 △대면 수업 △비대면 화상 강의 △녹화 강의의 특성을 혼합한 형태의 수업 방식으로, 강의실에서 대면 수업을 진행하고, 동시에 실시간 화상 강의로 송출하는 방식으로 운영됨. 강의가 종료된 후 녹화된 영상 강의를 학습관리시스템(LMS)인 '스마트캠퍼스'에서 복습할 수 있음.

교수자 추적 카메라에 더해 오프라인 수업에 참여하고 있는 학생들의 화면을 송출하는 학생추적 카메라로 교실 수업에 참여하는 학생들과도 상호작용할 수 있게 하여 수업 현장의 실재감을 높임.

교수자가 별도 지원 인력의 도움을 받지 않고도 기존 전자교탁에서 스위치 온(switch-on)만 했을 때 하이브리드 수업에 필요한 모든 장비가 구동되고 세팅이 완료될 수 있도록 교수자의 사용 편리성을 최대한 높임.

해외 대학의 하이브리드 교육 사례

▪ 미국 Harvard Business School 하이브리드 수업

고품질 카메라를 강의실 뒤편에 설치하여 교수자와 칠판 모드를 촬영함으로써 학생들이 교수자와 자연스럽게 눈맞춤을 하고, 앞쪽의 카메라는 학생들의 와이드 샷을 제공하여 교수자가 모든 학생을 한번에 볼 수 있도록 함.

Zoom room을 세 개 열어 오프라인 강의실 학생들과 원격 수업 학생들이 실제 한 교실에서 참여한 것과 같은 수업 환경을 만듦.

▪ 미국 Columbia University의 Hybrid Learning Model

교수자, 대면 수업 학생, 원격 수업 학생이 비디오, 오디오, 채팅 기술로 연결되어 상호작용하며, 학습관리시스템(Learning Management System)에서 수업에 대한 학습 자료를 제공하고 구성원의 상호작용을 지원함.

수업 조교는 교수자가 수업 전에 미리 장비와 소프트웨어를 점검하는 것을 도와주고, 실시간 채팅 시간에 원격 수업 학생들이 기술적인 문제를 겪지 않고 지시 사항을 명확히 이해하는지 모니터링하며, 필요한 때에 즉각적인 도움을 제공함. 또한 Zoom 소회의실을 만들어 학생들의 질문에 응답하고 학생들의 피드백을 교수자에게 전달함.

▪ 미국 Michigan State University의 하이브리드 교육과 교실

2010년부터 Educational Psychology and Educational Technology(EPET)와 같은 특정 프로그램의 박사과정 학생들에게 하이브리드 교육을 받을 수 있도록 선택권을 제공하였고, 10여 년간 하이브리드 교육모델을 도출함.

하이브리드 교실은 이동가능한 의자(Node Chairs), 원격 학습자를 보여 줄 수 있는 후방 모니터(Rear Monitor), 교실 곳곳에 위치한 카메라(Cameras), 교실 내 모든 소리에 작용하는 마이크와 스피커(Mic/Speaker), 컴퓨터 화면 디스플레이 기능과 상호작용적 칠판 역할을 하는 전면 모니터(Front Monitor)로 구성됨.

■ **유럽연합 EIT innoEnergy Master School**

EIT(European Institute of Innovation and Technology) innoEnergy Master School은 유럽 전역의 16개 대학이 참여하는 연합체 성격으로, 코로나19 상황에서 전통적 대면 수업을 하기 어렵게 되자 하이브리드 러닝을 도입함.

클라우드 기반의 기술과 적응형 소프트웨어를 활용하여 참가자 간의 커뮤니케이션 및 상호작용을 향상하도록 지원하고, 혼합된 대화형 라이브 교실 같은 느낌을 제공함. 일부 학생들은 대면으로, 다른 학생들은 적응형 소프트웨어를 활용하여 원격으로 참여하는데, 대면 학생들은 교수자 양옆으로 앉게 하고, 원격 학생들은 교수자를 정면으로 볼 수 있게 정면 카메라가 있고, 교수자 전방에는 학생 접속 화면을 볼 수 있게 대형 스크린이 설치되어 있음.

■ **벨기에 KU Leuven(뢰번 가톨릭대학교)**

KU Leuven은 여러 지역에 캠퍼스가 흩어져 있어서 코로나19 이전에도 다중 캠퍼스에서 진행되는 교육의 효율적 운영을 위해 Hybrid 가상 강의실(virtual classroom)을 구축하고 Hyflex Learning을 도입함. 이를 위한 전용 소프트웨어를 사용할 뿐만 아니라 여러 대의 강의실 카메라로 교수자, 강의실 전체, 강의자료 화면 등 다양한 구도의 화면을 제공하고, 온라인 학생은 어떤 수업 화면에 초점을 맞출지 선택함. 책상과 의자, 공간 구성도 수업 방식에 따라 전환이 용이하게 설계되어 있어 원격, 개별적, 그룹으로 동시에 수업이 가능함.

학생들은 가상 강의실 솔루션인 weConnect를 사용하여 대면 혹은 온라인으로 수업에 참여하고, 투표나 화이트보드 기능 등을 활용하여 비대면, 대면 학생 간 활발한 상호작용이 가능함.

수업 조교가 참여하여 학생들의 음소거, 특정 콘텐츠 공유, 설문조사 또는 퀴즈 실행과 결과 발표, 학생과의 채팅 등 필요할 때 도움을 주는 역할을 함.

■ **스페인 La Salle-Ramon Llull University**

코로나19가 시작되자 신속하게 온라인 수업으로 전환하였으며, 몇 달이 지나도 대면 수업 운영이 불확실해지자 Smart Learning이라고 부르는 하이브리드 러닝 모델을 도입함. 2020년 여름 동안 바르셀로나 캠퍼스에 60개 이상의 스마트 교실을 구축하였으며, 교수자는 Zoom Meetings를 활용하여 대면 또는 원격 하이브리드 러닝을 실시함.

스마트 교실에는 대화형 '디지털 화이트보드' 및 이를 보여 주는 '다중 디스플레이'가 설치되어 있어 발언자(교수 또는 학생), 원격 학생 및 교수와 학생이 공동 주석을 달고 콘텐츠를 저장하고 보낼 수 있음. 마이크와 스피커가 있는 '사운드 시스템'으로 집에 있는 학생들이 수업 내용을 명확하게 듣고 동료 및 교수와 의사소통할 수 있음. '카메라'는 교수자의 역동적인 움직임을 추적하고 자동 재생할 수 있는 기능이 있음.

■ **호주 Monash University의 LEARNING IN THE ROUND**

코로나19 발생 이후 'LEARNING IN THE ROUND'라는 공간을 활용하여 온라인 실시간 수업을 진행함. 이 공간은 활동적인 학습이나 모바일 학습에 최적화되어 있어서 학습자들이 어디에 있든지 스크린을 볼 수 있고, 벽면과 테이블을 칠판으로 활용할 수 있음. 154명의 학생을 대상으로 오프라인 교육을 실시하는 동시에 온라인 강의도 가능함.

강의실 중앙에 교수자 및 발표자용 테이블이 있고, 화이트보드 패널이 그 주변으로 360도로 설치되어 있어 인접한 그룹에서 언제든지 그룹활동 및 발표가 가능함.

다른 유형의 하이브리드 강의실에서는 교수자가 'Teacher touchdown point'로 Zoom 및 화이트보드 환경을 원터치로 설정할 수 있으며, 교수자용 마이크는 머리에 착용하고 학생 질의응답용 핸드마이크가 추가 제공됨. 'In-room camera'는 온라인 학생들을 위해 강의실 전체를 보여 줄 수 있는 넓은 시야각을 제공함.

출처: 대학지성(위드 · 포스트 코로나 시대 하이브리드 교육 모델).

3) 하이플렉스 러닝

(1) 하이플렉스 러닝의 개념

하이플렉스(Hyflex)는 하이브리드(Hybrid)와 유연함을 뜻하는 플렉시블(Flexible)을 합성해 만든 말이다. 브라이언 비티 교수(Brian Betty, 샌프란시스코 주립대학)가 2005년에 처음으로 제시한 개념으로, 학습자에게 수업의 참여 형태에 대한 선택권을 부여하는 수업의 형태를 뜻한다(KERIS, 2020). 하이플렉스 수업에서는 일부 학습자는 물리적인 교실에 있고, 일부 학습자는 화상회의 플랫폼 등을 사용하여 교실에서 이루어지는 수업 활동에 같이 참여한다(Bower, Dalgarno, Kennedy, Lee & Kenney, 2014). 이 교육방법은 온라인 수업으로 인해 발생되는 교육의 질 문제를 해결할 수 있을 뿐만 아니라, 다수의 학습자가 함께 대면 수업을 수강할 수 없는 어려움을 해결할 수 있는 방안으로 떠오르고 있다(Kennedy, Lee & Kenney, 2014). 국내외 몇몇 대학에서 코로나-19 팬데믹 이후에 하이플렉스 수업이 가능하도록 수업 환경을 구축하고, 운영계획을 수립하는 등 적극적으로 하이플렉스 수업을 도입하고 있다.

하이플렉스 러닝은 하이브리드 러닝과 동일하게 학습자에게 대면, 비대면 참여에 대한 선택권을 부여한다(Kelly, 2020). 차이점이 있다면, 하이플렉스 러닝은 비실시간 교육에 대해서도 지원을 한다는 점이다. 특히 같은 교육에 참여하는 학습자를 대상으로 커뮤니티 등을 제공해 언제 어디서든 다양한 시각과 지식을 공유할 수 있게 한다는 특징이 있다(주혁중, 2022).

하이플렉스 러닝은 하이브리드 러닝과 거의 동일하지만, 차이가 있다면 비동시적 가상 수업도 가능하다는 점이다. 비동시적 가상 수업은 온/오프라인 동시 교육 영상을 녹화해 다시 보기로 제공한다든지 마이크로러닝 콘텐츠처럼 강의의 주제별로 재편집해 학습자료를 공유함으로써 실현할 수 있다. 또한 비동시적인 환경이지만 학습자 간 활발한 소통을 위해 온라인 게시판을 제공한다. 하이플렉스 러닝을 위해서는 학습 전·후 온라인 환경에서도 학습을 지속할 수 있는 솔루션을 확보하는 게 무엇보다 중요하다.

〈표 9-1〉 블렌디드 러닝, 하이브리드 러닝, 하이플렉스 러닝 비교

	온/오프라인 교육 동시 진행	참여자 간 소통	학습참여 방식 선택	비실시간 온라인 교육 지원
블렌디드 러닝	동시 진행하지 않음	다소 약함	선택권 없음	사전 교육 시 지원
하이브리드 러닝	동시 진행	활발한 소통	선택권 부여	지원하지 않음
하이플렉스 러닝	동시 진행	활발한 소통	선택권 부여	사후 콘텐츠 및 커뮤니티 공간 제공

출처: 이가영, 한송이(2022).

하이플렉스 수업에서는 학생들에게 면대면 교육, 실시간 온라인 교육, 비실시간 온라인 교육 중 원하는 수업의 형태를 선택할 수 있는 선택권을 주어 학습자 요구를 보다 적극적으로 수용할 수 있으며(KERIS, 2020), 학교 교실환경과 비슷한 학습 환경을 구축하여 온라인과 오프라인 학습자에게 평등한 학습 경험을 제공할 수 있다(Cunningham, 2014).

[그림 9-2] 하이플렉스 수업 운영 강의실

출처: 한송이, 이가영(2021). 대학 교육에서 하이플렉스 수업 사례 연구.

(2) 하이플렉스 러닝의 장점

첫째, 지리적으로 고립되어 있거나 신체적인 문제로 인해 수업에 참여할 수 없는 학습자에게 학교 교실환경과 비슷한 학습 환경을 구축하여 평등한 학습 경험을 제공할 수 있다는 점이다(Cunningham, 2014). 예컨대, 직장을 가지고 있거나 육아 또는 질병으로 면대면 수업에 참여가 어려운 학습자는 온라인으로 수업 현장에 참여할 수 있기 때문에, 장소의 제약이 없고, 비실시간적 수단을 통해 쉽게 달성되지 못하는 사회적 상호작용, 동료 간의 상호작용, 교수자 지원 및 지식을 공유하는 기회를 제공할 수 있다(Park & Bonk, 2007).

둘째, 하이플렉스 수업은 융통성 있는 학습이 가능하다는 장점이 있다. 하이플렉스 수업은 대면 수업 혹은 온라인 수업 참여를 학습자가 스스로 선택할 수 있으므로 학습자의 수업 만족도가 높고, 실시간으로 교수자 혹은 학습자의 얼굴을 보며 서로 간의 상호작용과 커뮤니케이션을 할 수 있으므로, 토론 및 협동 학습이 기존 면대면 수업보다 수업 효과성이 높다(Irvine, 2010; McCue & Scales, 2007).

셋째, 하이플렉스 수업은 서로 다른 지역의 학습자가 같은 수업에 참여하여 학습자 간의 커뮤니티를 형성하여 다양한 시각과 지식을 공유할 수 있다는 장점이 있다(Cunningham, 2014; Park & Bonk, 2007). 온라인 학습자는 교수자 및 동료들과 학습 공동체 관계를 구축할 수 있고(Cunningham, 2014; Henriksen, Mishra, Greenhow, Cain & Roseth, 2014), 외부 전문가를 실시간으로 초대하여 공간적 · 지리적 어려움을 최소화할 수 있기 때문에(Stewart, Harlow & DeBacco, 2011), 서로 다른 국가에서 진행되는 국제적 교육에 효과적이다.

(3) 하이플렉스 러닝의 주의점

하이플렉스 적용과 관련하여 우려의 목소리도 있다. 하이플렉스 수업은 이를 설계하고 운영하려는 교원에게 많은 부담을 줄 수 있다. 왜냐하면 온라인 수업과 오프라인 수업의 상황이 동시적으로 진행되기 때문에, 각각의 수업을 설계해야 할 뿐만 아니라 모든 환경에 있는 학습자가 동등한 교육을 받도록 신경 써야 한다. 이러한 이유로, 실제적인 강의 준비를 하려면 온라인 교육이나 대면 교육 중 하나를 고르는 것이 좋으며 그 중간은 계획을 세우기 힘들다는 의견이 제기되기도 하였다(KERIS, 2020)

(4) 하이플렉스 수업의 설계 · 운영의 특징

온라인 학습자와 오프라인 학습자가 동시에 존재하는 하이플렉스 수업은 오프라인 학습자와 온라인 학습자가 동일한 교육을 받을 수 있도록 학습 활동 및 수업이 설계되어야 하기 때문에, 일반 온라인 수업이나 오프라인 수업과는 다르게 설계되어야 한다.

첫째, 학습자에게 온라인, 오프라인 모드를 선택할 수 있는 옵션을 제공해야 한다(Beatty, 2019; Kohnke & Moorhouse, 2021; Raman et al., 2021). 하이플렉스 수업은 학습자의 선택권과 자율권을 주고, 참여 유형을 결정할 수 있어야 한다는 것이 가장 큰 특징이므로, 수업 시작 전 학습자의 참여 모드를 조사하는 것이 필요하며 수업 운영에 반영하는 것이 필요하다.

둘째, 교수자-학습자 상호작용이 활발하게 이루어질 수 있도록 수업이 설계되어야 한다. 하이플렉스 수업을 경험한 학생들은 일반 면대면 수업이나 실시간 수업보다 상호작용에 더 많은 불편함을 느끼고 있었다(Kohnke & Moorhouse, 2021). 예로, 실시간 수업에서는 교수자가 발언하지 않을 때, 학습자가 발언하거나 질문을 하면 되지만, 하이플렉스 수업에서는 오프라인에도 학습자가 있기 때문에 그들이 질문을 할지 안 할지를 카메라로 판단하기가 어렵고, 가끔 동시에 발언을 하면, 오디오가 물려서 실시간 발언의 자율성이 떨어진다고 하였다. 그러므로 하이플렉스 수업에서 온라인 · 오프라인 학습자 모두 상호작용에 어려움을 겪지 않도록 두 학습자 모두를 고려하는 것이 필요하다.

셋째, 온라인 학습자와 오프라인 학습자가 서로 협업하고 결과물을 공유할 수 있도록 다양한 실시간 교육 도구를 활용해야 한다(Beatty, 2019; Raman et al., 2021). 하이플렉스 수업은 수업의 참여 형태와는 관계없이 학습 활동이 원활하게 이루어져야 한다. 이를 위해서는 실시간 교육 도구를 활용하여 온라인과 오프라인 학습자의 결과물을 언제든지 기록하고 공유하는 것이 필요하다.

〈표 9-2〉 하이플렉스 수업을 위한 수업 설계원리

수업구분	유형	주요 내용	출처
수업 전	학습자 유형 확인	오프라인 학습자와 온라인 학습자의 유무 (온라인 참여형/Online Sync, 오프라인 참여형 /In-Class, 온라인-오프라인 참여형/Async)	Beatty(2019), Raman et al(2021) Harris & Beswick(2021) Jongmuanwai et al(2021) Columbia CTL 매뉴얼
	인프라 확인	오프라인 학습자의 접속 기기 (PC, 태블릿, 모바일 등) 및 인프라 확인	Kohnke & Moorhouse(2021) Beatty(2019) Jongmuanwai et al(2021) University of Florida CTL 매뉴얼 Conestoga College CTL 매뉴얼
수업 중	교육 협업도구	오프라인 학습자와 온라인 학습자가 함께 협업할 수 있는 교육 도구 활용	Kohnke & Moorhouse(2021) Beatty(2019) Miller et al(2013) Jongmuanwai et al(2021)
	상호작용	오프라인 학습자와 온라인 학습자의 활발한 상호작용이 가능하게 하는 교수자의 역량	Columbia CTL 매뉴얼
	학습자 중심의 팀 활동	교수자 일반적인 강의보다는 학습자 중심의 팀별 활동	Raman et al(2021) Zhang Shuai(2019)
	팀 활동 녹화	팀 활동 녹화 및 공유	
	팀 활동 제출 및 발표	그룹 활동 후에는 팀별로 결과물 제출 및 공유	Raman et al(2021) Jongmuanwai et al(2021)
수업 후	학습자 의견 수합	하이플렉스 기반 수업에 참여한 학습자 의견 수합을 통한 교수자 자기 성찰 및 개선방안 모색	Jongmuanwai et al(2021)

출처: 한송이, 이가영(2021).

4. 비대면 평생교육방법

사피엔스의 저자이자 역사학자인 유발 하라리는 코로나 이후의 세계에 대해 다음과 같이 말했다. “이 폭풍은 지나갈 것이다. 하지만 우리가 한 선택은 다가올 몇십 년 동안 우리의 삶을 변화시킬 것이다.” 코로나 팬데믹 이후 우리의 삶은 많은 부분 변화를 맞이하고 있다. 이러한 변화의 흐름에 맞추어 교수자로서 교육의 방법이 어떻게 변하고 있는지, 또한 앞으로 어떻게 교육 전달 매체가 변할 것인지에 대해 생각하고 고민해 볼 필요가 있다.

1) 비대면 교육의 필요성

(1) 교육방법과 교수자 역할의 변화

‘비대면 수업’이란 코로나19에 따른 사회적 거리두기의 일환으로, 학교 등의 교육 기관에서 ‘대면 수업’ 혹은 ‘출석 수업’과 같은 집합교육이 어려워짐에 따라 이를 대체하기 위해 온라인 플랫폼 등을 통해 이루어지는 수업을 말한다(최윤정, 지난영, 2020). 시행 초기에는 교수자와 학습자 모두에게 낯설고 익숙하지 않은 교육방법이었으나, 이제는 코로나가 종식된 이후에도 더 다양한 방식의 비대면 온라인 학습이 이루어질 것으로 예상된다.

그러나 집합교육이 완전히 사라지는 것은 아니다. 오히려 10명 이내의 소규모 학습은 더욱 활성화되고 있다. 또한 온라인 교육이 활성화되면서 온라인과 오프라인이 연계되는 블렌디드 교육이 이루어지고 있다.

교육방법의 변화에 따라 교수자의 역할에 있어서도 큰 변화가 일어나고 있다. 더 이상 교수자가 학습자에게 좋은 콘텐츠를 전달하는 것만으로는 큰 의미를 주지 못한다. 왜냐하면, 유튜브, 무크 등의 플랫폼을 통해 온라인상의 다양한 지식 콘텐츠가 무료로 제공되기 때문이다. 또한 학습자가 관심이 있다면 여러 교육 기관의 홈페이지에서 다양한 지식을 찾아 습득할 수도 있다. 이제는 교수자들이 단순한 콘텐츠 제공자를 넘어서 강의 촉진자, 즉 퍼실리테이터로서 학습자들의 학습 내용의 이해 및 태도 변화를 촉진하고 돕는 역할이 더 중요해지는 시기라고 할 수 있다.

(2) 비대면 교육의 장점

첫째, 비대면 교육을 통해 학습이 가능한 인원수가 확장될 수 있다. 기존에는 집합교육 시 교육 1회당 참여 가능 인원이 한정될 수밖에 없었으나, 줌과 같은 온라인 화상 플랫폼을 활용하면서 강의 1회당 50명 이상 많게는 수백 명까지도 온라인상에서 교육 내용을 전달할 수 있다. 오히려 같은 시간에 더 많은 교육생에게 교육 내용을 전달할 수 있게 되었다.

둘째, 비대면 교육을 통해 교육 장소의 제약에서 자유로울 수 있다. 원거리에 있는 학습자들도 시간만 맞출 수 있다면 언제든지 학습을 할 수 있기에, 교수자는 집에서도 타시나 외국에 있는 학습자에게 비대면 교육을 통해 강의를 진행할 수 있다.

셋째, 화상회의 시스템을 활용하여 학습자와 상호작용을 촉진할 수 있다. 줌 플랫폼을 활용해서 일대일 또는 소규모 그룹 코칭을 수행하는 등 비대면으로 코칭 또는 상담을 진행할 경우 교수자와 학습자는 더 편하게 자주 만날 수 있다. 이로써 더 깊이 있는 내용을 공유할 수 있고, 개별적인 학습자 관리도 가능해진다.

교육방법의 변화의 흐름 속에서 비대면 교육을 활용함으로써 위기를 기회로 만들어 더 많은 교육 성과를 낼 수 있다.

2) 비대면 교육의 유형

비대면 교육, 즉 온라인상에서 수행되는 교육 프로그램은 크게 두 종류로 분류할 수 있다. 첫째, 녹화된 비대면 교육, 즉 비실시간 비대면 교육과 둘째, 실시간으로 진행되는 비대면 교육으로 나눠볼 수 있다. 녹화된 비대면 교육은 기존의 이러닝 콘텐츠 또는 동영상 콘텐츠에 해당하는 것으로, 기관과 대학 홈페이지에서 제공되는 LMS를 예로 들 수 있다. 반면에 실시간 비대면 교육의 경우 최근 발달한 화상회의 플랫폼을 활용한 교육으로 온라인상에서 실시간 서로의 얼굴과 음성을 공유하면서 진행하는 교육이라고 할 수 있다. 대표적인 화상회의 플랫폼으로는 'zoom', 'webex', 'Google Meet', '구루미비즈' 등을 들 수 있다.

(1) 비실시간 비대면 교육

이러닝 콘텐츠와 같이 녹화된 비대면 교육의 장점은 정보전달에 효과적이고 시간과 공간의 제약이 적으며 한번 잘 만들어 놓으면 활용도가 높다는 점을 들 수 있다. 반면, 단점으로는 일방적인 정보전달이 진행되며 상호작용이 어렵고 동기부여가 없다면 집중력이 쉽게 떨어질 수 있으며 이수율이 낮다는 점 등이 있다.

(2) 실시간 비대면 교육

온라인 화상회의 시스템을 활용한 실시간 비대면 교육의 장점은 온라인의 편의성과 오프라인의 역동성을 결합시킬 수 있다는 점과 다양한 툴을 활용하여 참가자들 간에 상호작용이 용이하다는 점을 들 수 있다. 또한 집합교육 시 내향적이거나 소극적인 성향을 가진 학습자도 채팅창 등을 통해 적극적인 교육 참여가 가능하며, 시간 · 공간의 제약을 적게 받고, 녹화된 비대면 교육에 비해 몰입도가 높다는 장점이 있다. 반면,

단점으로는 교수자의 역할과 역량이 많이 요구되고, 학습자의 화상 시스템 이해가 필요하며, 인터넷 연결에 문제가 생기는 경우 강의 질이 떨어지고, 다수 인원이 참가할수록 교육 효과가 떨어진다는 점을 들 수 있다. 교육을 기획하고 실행해야 하는 교수자 입장에서는 이런 두 가지 비대면 교육의 장·단점을 잘 활용해서 전달하고자 하는 교육의 목적과 기대효과에 맞는 방법을 취사선택해야 하는 것이 중요하다.

〈표 9-3〉 비대면 교육 장·단점 비교

<table>
<tr><th></th><th>비실시간 비대면 교육</th><th>실시간 비대면 교육</th></tr>
<tr><td>장점</td><td>• 정보전달에 효과적이다.
• 학습 시간과 장소에 제한이 적다.
• 좋은 콘텐츠 제작 시 활용도가 높다.
• 수강료가 저렴하여 학습자 부담이 적다.</td><td>• 온라인의 편의성과 오프라인의 역동성의 결합이 가능하다.
• 참가자들 간에 상호작용이 용이하다.
• 시간과 공간의 제약을 적게 받는다.
• 몰입도가 높아진다.
• 학습자의 의견을 반영할 수 있다.</td></tr>
<tr><td>단점</td><td>• 일방적인 학습이 될 수 있다.
• 상호작용이 어렵다.
• 학습자의 집중이 어렵다.
• 진도율만 채울 수 있다.
• 학습 이수율이 낮다.</td><td>• 교수자의 역량이 많이 요구된다.
• 학습자의 화상 시스템 이해가 필요하다.
• 인터넷 사정에 따라 강의 질이 떨어진다.
• 다수의 인원 참가 시 교육 효과가 떨어진다.</td></tr>
</table>

(3) 실시간 비대면 교육의 유형

비실시간 비대면 교육에 대해서는 이러닝 장을 통해 살펴보았으므로, 최근 변화하는 교육환경에서 꼭 알아야 할 실시간 비대면 교육의 대표적인 세 가지 유형에 대해 알아보겠다. 실시간 비대면 교육의 세 가지 유형은 웹캐스트(Webcast), 웨비나(Webinar), 버추얼 클래스(Virtual Class) 형태로 구분해 볼 수 있다.

첫 번째, 웹캐스트는 유튜브 실시간 방송과 같이 웹을 통해 진행하는 실시간 방송 형태이다. 이러한 형태는 많은 학습자들이 동시에, 공간의 제한 없이 교육을 받을 수 있다는 장점이 있다. 그러나 학습자 간 상호작용의 수준은 낮은 방식이다. 교수자와 학습자 간에는 실시간 댓글 및 채팅을 통해 상호작용이 가능하며, 녹화방송보다는 약간 높은 수준의 실재감을 줄 수 있는 교육방식이다.

둘째, 웨비나 형태의 비대면 교육이다. 웨비나는 웹과 세미나의 합성어로서 소규모 세미나 형태의 화상 교육이라 할 수 있으며, 학습자의 Q&A와 양방향 소통이 활발하게 이루어진다. 학습자의 다양한 질문을 받고 전문가들이 답변하는 형태로서, 발표자 한 명의 질문에 내용 전문가 패널이 함께 답하는 형식으로 중간 수준의 상호작용이 이뤄지는 교육방식이다. 웨비나 형태의 교육 대상은 같은 주제에 대해 비슷한 고민을 가진 참석자 20에서 50명 수준이 적합하다.

마지막으로 버추얼 클래스 형태이다. 버추얼 클래스의 경우 20명 내외의 교육생들이 줌과 같은 온라인 플랫폼을 통해 다양한 상호작용, 즉 토론, 발표, 피드백, 투표 등의 기능을 활용하며 교육을 진행한다. 세 가지 비대면 교육방식 중 상호작용이 가장 활발한 교육방법이라 할 수 있으며, 일방향적인 수업이 아니라 학습자가 참여하는 방식의 교육방식이다. 교수자는 강의 내용을 전달하되 강의 내용에 집중하기보다는 교육생들이 스스로 학습하고 과제를 해결할 수 있도록 촉진하는 활동, 즉 퍼실리테이션에 초점을 맞추어 진행하는 것이 좋다.

세 가지 유형의 실시간 비대면 교육을 그래프로 표현해 보면 다음의 [그림 9-3]과 같다. 가로축을 학습자 간, 학습자와 교수자 간 상호작용으로, 세로축을 교육 참여 인원으로 나타냈을 때 각 학습의 특징을 이해할 수 있다. 교육의 성격, 학습자 수, 상호작용의 정도 등을 고려하여 다음에 세 가지 비대면 실시간 교육방법을 선택 활용함으로써 비대면 실시간 온라인 교육으로 전환하여 교육을 진행할 수 있다.

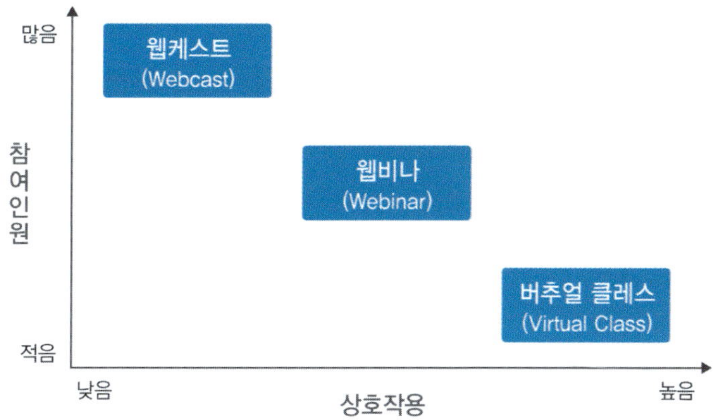

[그림 9-3] **비대면 실시간 교육 상호작용과 참여 인원에 따른 비교**

학습목표에 따라 적절한 유형은 다음과 같다. 먼저 많은 인원에게 효율적으로 지식을 전달하기에는 웹캐스트가 적절하고 관련 지식과 해당 분야의 전문가 노하우를 습득하기에는 활발한 Q&A가 이루어지는 웨비나가 적절하다. 그리고 교수자 및 학습자의 경험을 공유하고 도구와 기술을 연습하여 태도의 변화까지 이끌기 위한 심화학습으로는 버추얼 클래스 방식이 적합하다.

3) 효과적인 비대면 교육 운영

실시간 비대면 교육에서 가장 중요하게 생각되는 키워드는 바로 소통과 상호작용이다(박소이, 2021). 그 뒤를 이어 참여도와 재미, 강사의 스킬, 학습환경과 콘텐츠 순으로 나타났다. 이러한 요소를 높이기 위한 효과적인 비대면 교육 전략 세 가지는 다음과 같다.

첫째, 교수자 및 교육 운영자의 화상회의 프로그램의 특성 이해 및 활용 역량이다. 아무리 좋은 콘텐츠가 있어도 화상의 프로그램을 활용하지 못하면 학습자들과 소통에 어려움을 겪을 수 있으므로, 기본적으로 프로그램을 이해하고 활용하는 역량이 중요하다.

둘째, 교육생들의 참여를 높일 수 있는 실재감 요소를 고려한 교육과정의 설계가 중요하다. 온라인으로 학습할 때 옆에 있는 것처럼 느끼는 실재감이 교육 몰입을 높이는 데 중요한 요소로 작용하기 때문에 서로 다른 공간에 있지만 함께 학습하고 있다는 실재감을 느끼도록 교육을 설계하고 운영해야 한다.

셋째, 교육 운영 노하우인 경험치이다. 처음부터 비대면 교육을 효과적으로 진행하기 어렵고, 교수자와 학습자 모두 경험이 있어야 한다. 이를 위해서는 동료 교수자들과 비대면 교육 운영 매뉴얼 등을 통해 지속적으로 운영 노하우를 공유하고 발전시켜가는 부분이 중요하다.

(1) 화상 및 프로그램의 특성 이해

대표적인 비대면 화상회의 프로그램인 줌 이 외에도 마이크로소프트 팀즈, 웹엑스, 구루미비즈 등 다양한 프로그램이 나와 있다. 화상회의 프로그램의 핵심적인 기능은 비슷하기 때문에 줌과 같은 하나의 프로그램의 활용 방법을 마스터한 후에 다른 프로그램에 적응하는 것이 필요하다. 비대면 온라인 교육을 위한 화상회의 프로그램의 플랫폼을 파악하고 교육환경을 고려하여 각각 취사선택하는 것이 중요하다.

① 줌(zoom)

줌은 코로나19 이후 가장 유명해진 프로그램으로 국내 가장 인지도가 높고 사용이 편리하다. 줌의 경우 해당 프로그램을 pc 또는 모바일에 설치해야 회의에 참여할 수 있다. 프로그램에서 많이 활용되는 소회의실 기능의 경우 학습자들끼리 토의하며 공동 작업을 할 수 있는 장점이 있다.

② 구글 미트(Google Meet)

구글 미트는 구글 문서 드라이브와 연동이 되어 구글과 연계하여 사용하기 편리하다. 별도 프로그램을 설치하지 않아도 되고 크롬 운영 체제만 설치되어 있으면 사용이 가능하다. 호스트로서 회의를 개설하거나 참석자로 회의에 들어가기 위해서 구글 로그인이 필요하며 소회의실 기능은 없지만, 한 시간에 100명까지 회의수는 무제한으로 생성할 수 있다.

③ MS 팀즈(Microsoft Teams)

마이크로소프트에서 만든 MS 팀즈는 MS오피스와 연계하여 작업하기 편리한 장점을 가지고 있다. 단 해당 프로그램을 설치하고 호스트 참가자 모두 마이크로소프트 회원가입이 필요하다. 소회의실 기능은 없지만, 무료로 사용할 경우 다른 프로그램에 비해 가장 긴 시간인 8시간까지 최대 250명을 동시에 접속할 수 있도록 허용하고 있다.

④ 웹엑스(webex)

웹엑스는 보안이 가장 우수하다고 알려진 화상회의 프로그램으로 국회에서도 공식적인 화상회의 프로그램으로 선정해 운영하고 있다. 사용을 위해서는 프로그램을 설치해야 하고 호스트의 경우에는 회원가입을 해야 회의 또는 교육을 개설할 수 있지만 참가자의 경우 회원가입 없이 참석이 가능하다.

⑤ 구루미비즈(Gooroomee Biz)

구루미 비즈는 국내 스타트업이 만든 화상회의 플랫폼으로 공공기관에서 많이 사용하고 있다. 해당 프로그램에 별도 설치하거나 회원가입 필요 없이 호스트와 참가자 모두 회의 개설 및 참여가 가능한 플랫폼이다.

〈표 9-4〉 비대면 화상회의 플랫폼 비교

구분	줌	구글 미트	MS 팀즈	웹엑스	구루미비즈
특징	인지도 높고, 사용 가장 편리	구글 문서, 드라이브 연동	MS 오피스 실시간 공유 작업	보안 가장 우수	공공기관에서 많이 사용
개설조건	회원가입, 프로그램 설치 필요	회원가입 필요, 프로그램 설치 없음	회원가입, 프로그램 설치 필요	회원가입, 프로그램 설치 필요	회원가입과 프로그램 설치 필요 없음
외부참가 허용	회원가입 없이 링크, 이메일로 참여 허용	회원가입 필요	이메일에 삽입된 링크로 로그인 없이 게스트로 참여 가능	회원가입 없이 링크, 이메일로 참여 허용	회원가입 없이 링크, 이메일로 참여 허용
무료	1:1 시간 무제한 그룹회의 40분	1시간 100명 회의 수 무제한	8시간 250명	100명 50분 회의 수 무제한	1:1 무제한 회의실 5개
유료	최대 1,000명	300시간 250명 회의 수 무제한	최대 10,000명	최대 200명	최대 300명 그룹회의 최대 1,000명 라이브

출처: 지엔항(2022) 참조하여 재구성.

(2) 비대면 교육의 몰입을 높이는 실재감(實在感, Presence)

실재감이란 어떠한 환경에 무엇인가 존재하고 있다고 느끼는 지각 상태이다(김승옥, 2018). 교육에서의 실재감은 '스스로가 교수학습 상황 중에 있고, 이에 참여하고 있음에 대한 인식'이라고 풀어볼 수 있다. 교육에서의 실재감은 크게 교수 실재감(teaching presence)과 학습 실재감(learning presence)으로 나누어 볼 수 있다. 교수 실재감은 교사 실재감(teacher presence), 수업 실재감(class presence)이라고도 부르며, 교수자가 교수(instruction)를 설계하고 촉진하는 수업을 운영할 때 학습자가 교수자의 존재와 함께 이 수업에 대해 인식하는 것을 의미한다. 반면 학습 실재감은 학습자가 학습상황에서 지각하는 내면의 인지적, 감성적 인지 상태를 의미한다. 교수 실재감이 외부의 학습 환경에 대한 인지라면, 학습 실재감은 자신의 내면에 대한 지각이라고 볼 수 있다(이정민 외, 2020).

학습 환경에서 학습자가 느끼는 교수 상황인 교수 실재감과 학습 과정에서 학습자가 지각하는 감성적 실재감, 사회적 실재감, 인지적 실재감은 학습효과에도 영향을 미친다(김지심 & 강명희, 2010). 교수 실재감의 영향을 받아 학습 실재감 수준이 향상되면 학습 몰입이 촉진되고 능동적 학습 활동이 증가하여 학업성취도나 만족도의 향상 등 긍정적인 학습 성과를 이끌어낼 수 있다(Garrison & Arbaugh, 2007).

실재감은 학습자들이 학습에 전념할 수 있도록 유도하며, 중도 탈락을 방지하는데 기여한다. 따라서 학습 환경에서 형성되는 교수 실재감, 감성적 실재감, 사회적 실재감, 인지적 실재감은 학습 몰입을 촉진하여 학업 만족도와 학업성취도, 학습 지속 의향 등 학습 성과에 유의미한 관계나 영향을 미칠 수 있다(강명희 외, 2011).

교수 실재감, 사회적 실재감, 인지적 실재감에 대해 살펴보면 다음과 같다.

첫째, 교수 실재감은 강의에 교수자가 있다는 느낌이다. 이것은 교수자와 학습자 간의 상호작용 속에서 드러나는 실재감으로, 교수 실재감을 느낄 수 있도록 교육 내용을 설계하고 필요에 따라 퍼실리테이션과 강의 기법을 사용해야 한다.

둘째, 사회적 실재감은 혼자서 학습하는 것이 아니라 동료들과 함께 교육에 참여하고 있다고 느끼는 것이다. 학습자들 간 서로 연결되어 있다고 느낄 수 있도록 대화,

토론, 협업, 피드백을 활용하여 온라인상에서 이러한 사회적 실재감을 느낄 수 있도록 해야 한다.

셋째, 인지적 실재감은 강의에서 배움이 일어난다는 느낌을 의미한다. 일방적으로 강의하기보다는 학습자들이 생각할 수 있도록 질문을 던짐으로써 생각을 촉발시키고, 의견을 모아 통합하고, 함께 해결하며 답을 얻는 과정에서 느끼게 된다.

학습자는 이렇게 온라인상에서 교수적 실재감, 사회적 실재감, 인지적 실재감을 통해 학습에 보다 몰입할 수 있다. 이러한 실재감 향상을 위해 화상회의 프로그램도 업그레이드되고 있다. MS 팀즈는 최근 대형 갤러리 보기 기능으로 최대 49명까지 확대하여 보다 많은 사람을 한 번에 보면서 사회적 실재감을 느낄 수 있게 했다. 또한 투게더 모드를 통해 참가자들을 공통의 가상 배경 화면에 배치하여 함께 있는듯한 실재감을 느끼게 도와준다. 앞으로 이러한 기술과 기능은 지속적으로 발전해 나갈 것이다.

[그림 9-4] MS 팀즈 대형 갤러리 보기

출처: Microsoft Support.

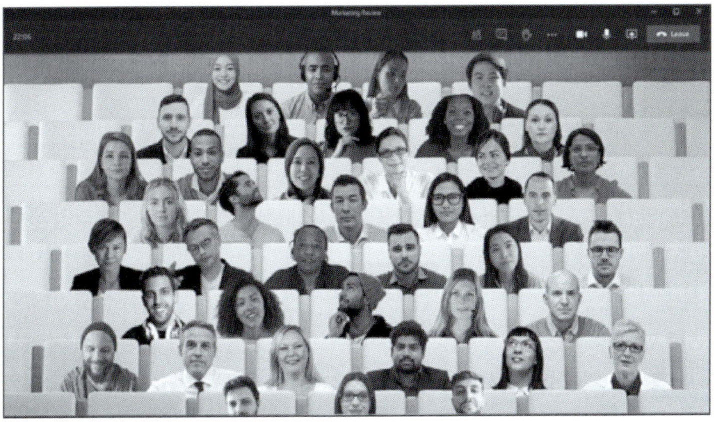

[그림 9-5] MS 팀즈 투게더 모드

출처: Microsoft Support.

(3) 비대면 실시간 교육 운영 경험치

비대면 교육에 대한 경험은 실제로 교육을 기획하고 운영하는 과정에서 여러 가지 시행착오를 통해서 배우게 된다. 학습하고 축적된 내용을 매뉴얼화하여 교육을 준비하는 교수자들에게 지속적으로 공유하고 활용하는 것이 좋다. 처음부터 비대면 교육을 완벽하게 하려고 완성도에 집중하기보다 빠르게 실행함으로써 교육의 트렌드를 반영하고 다양한 경험을 해 보는 것이 중요하다. 또한 변해가는 교육환경에서 새로운 기술과 교육방법에 신속하게 적용하고 피드백을 통해 경험치를 축적해 나가는 것이 필요하다. 교수자들 중 기존 면대면 교육에 비해 비대면 교육을 막연하게 힘들고 어려운 것이라고 생각하는 경우가 있다. 처음부터 잘할 수는 없지만, 조금만 관심을 가지고 살펴본다면 우리가 활용할 수 있는 부분은 무궁무진할 것이다. 다만 실행 과정에 있어서 발생하는 실수나 오류에 대해서는 성찰하면서 장점은 더 강화하고 아쉬운 부분은 보완함으로써 비대면 교육 교수자로서 경험치를 쌓아 스스로의 가치를 높이는 것이 중요하다.

[연구문제]

1. 융합형 웹 기반 평생교육 수업 시 유의해야 할 사항은 무엇인가요?
2. 블렌디드 러닝과 하이브리드 러닝의 차이점을 설명해 보세요.
3. 〈실전방법〉을 통해 제시된 하이플렉스 러닝의 사례를 읽고, 학습자의 수업 참여도를 높일 수 있는 방법을 제시해 보세요.

실전방법 하이플렉스 러닝 사례

차시	수업형태	수업내용	교수방법	시간
1차시	수업 전	학습자 환경 및 기술 체크	–	5분
		지난 수업에서 배운 내용 확인	실시간 교육 도구 (잼보드) 활용	15분
	수업 중 (100분)	**[교수자 강의]** 주제: 최신 테크놀로지 기반 수업 설계	실시간 교육 도구(멘티미터) 활용을 통한 학습자 이해도 확인	20분
		[팀 활동] 오프라인 학습자는 오프라인 학습자끼리 팀 구성, 온라인 학습자는 온라인 학습자들끼리 팀 구성	실시간 교육 도구(잼보드)를 통한 팀별 활동	30분
		[팀 활동 발표 및 Q&A] 오프라인 학습자는 자리에서 발표, 온라인 학습자는 온라인에서 발표	발표 시 팀 활동 결과물은 모두 실시간 교육 도구(잼보드)를 통해 공개	35분
	수업 후 (15분)	**[평가]** 수업 내용 확인 오프라인 · 온라인 학습자 모두 실시간 교육도구에 접속 후 평가	실시간 교육 도구(카훗)를 통한 팀별 활동	10분
		[수업 마무리] Q&A 및 다음 수업 안내	구글 설문을 통한 만족도 조사 및 개별 면담	5분

차시	수업형태	수업내용	교수방법	시간
2차시	수업 전 (20분)	학습자 환경 및 기술 체크	–	5분
		지난 수업에서 배운 내용 확인	실시간 교육 도구 (잼보드) 활용	15분
	수업 중 (100분)	**[외부 교수자 강의]** 주제: 블렌디드 러닝의 설계와 사례	실시간 강의	30분
		[팀 활동] 오프라인 학습자는 오프라인 학습자끼리 팀 구성, 온라인 학습자는 온라인 학습자끼리 팀 구성 기존 교수자는 오프라인, 외부 교수자는 온라인 학습자들 위주로 지원	실시간 교육 도구(구글닥스)를 통한 팀별 활동	
		[팀 활동 발표 및 Q&A] 오프라인 학습자는 자리에서 발표, 온라인 학습자는 온라인에서 발표	실시간 교육 도구(구글닥스)를 통한 팀별 활동	30분
	수업 후 (15분)	**[평가]** 수업 내용 확인 오프라인 · 온라인 학습자 모두 실시간 교육 도구에 접속 후 평가	실시간 교육 도구(카훗)를 통한 팀별 활동	10분
		[수업 마무리] Q&A 및 다음 수업 안내	구글 설문을 통한 만족도 조사 및 개별 면담	5분

출처: 한송이, 이가영(2021).

PART 3

평생교육 실전

Chapter 10 교수계획과 수업설계

개요

평생교육을 준비하는 데 있어서 사전에 교수활동을 계획하는 것은 강의 승패를 결정하는 중요한 열쇠이다. 학습자와 교육 환경, 학습 내용 및 교수방법에 대한 최선의 계획을 가지고 있는 교수자는 교수활동을 체계적으로 전개할 수 있다. 실제로 교육 활동을 전개하기 이전에 계획된 강의와 계획하지 않고 전개한 강의 간에는 현저한 차이가 있다.

교육활동이 실제로 전개되기 이전에 구체적인 학습목표나 내용이 결정되어야 하며, 이와 함께 세부적인 교수 · 학습 방법도 계획되어야 한다. 이런 점에서 교수계획은 학습 활동에 있어서 필연적으로 요구되는 것이라 할 수 있다. 따라서 이 장에서는 교육활동이 실제로 전개되기 이전에 요구되는 교수계획과 수업설계를 살펴보고자 한다.

학습목표

1. 교수계획의 의의에 대하여 설명할 수 있다.
2. 교수계획의 절차를 설명할 수 있다.
3. 강의에 적합한 교수계획을 세울 수 있다.

1. 교수계획의 의의

1) 교수계획의 의미

사회 전반에 걸쳐 문화는 빠른 속도로 바뀌어 지식도 바뀌고 개념고 바뀌고 사고도 바뀌며 과학도 바뀐다. 빛의 속도로 변하는 사회에 미래에 대한 각 부분에서의 대비는 선택이 아니라 필수인 것이다(김영식, 2018). 교육도 마찬가지이다. 강의를 준비할 때도 빠르게 변하는 교육현장에 적합한 교수계획이 필요하다.

교육활동이 실제로 전개되기 이전에 구체적인 학습목표나 내용이 결정되어야 하며, 이와 함께 세부적인 교수 · 학습 방법도 계획되어야 한다. 이런 점에서 교수계획은 학습 활동에 있어서 필연적으로 요구되는 것이라 할 수 있다.

교수계획이란, 교육 과정에 설정된 학습 내용을 어떻게 실제 교육에 옮기는가에 대한 계획이다. 곧 학습의 실패를 예방하기 위한 사전 계획 활동이며, 수업 목표의 성공적인 달성을 위하여 수업에 관련된 여러 가지 요소, 즉 수업 목표, 수업 내용, 수업 방법과 활동, 시간, 교육 설비 등을 체계적으로 조직하는 수단이다.

교수자의 성실한 교수계획은 훌륭한 강의 진행과 아울러 학습자의 학습 성과를 최대한으로 높일 수 있다.

따라서 교육은 교수자의 인격 · 자질 · 교육관 등이 크게 반영되는 것이므로 그 계획은 학습자나 교육 환경뿐 아니라 교수 자신의 태도와 노력이 크게 작용한다는 것을 명심하여 최선을 다해야 할 것이다.

2) 교수계획의 목적

교수계획의 목적은 학습자 개개인의 학습을 촉진시키고 최적의 교수·학습 환경을 조성해 줌으로써 학습자의 학습 성과를 극대화할 수 있도록 하는 데 있다.

수업을 실시하는 목적이 학습자의 인간적 성숙과 사회적 적응을 위한 것이라면 교수계획 역시 학습자로 하여금 보다 가치 있는 교육적 삶을 영위할 수 있도록 도움을 주는 것이어야 한다.

수업을 계획한다는 것은 무엇보다도 인간다운 삶을 영위하기 위하여 학습력을 성장·발달시켜 주는 데 큰 의의를 갖는다.

수업 체계를 설계하는 일은 그 핵심이 학습자 개개인의 학습력 신장에 있기 때문에 창의적이고도 인간적인 활동이라 할 수 있다.

결국 교수계획을 작성하는 목적은 교수자의 훌륭한 강의 진행과 학습자의 바람직한 학습 성과 달성을 위해서 유효하며, 학습자에게 올바른 태도 변화를 유발할 수 있는 행동과 경험을 선택하는 계획이 되어야 한다.

3) 교수계획의 원리 및 성격

교육목적을 최대한 달성하기 위해서는 목적 달성에 적합하고도 훌륭한 교수계획이 필요하다.

(1) 교수계획의 원리

이 계획의 원리는 다음과 같다.

- 교수계획은 교육 목적에 적합해야 한다.
- 교수계획은 계속성을 유지해야 한다.
- 교수계획은 학습자 발전의 요소를 포함시켜야 한다.
- 교수계획은 학습자의 개인적 · 사회적 필요에 관련된 것을 포함시켜야 한다.
- 교수계획은 각 교과 간의 관련성을 고려해야 한다.
- 교수계획은 융통성이 있어야 한다.

(2) 교수계획의 성격

교수계획은 학습자, 학습환경, 학습자료 등에 따라 적절하게 작성되어야 한다. 또한 교수자의 자질(능력)과 태도가 중요하기 때문에 창의성을 살릴 수 있는 노력이 절실히 요구된다.

다음은 학습목표를 효과적으로 달성하기 위한 계획을 수립할 때 고려하여야 할 점이다.

① 적합성

교수계획은 학습 목적에 적합해야 하며, 교수 활동에서 사용하는 교재는 유익하게 계획되어 목적에 부합되는 것이어야 한다.

교육 현장에서 전개되는 학습목표는 먼저 조직의 목표에 부합되어야 하며, 나아가 사회적 · 국가적인 목표에도 직결되어야 한다. 교수계획의 바탕은 학습목표의 확립이며, 이는 탄력성 있게 계획되어야 한다. 또 교수자는 교재의 내용이 어떤 변화를 가져올 것인가를 예측하여 계획을 수립해야 한다.

② 역동성

교수계획은 교수자가 작성하는 것이므로 학습 활동 자체가 교수자 중심일 필요는 없다. 학습지도는 학습자의 자율적인 활동이 활발할 때 그 성과가 더욱 높아진다.

교수계획이 교수자 중심으로 수립된다면 학습 활동은 타율적이며 수동성을 면치 못할 것이다. 학습 성과는 교수자의 지도성도 중요하지만 학습자의 능동적인 활동이 더 중요하므로 이와 같은 관계가 계획에 잘 반영되고 학습자의 능력 및 제반교육 여건이 교수계획에 고려될 때 그 효과에 의미 있게 작용됨을 명심해야 할 것이다. 또 교수계획은 그에 관련되는 모든 관계와 요소의 역동성 · 상황 · 활동 등을 예상하여 계획을 작성해야 한다. 작성된 계획이 지도 과정에서 변경될 때는 학습 조건에 맞는 내용과 방법으로 변경할 것을 고려해야 한다.

③ 과학성

교수계획은 객관적이고 타당성 있는 계획이 되어야 하며, 그 계획이 교수자에게는 적합하나 학습자에게 적합하지 못했다면 그 계획은 바람직하지 못하므로 조직과 지역사회(국가)의 실정에 맞게 작성되어야 한다.

교수계획에서 말하는 과학성이란 실증적이고 객관적이며 합리적인 의미를 가지며, 어느 특정인에게만 타당하고 가치 있는 것이 되어서는 안된다. 교수자와 학습자에게 타당성이 공유되고 학습 활동의 요소가 유기적인 관련성을 가지는 것이 되어야 한다.

④ 일관성

일관성은 질서 있는 상호 관련성을 의미하며 횡적이고 종적인 면에서 모순 없이 조직된 것을 말한다. 예를 들면, 기업 교육을 횡적인 측면에서 볼 때 부서 · 회사 · 가정 · 사회로 생각할 수 있으며, 이들이 밀접한 관계를 갖고 또한 일관성을 유지할 때 그 성과는 더욱 커지게 된다.

기업 내의 교육은 교과 지도와 각종 행사에 일관성이 있어야 하며, 기업의 목적을 원활하게 달성할 수 있도록 해야 한다.

한편 종적인 측면에서는 기업의 목표, 부서의 목표, 교과의 목표, 단원의 목표, 그리고 시간의 목표 등이 모두 일관성을 유지해야 한다. 따라서 교육의 목표는 횡적 · 종적인 면에서 상호 연관성을 가지며 교수계획과 학습 활동도 당연히 일관성이 있어야 한다.

2. 교수계획의 모델

1) ISD 모델

교육공학과 교수공학의 개념을 잘 보면 한 가지 중요한 공통점을 발견할 수 있다. 그것은 문제의 분석, 해결 방안 발견, 실행, 평가 등으로 이어지는 과정을 가지고 있다는 것이다. 이 과정을 ISD(Instructional Systems Development, 교수 체제 개발) 일반모형이라고 부르며, 실제 이 과정은 분석, 설계, 개발, 실행, 평가의 다섯 단계로 구성된다. ISD 일반 모형은 종종 교수 설계 모형이라고 부르기도 하는 데, 실제 교수 체제 설계를 위해 쓰이는 가장 기본적인 모형으로, 요구에 입각하여 투입(input)의 최소화와 성과(output)의 최대화를 모색하는 절차적 모형이다. 이 절차는 교수와 관련된 인간 학습에 관한 지식들과 교수 활동을 사전에 계획하려는 시도에서 획득된 경험적 자료의 산물들에서 파생된 것이다. 이 기본 모형을 바탕으로 다양한 모형들이 개발되어 왔으며, 이러한 ISD 모형들은 다음과 같은 장점을 공통적으로 가지고 있다(김환건 외, 1999).

- ISD 모형은 대부분 지침과 준거, 그리고 절차를 포함하고 있어서 교수설계와 개발 과정에서 발생할 수 있는 수행상의 오류를 방지하도록 도와준다.
- 이 모형은 연구 결과와 학습이론에 기초를 두고 있어서 신뢰성이 있다.
- 전체 절차가 내적 일관성을 가지고 있어서 산출물이 전체적으로 균형을 가지게 되므로 구성 요소들 간에 불균형이 발생할 수 있는 구조적 오류를 최소화하여 준다.
- 설계과정에서 설계자들이 학습자에 대한 충분한 분석을 할 수 있기 때문에 이를 바탕으로 효율적이며 매력적인 교수 체제가 될 수 있다.

ISD 모델의 과정은 분석–설계–개발–실시–평가로 다음의 [그림 10-1]과 같다. 본 장에서는 ISD(교수체제 개발) 모델에서 분석 및 설계단계를 중심으로 제시하며 개발 단계는 11장(교수학습지도안 개발)에서 살펴본다.

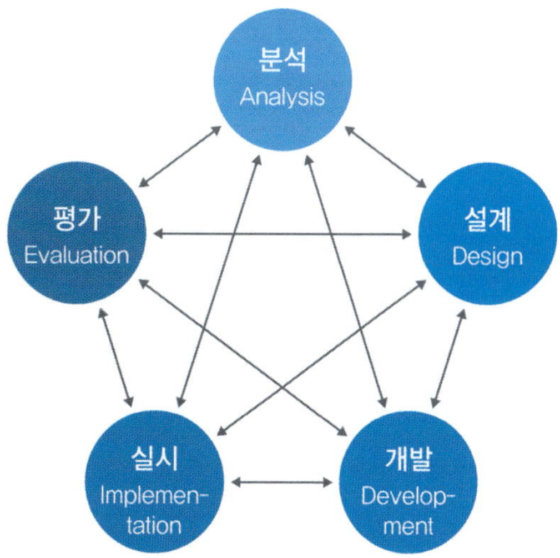

[그림 10-1] ISD 모델

2) 3P 분석

분석이란 강의에 영향을 미칠 수 있는 요소들을 생각해 보는 것이다.

교수자는 강의 전에 먼저 3P에 대한 분석이 필요하다.

즉, people(학습자), purpose(목적), place(장소)에 대한 분석을 하고 그에 적합한 강의 준비를 하여야 한다.

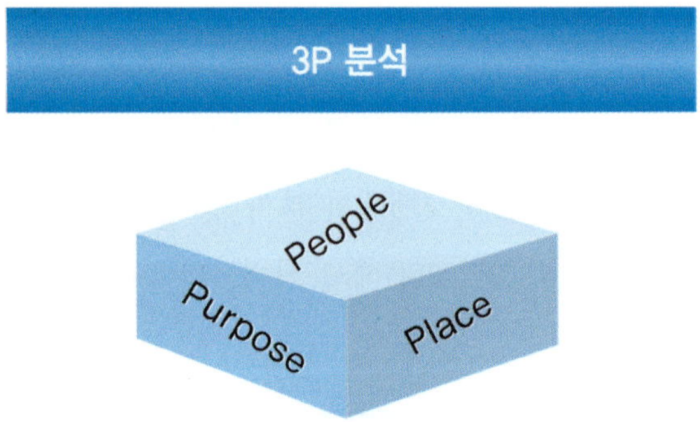

[그림 10-2] 3P 분석

(1) People(학습자) 분석

People 분석이란 이번 강의에 참가할 학습자들을 분석하여 눈높이를 맞추는 것이다. 최고의 눈높이 강사는, 어머니, 예수, 석가라고 하는데, 예를 들면 예수는 천국을 설명할 때 의사 출신인 누가, 어부 출신인 베드로, 세리출신인 마태에게 설명하는 것을 다 다르게 설명하였다. 즉, 학습자 분석을 하여 학습자의 눈높이에 맞추어서 설명을 하였다. 따라서 교수자도 강의를 하기 전에 학습자 분석을 하여 눈높이에 맞는 강의를 준비하여야 한다. 즉, 학습자의 수, 연령분포, 성별, 지식수준 등을 사전에 파악하고 분석결과에 따라 최적의 강의기법을 구사할 수 있도록 준비하여야 한다.

▶ 학습자 특성파악

학습자들의 특성을 파악함으로써 교수자는 학습목표 설정은 물론 교육의 수준을 정하고 각종 예문을 준비할 때 도움을 받을 수 있다.

- **일반적 특성파악:** 학습자의 수, 성별, 교육 정도, 나이 등의 정보, 일반적 학습심리에 대한 정보, 일반적 언어, 수리능력 및 지능에 대한 정보, 업무부서, 근속년수, 경험의 폭 등에 관한 정보
- **구체적 특성파악:** 가르치고자 하는 교수내용에 대한 지식 정도, 선수학습능력 정도, 학습동기의 수준 정도

(2) purpose 분석

▶ 왜 강의를 하는가? 학습자는 무슨 기대를 하고 있는가?

- 목적이 정해지지 않은 강의를 듣는 것은 학습자 입장에서는 목적지가 정해져 있지 않은 열차에 타고 있는 것과 같다. 학습자가 쾌적한 여행을 즐기게 하기 위해서는 우선 어디로 가는지 목적지를 확실히 정해 두어야 한다.
- 조직 차원에서의 교육 필요성과 학습자 개인의 니즈에 대한 사전 조사와 분석을 통해 학습자들이 알고자 하는 바와 학습자들이 얻게 되는 이익을 파악하도록 한다.

〈표 10-1〉 강의 유형별 목적 분석 체크리스트

구분	특성	강의 시 유의점
지식, 정보전달을 위한 강의	• 현재나 과거의 지식, 정보제공 • 업무처리 방법 제공 • 새로운 아이디어, 정보, 데이터, 사실 등을 전달하고 이해시킴	• "아차, 그걸 몰랐군, 그것 참 유익하군" 하고 생각하게 만들도록 준비 • 학습자가 알고자 하는 니즈를 파악하고 그 니즈를 만족시키도록 준비하고 강의 • 비주얼을 많이 사용하여 이해시킴 • 단순히 지식의 나열이 되지 않도록 지식을 잘 분류하여 서로 의미 있게 배열 • 주어진 시간에 비해 너무 많은 지식을 전달하지 않음 • 학습자가 이미 알고 있는 지식과 연관하여 설명 • 핵심포인트는 자주 반복
설득을 위한 강의	• 제안적, 권유적	• 가치관, 정책, 해결책 등을 제시하고 받아들이게 함 • 학습자의 이익에 대해 언급 • 논리적 설명과 감성적 호소가 적절히 균형되게 강의

(3) Place(장소) 분석

▶ 장소 분석을 철저히 한다.

어떤 장소에서 강의를 실시하는지를 사전에 충분히 분석하고 체크한다. 강의 장소에 따라서 교육보조자료 등이 달라질 수 있기 때문이다. 필요한 장소를 사전에 답사해 보고 현장 분석을 실시하는 것이 좋으나 거리가 멀거나 시간이 허락하지 않아 사전답사가 어려울 때에는 그곳 교육 담당자에게 사전에 전화로 강의 장소에 대해 상세히 문의하여 준비하도록 한다.

3) 요구분석

교수자는 학습자들의 Needs에 대한 사전 조사와 분석을 통해 학습자들이 알고자 하는 바, 관심사를 강의에 적극 반영하여야 좋은 강의가 될 수 있다.

강의의 요구분석에서는 첫째로 누구한테 요구분석을 할 것인가를 생각하여야 한다.

일반적으로는 학습자에게 요구분석을 수행하지만 경우에 따라서 조직에서 본다면 학습자의 상사일 수도 있고, 또는 아랫사람, 동료일 수도 있다.

둘째는 어떤 도구를 사용하여 요구분석을 할 것인가를 생각하여야 한다.

면접법으로 하든지 질문지법으로 하든지 관찰법으로 하든지 조사도구를 결정하여야 한다.

다음에는 어떤 순서를 밟아서 할 것인가를 결정하여야 한다. 본인에게는 면접으로 하고 상사에게는 설문지로 하는 등의 순서를 결정하여야 한다.

요구 조사의 결과가 나오면 그 다음 구체적으로 강의의 목표, 내용, 방법 등을 정하여야 한다.

3. 수업설계

집을 지을 때 설계를 잘 해야만 좋은 집을 지을 수 있듯이 강의에 있어서도 정말 멋지고 만족한 강의로 학습자들이 생각하도록 하기 위해서는 설계를 잘 해야만 한다. 강의의 설계에는 목표, 내용, 방법, 보조자료 개발, 평가 등을 들 수 있다.

분석이 끝나면 다음 단계로 강의에 대한 구체적인 목표를 세워야 한다.

1) 교수목표 설정

설계의 첫 단계는 교수목표를 설정하고 기술하는 것이다. 교수목표란 교육 후에 학습자가 알아야 할 지식, 기능, 태도, 행동 등을 말할 수 있는데 교수목표가 바로 세워지지 않으면 강의에 중심점이 없기 때문에 교수자·학습자 모두 혼란을 가져올 수 있다.

(1) 강의목표를 설정할 때 고려사항으로는 다음과 같다.

- 3P 분석 결과를 철저히 반영한다.
- 학습자의 관심사를 파악한다.
  - 학습자의 주요 관심사가 무엇인지를 파악하고 그것을 강의에 적극 반영한다.
- 주어진 강의시간(단시간, 장시간)에 따라 다르게 설계한다.
- 다른 강의와의 관계도 고려한다.
  - 내가 해야 할 강의 전후에 누가 어떤 주제로 강의하는지를 알아야 강의 흐름을 파악할 수 있다.
- 학습자 특유의 논리와 전달하고자 하는 메시지를 분명히 고려한다.

(2) 교수목표 기술 방법

목표란 교육 후에 학습자가 알아야 할 지식, 기능, 태도, 행동이기 때문에 교수자의 입장에서 기술하는 것이 아니라 학습자의 입장에서 기술되어야 한다. 예를 들면, 교수계획의 단계에 대해서 '설명한다'가 아니라 교수계획의 단계에 대해서 '말할 수 있다'로 하여야 한다. 즉, '설명한다'는 교수자의 입장에서 하는 것이고 '말할 수 있다'는 학습자의 입장에서 기술한 것이다. 또 교안의 구성요소에 대해서 '설명한다'가 아니라 교안의 구성요소에 대해서 '쓸 수 있다'는 것처럼 학습자의 입장에서 기술되어야 한다.

또한 목표는 막연하게 기술되는 것이 아니라 구체적으로 기술되어야 한다. 구체적으로 기술된다는 것은 행동 목표로서 목표안에 조건과 기준이 포함되고 행위 동사로서 기술되어야 한다는 것이다. 예로서, 식물에 대한 학습에서 '식물에 대해서 안다'로 목표를 기술해서는 안되고 자연도감을 보지 않고(조건) 암술과 수술의 차이점에 대해서 3가지 이상(기준) 설명할 수 있다(행위동사). 이렇게 교육 목표를 행동 목표로 기술하는 것은 목표의 역할이 평가의 기준이 되고 교육 목표 후에 열거되는 여러 가지 교육 행위에 대한 방향을 제시해 주기 때문이다. 교육성과란 교육 목표에 대한 달성도라고 이야기 할 수 있다.

또한 하나의 문장에는 하나의 행위동사로서 기술되어야 한다. 예로서, '개념을 일고 평생교육에 종류에 대해서 설명할 수 있고, 평생교육의 중요성에 대해서 알 수 있다'가 아니라, '하나, 평생교육의 개념에 대해서 설명할 수 있다. 둘, 평생교육의 종류에 대해서 말 할 수 있다. 셋, 평생교육의 중요성에 대해서 쓸 수 있다.'와 같이 이렇게 하나의 목표 문장에는 하나의 동사가 나와야 한다.

문장 구조	기술 or 이론 및 규준 or 장비	+	을 사용하여 or 을 활용하여 or 에 따라	+	구체적인 업무 or 능력	+	을 할 수 있다. or 을 담당할 수 있다.
예시	스프레드시트 프로그램		을 사용하여		금전출납부를 작성		할 수 있다.

[그림 10-3] 교수목표 기술 방법 예시

2) 내용 선정 및 배열

설계의 두 번째 단계는 교수내용을 선정하고 배열(조직)하는 것이다.

(1) 내용 선정 및 관련 자료의 수집

학습목표를 달성하기 위하여 교수자는 필요한 교수내용과 그와 관련된 예시문, 기타 자료를 수집하여 분석하여야 한다. 이를 위하여 교수자는 기존의 교재 및 각종 지침서, 참고도서를 참조할 수 있으며 아울러 각종 학술지, 잡지 및 전문서적들을 읽고 분석 정리하여야 한다. 또한 교수내용에 대하여 잘 알고 있는 현장의 전문가들로부터 자문을 얻는 것도 필요하다. 일단 내용과 관련된 자료가 수집되면 그 내용의 정확성과 최신성을 검토하면서 학습자의 요구와 학습목표에 맞는 최종 내용을 선정한다. 학습목표를 달성하기 위하여 내용을 선정하여야 하는데 내용 선정에 있어서는 먼저 목표를 달성하는 데 기여를 많이 할 수 있는 내용을 선정하여야 한다. 또한 그 내용이 학습자가 학습을 할 수 있는 내용이어야 한다. 여건이 허락한다면(시간과 경비 등) 그림에 있는 A, B, C 내용을 전부 다 할 수도 있지만 현실은 그렇지가 않다. 그래서 결국은 많은 내용 중에서 목표에 적합한 내용과 학습가능성이 있는 내용을 선정하여야 한다.

내용선정 기준

	합목표성	학습 가능성
A	9	4
B	6	3
C	7	8

[그림 10-4] 교수내용 선정

(2) 교수내용의 배열(조직)

교수내용의 배열이란 내용상의 특성 및 학습자의 특성에 따라 교수자가 가르쳐야 할 내용의 순서를 정하는 일이다. 강의에 있어서는 강의 내용을 선정하는 것도 중요하지만 선정한 내용을 어떤 식으로 배열하여 제시하는가도 중요하다. 일반적으로 쉬운 내용에서 어려운 내용 순으로, 역사적 사건의 경우 오래된 내용부터 최근 내용 순으로, 원론에서 각론의 순으로 한다. 학교에서도 가르칠 과목을 정하는 것도 중요하지만 그 정한 과목을 어떤 식으로 제시할 것인가, 즉 1학년 1학기에 들어갈 과목과 2학년 2학기에 들어가야 할 과목의 순서가 잘 배열되는 것도 중요하다.

3) 교수방법

교수방법의 종류는 다양하게 많으나 강의에 있어서 최고의 교수방법은 없다. 다만 최적의 교수방법만이 있을 수 있다.

최적의 영향을 미치는 것은 내용, 교수자, 학습자, 목적, 환경 등이 교수방법에 영향을 주는 요소들이다. 내용이 주로 지식을 전달하는 것이면 아직도 강의식 교육이 효과적일 수 있고 기능을 전달하는 것이면 시범실습식이 적합하다. 또한 태도의 변화를 요하는 내용이라면 토의식이 적합할 것이다.

그리고 학습자의 대상과 환경도 교수방법에 영향을 준다고 할 수 있다. 즉, 그 기관의 성격, 분위기도 영향을 준다는 이야기이다. 예로, 중공업처럼 업종이 중후 장대한 기업에서는 아기자기한 게임식 교육은 잘 맞지 않는다는 것이다.

4) 매체 및 보조자료 선정

교수방법이 정해지면 교수방법을 실행하기에 필요한 각종 교수 자료 및 매체들을 수집하거나 개발하여 강의 보조 자료로 이용을 한다. 교수현장에서 사용될 각종 자료들은 학습목표와 내용에 맞게 논리적으로 구성되고 학습자의 수준을 고려하여 흥미로우면서도 명확하고 구체적으로 개발되어야 한다.

교수법 선정에 있어서와 마찬가지로 매체를 선정할 때도 최고의 매체는 없고 다만 최적의 매체만이 있을 수 있다.

펜데믹 이후 고객들의 디지털 서비스 접근성이 크게 확대되었다. 디지털 접근은 MZ세대뿐만 아니라 중장년층의 활용 증가율이 높아지고 있다(서진영, 2022). 따라서 교수자는 매체나 보조자료 활용계획에서도 이에 대한 고려가 필요하다.

5) 평가계획

실제로 평가는 강의 후에 이루어지지만 평가계획은 설계단계에서 수립되어야 한다. 평가는 커크패트릭(Kirkpatrick)이 주장한 4단계 평가 방법을 사용하여 설명하고자 한다. 1단계 평가는 반응평가로 학습자의 교육에 대한 만족도를 조사하는 것이다. 교육에 대한 만족도가 높으면 강의효과가 있다고 보는 것이다. 2단계 평가는 학습평가로 의도하였던 지식, 기능, 태도가 얼마나 습득되었는지를 평가하는 것이다(학교에서 하는 평가는 일반적으로 학습평가라고 볼 수 있다). 3단계 평가는 행동평가로 학습하였던 내용대로 행동이 변화가 되었는지를 평가하는 것이다. 4단계 평가는 기여도 평가인데 학습 후 조직이나 기관에 얼마나 기여하는가 하는 것에 대한 평가를 밀한다. 즉, 평가는 준비단계인 설계에서 어느 단계까지 어떤 방법으로 평가할 것인가가 제시되어야 한다.

[연구문제]

1. 교수계획의 필요성에 대하여 토의하여 보세요.
2. 본인이 할 수 있는 강의 주제를 정해서 교수계획을 작성하여 보세요.

실전방법 교수계획 설계도

교수계획 설계도 양식

과 목 명(주제):

1. 교수목표
   가)
   나)
   다)

2. 내용, 방법, 매체 및 보조자료 선정

교 수 내 용		시간	교수방법	매체 보조자료	강사
	• •				
	• •				

3. 장소

4. 평가계획

Chapter 11 교수학습지도안 개발

개요

교수설계가 끝난 후에는 교수활동을 효과적으로 할 수 있도록 교수학습지도안 개발을 하여야 한다. 그러나 일부 교수자들은 교수학습지도안의 중요성을 실감하지 못하는 경우가 있다. 그동안의 경험으로 계획서를 잡아 하면 된다고 보아 학습지도안 없이도 강의를 진행하는 데 어려움이 없다고 생각한다. 그러나 교수자는 도입, 전개, 정리가 체계적으로 작성된 교수학습지도안이 있어야 효과적인 교수활동을 할 수 있다. 따라서 이 장에서는 교육활동이 실제로 전개되기 이전에 요구되는 교수학습지도안 작성방법을 구체적으로 살펴보고자 한다.

학습목표

1. 교수학습지도안의 의의에 대하여 설명할 수 있다.
2. 교수학습지도안의 구성요소를 설명할 수 있다.
3. 교수계획에 적합한 교수학습지도안을 작성할 수 있다.

1. 교수학습지도안 의의

1) 교안[1)]의 필요성

좋은 집을 짓기 위해서 잘 짜여진 설계도가 필요한 것과 같이 교안은 좋은 강의를 위해서 꼭 필요하다. 그리고 사회변화에 따라 학습자가 변하고 있고, 이들의 학습에 대한 요구 또한 달라지고 있다. 낡은 교안으로 이 같은 변화를 따라간다는 것은 불가능하다.

이에 본 장에서는 교안의 중요성과 작성방법을 살펴본다.

2) 교안 작성법

판사가 판결문을 가지고 판결하듯이 교수자는 교안을 가지고 학습을 지도한다.

(1) 교안의 의의와 유의점

① 교안의 의의

교수자와 학습자 간 학습활동의 기반이 되는 학습지도안으로 교수활동의 단계 및 내용을 자세히 기록하여 놓은 것이다. 교수자는 교안을 작성함으로써 학습내용을 빠짐없이 교수할 수 있고 교수활동의 일관성을 유지할 수 있다.

1) 교수학습지도안을 본 장에서는 '교안'으로 명칭하여 기술한다.

② 교안작성의 유의

▶ 구체성

교안은 구체적으로 작성되어야 한다. 아무리 암기력이 뛰어난 사람이라 할지라도 교수할 내용이라면 다 교안 속에 기록하여야 한다. 사소한 내용이라든지, 몇 번씩이나 사용한 적이 있어 충분히 기억하고 있는, 예를 들어 사용할 이야기들까지 귀찮게 교안에 적을 필요가 있는가 하고 말하는 교수자도 있지만, 일단 그 시간에 강의할 내용이라면 모조리 사전 기입함으로써 충실하고 여유 있는 강의를 할 수 있다.

▶ 명확성

교안은 명확하게 볼 수 있도록 깨끗하여야 한다. 교수자 자신이 교수활동 중 교안을 쉽게 보고 식별할 수 있도록 글씨를 또박또박 크게 기록 작성하여야 한다.

▶ 실용성

교안은 교수활동에 실질적으로 사용될 수 있도록 작성되어야 한다. 학습내용의 배열이 교수활동을 효과적으로 수행하도록 이루어져야 하며 교안 내에 포함되어 있는 내용은 교수활동에서 모두 전달되는 것을 전제로 하기 때문에 교수활동 실시 순서대로 작성하여야 한다.

▶ 평이성

교안은 쉽게 작성되어야 한다. 학습자의 수준을 고려하여 모호한 언어의 사용을 피해야 하며, 이해하기 어려운 용어나 내용을 기록함으로써 교수자 자신이 학습 진행 중 당황하는 모습을 보인다면 학습자들부터 신뢰성을 상실하는 일이 될 수 있다.

▶ 논리성

교안은 이론적이고 체계적으로 작성되어야 한다. 교안의 내용서술은 곧 강의와 마찬가지다. 그러므로 객관적이고 보편타당성이 있어야 하며 체계적이어야 한다.

(2) 교안 작성 시 유의사항

강의식 교수법은 준비하기에 가장 용이한 방법이다. 그러나 교수자가 막상 사용하기에는 곤란한 점이 많다는 것을 곧 느끼게 된다. 교수자가 학습자들에 대해 학습 목적과 학습 성과를 설정하고 난 후에 다음과 같은 사항을 점검해 보아야 한다.

- 소기의 학습성과는 관련되는 자료에 의하여 충분히 지원되고 있는가?
  보조적 자료는 흥미를 자극하고 학습 분위기를 계속 유지하며 보조의 변화를 허락하고 다양성을 제공할 만큼 충분한가를 점검한다. 또한 '보조적 자료는 급속한 논리적 판단, 감정적 호소 등을 내포하고 있는가? 더 나아가서 한 개의 논점에 대한 지원은 자연적으로 학습자에게 제시될 다음의 구상과 적합성 및 융통성이 있는가'를 검토해 보아야 한다.
- 교안에 포함된 학습지도는 학습자로 하여금 소기의 학습성과를 성취하도록 돕기 위하여 의의 있는 활동을 기약하는가?
  삼단식 학습지도는, 만일 교수자가 단순히 학습자들에「청취하고 기록을 한다」라고만 표기한다면, 분석에 대해서는 언급치 못한 것이다. 학습자들이란 교육의 학습성과를 성취하기 위하여 학습자가 수행해야 할 활동사항을 구체적으로 기술해야 하는 것이다.
- 개개의 소기 학습성과에 대한 지원은 학습 수준에 적합한가?
  즉, '학과목 내용은 지식수준에 관련된 학습자가 이해하기 쉽도록 상세히 기록되어 있는가? 방법과 이유는 학습자가 이해하기 쉽도록 적당히 전개되었는가?

개개의 학습 성과를 위한 지원의 밀도는 소기의 학습 수준에 적합한가?' 등을 점검해야 한다.

- 서론은 학습 환경을 위하여 준비되었는가?
- 학습내용을 습득하는 충분한 이유를 학습자들에게 제공하는가?
- 학습의 전체를 인식하는 데 사용될 조직 체계를 논리적이고 명백하게 제시하였는가?
- 계획은 학습자로 하여금 제반 사항 및 구상을 개념으로 구체적으로 인식하도록 모든 기회를 이용하는가?

  '시청각 보조자료는 잘 준비가 되었는가? 또한 학습목적 달성에 기여할 수 있는 것인가? 더 나아가서 중요한 관념을 명시하기 위하여 색채는 사용하였는가? 그리고 간단한가?' 등을 점검하고 유의하여야 한다.
- 학습시킬 준비는 충분한가?

  교수자는 성공적인 요점식 강의방법에 의한 학습을 시행할 만큼 충분히 학습 조직체를 알고 있는가 등을 유의해야 한다.

  교수자가 자기의 교안을 강의 전에 준비함에 있어서 이러한 문제들을 기준으로 충분히 검토한다면 그 교수자는 강의에 전체적인 효과를 향상시킬 수 있을 것이다. 우수한 강의를 할 수 있게 되려면 건전한 계획에 의거하여 학습 목적을 효과적으로 달성할 수 있도록 꾸준한 노력이 필요하다.

2. 교수학습지도안의 구성요소

교안은 [그림 11-1]과 같이 도입, 전개, 종결 3단계로 구성된다.

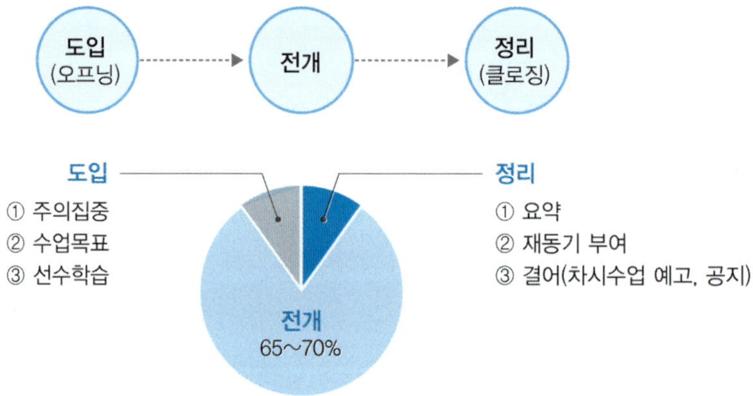

[그림 11-1] 교안의 구성요소

1) 도입

도입단계는 학습자와 교수자 간에 공통된 기반을 형성하는 단계이다. 첫 단계는 학습자로 하여금 학습에, 주의를 집중시키는 주의집중 단계(Attention Step)와 문제를 해결하고 배워야겠다는 학습활동 동기를 일으키는 동기부여단계(Motivation)가 있으며 수업의 내용을 제시해 주는 학습개요(Overview)의 단계가 있다. 도입단계의 시간은 총 학습시간의 약 5~10%를 점유한다.

주의집중을 위해서 교수자는 먼저 선수학습을 소개함으로써 학습자들의 주의집중을 요할 수 있다. TV드라마에서 보면 지난 시간에 방송하였던 것을 잠시 다시 보여 줌으로써 시청자들에게 그 드라마에 대한 관심을 더 유발시키는 것을 볼 수 있다.

도입에서 두 번째 단계는 동기부여이다. 이 강의를 왜 열심히 들어야만 하는가 하는 이유를 설명하는 단계이다. 동기부여에는 이 강의를 듣지 않으면 상대적으로 불이익을 받을 수 있는 벌이나 또는 강의를 잘 들음으로 유익을 받을 수 있는 상 그리고 희망을 들 수 있는데, 가장 좋은 동기부여는 희망과 비전을 제시하는 것이다. 예를 들어, 문화센터에 컴퓨터를 배우러 온 학습자들에게 컴퓨터를 배우면 그냥 좋다가 아니라, 즉 '컴퓨터로 쇼핑도 할 수 있고 아는 사람에게 전화가 아닌 이메일로도 안부를 전해 주고 받을 수 있다'는 것을 알게 하면 학습자들은 아마 열심히 할 것이다. 이렇듯 도입부분에서는 동기 부여를 확실히 해 주어야 한다.

단계	시간(분)	학습활동 교수자 활동		학습자 활동	교육방법(기타)
도입	2분	주의집중	• 다양한 CAD 프로그램의 결과물을 학생들에게 보여 주며, 과정을 이수하면 이러한 도면을 그릴 수 있다는 자신감을 심어 준다.		강의
	4분	목표제시	• 세부수업목표를 제시하고 간단히 설명한다. 1. CAD의 개념과 종류에 따른 용도를 설명할 수 있다. 2. CAD 작업환경에 맞는 사용자 기본설정 항목과 제도 항목을 설명할 수 있다. 3. 선의 종류에 따라 도면층 설정의 개념을 설명할 수 있다. 4. 기하공차의 개념과 기호의 표기법을 설명할 수 있다.	• 세부수업목표를 함께 읽는다.	강의
	3분	선수학습	• 각종 도면의 예시를 학생들에게 보여 주며, 도면에 대해 간단히 설명한다.		강의

2) 전개

전개단계는 도입단계에서 제시된 학습개요의 순서에 따라 주제를 구체적으로 설명하고 입증하며 규명하는 단계이다. 전개의 원칙은

- 내용조직이 논리적으로 체계화되어 설명할 수 있어야 하는데 쉬운 것으로부터 어려운 것으로 진입하여야 한다.
- 부차적인 점을 강조해서 중요점을 희석시키지 말아야 한다.
- 주제의 연결단계가 매끄러워야 한다.
- 중간 동기부여를 반드시 계획하여야 한다.
- 전개단계 마지막에 질의 응답시간을 마련하여 학습자의 의문을 해소시켜 주어야 하며 또한 교수자가 질문을 하여 학습자의 이해도를 측정할 수도 있다. 전개단계는 시간상으로 총 학습시간의 약 80~85%를 점유한다.

인간의 집중시간은 (성인 기준) 15분이다.

그러므로 학습을 하는 데 있어서도 15분 이내에 교수자는 변화를 주어야 한다. 판서를 한다든지 매체를 활용한다든지 유모어를 한다든지, 바디랭귀지를 통해서든지 변화를 주어야만 학습자들은 그 강의에 대하여 집중을 한다. 드라마도 단막으로만 한다면 시청자들은 지루할 수 있다. 그래서 단막극에서 다막극으로 하는 것처럼 강의를 진행하는 데 있어서도 변화가 필요하다.

교수자가 아무리 강의 준비를 열심히 하였더라도 학습자들이 강의 내용에 주의력을 모으지 않으면 의미가 없다. 주의력에 대한 연구를 살펴보면 '주의력은 보다 더 큰 관심을 끄는 대상에게 간다'는 것이다. 주의력의 용량에는 한계가 있어 학습자들은 더 큰 주의집중의 자극이 있다면 강의를 듣다가 그곳으로 주의집중의 대상을 바꾼다. 핸

드폰을 한다든지 옆 사람과 이야기를 하는 것이나 조는 것이 더 흥미롭다면 주의력은 저절로 그쪽으로 쏠리게 된다. 그러므로 교수자는 다양한 전개방법을 통하여 주의집중을 시켜야만 한다. 매체의 활용이나 유모어, 바디랭귀지 등으로 다양하게 강의를 진행하여야만 학습자들의 주의력을 집중시킬 수 있다. 또한 교수자의 행동을 통하여 주의집중을 할 수 있다.

전개단계는 총 학습시간의 약 80%~85%를 차지한다.

3) 종결

교안의 내용구성을 맺게 되는 것이 종결단계이다. 종결단계는 총 학습시간의 약 10%를 점유한다.

종결단계는 지식을 종합하는 단계이다. 따라서 전개단계에서 설명하고 검증한 사실들을 요약하는 단계이며 다시 동기 부여를 하고 결어로서 마치는 단계이다. 강의의 마지막 단계인 결론 단계에서는 먼저 내용의 요약을 하여야 한다. 전개단계에서 설명된 많은 내용 중 특히 강조할 만한 내용만 간추려서 강조하면 된다. 이때 주의할 것은 전개단계에서 언급되지 않은 새로운 사실을 유발해서는 안 된다는 것이다. 새로운 내용을 언급하면 학습자들의 혼란만 가중시킨다.

요약을 하였으면 다음은 재동기부여 단계(Remotivation)이다.

여기서는 학습한 내용이 과연 중요한 것이고 필요한 것이었다는 점을 깨닫게 하여 학습 내용의 기억을 돕고 다음 과목과의 관련성을 이해하게 하는 것이다. 재동기 부여에서는 동기를 부여할 수 있는 사례가 있다면 사례를 들어 주는 것도 효과적인 방법이다.

종결의 마지막 단계는 결어이다.

결어에서 중요한 것은 시간을 질질 끌지 않는 것이다. 결어에서 무엇보다 중요한 것은 깔끔하게 끝맺음을 하는 것이다.

- **도입:** ㉮ 주의단계(Attention)
  ㉯ 동기부여(Motivation): 긍정적 동기부여, 부정적 동기부여
  ㉰ 선수학습 회상
- **전개:** 본론
- **종결:** ㉮ 복습
  ㉯ 재동기부여
  ㉰ 종결

3. 교수학습지도안 유형

교안은 정해진 형식이 없다. 실제 사용되고 있는 것을 보면 간단히 메모한 것에서부터 종이에 자세히 쓴 것, 카드를 이용한 것 등 형식은 여러 가지이다.

어떤 것이라도 그것을 사용할 사람이 활용하기 쉬워야 하는 것이 무엇보다 중요하다. 교수방법에 따라 비교적 활용하기 쉬운 적합한 형태의 교안을 소개한다.

1) 교안의 종류

(1) 백지식 교안

교육지도 내용

- 문제해결에 적합하다.
- 문제와 조건을 주어 질문과 답변을 교육생들이 하게 하고 교수자는 자문에 응하기만 한다.
- 구체적인 문제진술과 사실제기의 방법이 고도화되어 있어야 하며 학습자들의 수준이 상당한 정도라야 한다.

(2) 이란식 교안

강의내용	보조재료 사용계획
(서론) • 주의집중: ________ • 동기부여: ________	• 주제를 판서한다.

- 강연식 교안에 적합하다.
- 교육 정도가 이해를 목적으로 하고 짧은 시간에 많은 내용을 전달하려는 경우에 적합하다.
- 기능, 태도, 감상 등의 내용에 대한 주제에는 적합치 않다.

(3) 삼란식 교안

강사의 활동	강 의 내 용	참 고 사 항
• 도표를 보여 준다.	도입(5') 1. 주의집중 ____________ ____________	• 관련된 도표의 출처

- 유도토론식에 적합하다.
- 예상결론이 있거나 문제해결을 교육생이 하고 질문은 교수자가 하는 방법으로, 교수자도 토론에 참가하여 교육진행을 할 때 적합하다.
- 각 질문에 대해 예상되는 답변을 사전에 예측하고 그에 대한 질문은 교육효과를 거두기 위한 방향으로 유도해야 하므로 철저한 준비가 필요하다.

※ 교안의 구성(예)

주차	
학습주제	• 성공한 직장인 DNA 살펴보기
학습목표	• 성공한 직장인 DNA를 이해하여 직장생활에 도움을 제공받을 수 있다.
학습내용	• 바람직한 직장인 • 직업 가치관 • 배울 점 찾기
준비사항	• 동영상, PPT, 참고도서

교수 · 학습 과정				
단계	수업 진행 내용	교수자	학습자	교육방법 (기타)
도입	• 지난주 수업내용 리뷰 • 오늘 학습내용에 대한 소개 및 동기 부여	• 학습목표와 내용 소개		
전개	1. 긍정적이고 예의 바른 사람 2. 믿음직하며 노력하는 사람 3. 주인의식을 가지고 있고, 목표가 있는 사람 4. 조직에 융화될 줄 알고, 용기 있는 사람 5. 비전을 명확히 이해하고, 자신의 가치를 제대로 표현할 수 있는 사람	• 바람직한 직장인 상(像)에 대한 설명	• 적극적인 Q&A로 궁금증 해소하고 좋은 멘토 관계 형성하기	• 강의법 • 토의법
종결 (마무리)	• 학습내용 정리 • 성찰하기: 이 수업을 통해서 새롭게 배운 것, 느낀 것, 다음 수업과 다른 상황에 적용할 계획에 대해 생각하고 공유하기	• 공 던지며 Closing 진행	• 공을 받은 사람이 그날의 수업내용 중 가장 기억에 남는 것, 새롭게 알게 된 것에 대해 발표	
후속 학습	• 다음 수업 및 준비사항에 대한 간단한 안내			
기타				

[연구문제]

1. 교수학습지도안의 중요성에 대하여 논의해 보세요.
2. 주제를 정하여 양식에 따라 교수학습지도안을 작성하여 보세요.

실전방법 교수학습지도안 작성

<table>
<tr><th colspan="5">주차</th></tr>
<tr><td>학습주제</td><td colspan="4">•</td></tr>
<tr><td>학습목표</td><td colspan="4">•</td></tr>
<tr><td>학습내용</td><td colspan="4">•</td></tr>
<tr><td>준비사항</td><td colspan="4">•</td></tr>
<tr><th colspan="5">교수 · 학습 과정</th></tr>
<tr><td>단계</td><td>수업 진행 내용</td><td>교수자</td><td>학습자</td><td>교육방법
(기타)</td></tr>
<tr><td>도입</td><td></td><td></td><td></td><td rowspan="3"></td></tr>
<tr><td>전개</td><td></td><td></td><td></td></tr>
<tr><td>종결</td><td></td><td></td><td></td></tr>
<tr><td>후속
학습</td><td colspan="4"></td></tr>
<tr><td>기타</td><td colspan="4"></td></tr>
</table>

12 Chapter 평생교육 교수전략

개요

교수자는 강의 만족도와 성과를 제고하기 위해서 다양한 교수전략이 필요하다. 먼저 학습자의 마음을 열어야 하는 오프닝과 강의의 마무리를 위한 클로징이 중요하다. 또한 교수자는 평생교육 내용을 전달하는 데 있어서 다양한 교수활동을 통해 학습자와 상호작용 촉진과 강의에 집중시킬 수 있는 강의기법 구현이 중요하다. 이렇듯 교수자의 교수전략에 따라 평생교육 현장에서 교육내용의 만족도와 성과는 자연스럽게 향상시킬 수 있다. 따라서 이 장에서는 강의 오프닝과 클로징, 주의집중 스킬 등 다양한 교수전략을 살펴보고자 한다.

학습목표

1. 오프닝 중요성과 사례를 들 수 있다.
2. 클로징의 중요성과 사례를 들 수 있다.
3. 강의기법을 활용하여 효과적인 프레젠테이션을 할 수 있다.

1. 오프닝 스킬(Opening Skills)

아이스 브레이킹(Ice Breaking)이란 말 그대로 하면 '얼음을 깨뜨리는 것'이다. 즉, 강의가 처음 시작될 때 학습자의 긴장과 불안을 경감시키고 처음 만나면 서로 서먹서먹하고 어색하기 때문에 이 서먹함과 어색함을 해소하기 위해 실시하는 기법이다. 아이스 브레이킹을 통해서 학습자 상호 간의 친밀감을 도모하고 닫혀 있던 마음의 문을 열도록 해 주는 것을 먼저 한 후 강의를 시작하는 것이 좋다.

처음 만나면 서로 어색하기 때문에 충분한 마음 열기 후 시작하면 학습자들은 교육에 더 주의집중할 수 있다. 여기에서는 오프닝 스킬의 몇 가지 사례를 살펴보고자 한다.

1) 네트워크 촉진

(1) 바꾸어 소개하기(다이오드 소개법)

사람들은 앞에 나와서 자신을 소개하라고 하면 많이 어색해 하는데 바꾸어서 상대를 소개하도록 하면 친밀감도 촉진되고 스스로 소개할 때보다 웃음이 많이 나와 교육장의 분위기가 밝아지므로 친밀 분위기 조성에 매우 효과적이다.

바꾸어 소개하기 기법

- 1열 원형으로 둘러앉는다.
- 둘씩 짝을 지어 먼저 자기를 소개한다. 소개 후 상대에 대해 알고 싶은 점을 인터뷰하면서 서로의 정보를 수집한다.
- 두 사람이 서로의 정보 탐색이 끝난 후 전체에게 소개받은 상대를 소개한다.

인터뷰 사례

- 두 사람이 가위 · 바위 · 보를 통해 이긴 사람이 먼저 인터뷰를 시작한다.
- 한 사람의 인터뷰가 끝나면 서로 바꾸어 인터뷰를 완성! 문항은 자유롭게 만들 수 있다.

  예를 들어

  1. 이름은 무엇입니까?
  2. 현재 살고 있는 곳은 어디입니까?
  3. 가족에 대해 설명한다면?
  4. 지금까지의 여행 중에서 가장 기억에 남는 여행은?

인터뷰한 내용을 가지고 자신의 파트너를 소개하는 시간을 갖는다. 본인이 직접 자신을 소개할 때보다 소개의 내용이 훨씬 풍성해지며, 서로 간의 친밀이 깊어지는 좋은 효과를 볼 수 있는 기법이다.

| Tip 전체를 향하여 소개할 때는 소개받는 사람은 일어나고 소개하는 사람은 앉는다. 이는 두 사람이 모두 일어나는 경우 소개받는 사람보다 소개하고 있는 사람, 즉 말하고 있는 사람에게 시선이 집중되기 때문이다.

(2) 누구인지 찾아내기

먼저 정보를 던지고 누구인지 찾아내게 하는 방법이다.

예를 들어

- 외동딸이나 외동아들인 사람
- 마라톤 경주에 나가 본 사람
- 고등학교 때 합창단 했던 사람
- 연인이 있는 사람
- 과거에 스키 선수로 출전해 본 사람

| Tip 누구인지 찾아내기 기법의 질문은 만들기에 따라 다양한 층의 학습자들이 가볍게 참여할 수 있는 마음 열기 방법이다.

(3) 핑거PR

처음 만나는 학습자들에게 자신을 소개하는 방법으로, 다섯 개의 포스트잇에 각각 자신을 나타내는 단어를 하나씩 써서 손가락에 붙이고 하나씩 뜯으며 자신을 소개한다. 이 방법은 적극적으로 자신을 표현할 수 있게 해 준다(이복희 외, 2019).

2) 블랭크 퀴즈 및 초성 맞추기

오프닝은 전달할 내용과 관련성이 있게 하는 것이 중요하다. 교육 주제와 관련된 간단한 블랭크 퀴즈로 주제에 집중할 수 있게 만들어 주는 방법도 있다.

(1) 블랭크

인사는 그 사람의 [　　　　　] 을 나타낸다.

문장을 가리키며 네모 안에 들어갈 내용은 무엇인가요? 질문한다.

오늘의 주제와 자연스럽게 연결할 수 있도록 유도한다. 간혹 엉뚱하고 재밌는 단어가 나오기도 하는데 그때마다 학습자들은 즐거워하며 편안한 분위기가 조성된다. 준비된 몇 가지 답이 나오면 교육 중에 함께 읽도록 하고 준비한 사례들로 자연스럽게 주제로 들어간다.

(2) 초성 맞추기

오늘의 주제 또는 주제와 관련된 키워드를 초성으로 제시하고 맞추게 한다.

처음에는 주제와 관련 없는 것에서 시작하다가 수업과 관련된 것으로 바꾸어도 흥미롭다. 많이 맞춘 개인 또는 팀에게는 박수 또는 작은 상품을 준비해 준다.

예) ㅇㅎㅅㅁㄱㅌㅇ

정답: 월화수목금토일

ㅍ ㅅ ㄱ ㅇ ㅂ ㅂ

3) 오프닝 사례(영상 보여 주기)

- 강의 주제와 관련된 유튜브 영상을 보여 준다.
- 강사의 전문성을 드러낼 수 있는 포트폴리오 영상을 보여 준다.
- 영상을 보여 주는 시간은 3분 이상 넘지 않도록 한다. 3분 이상일 경우 멈추었다가 영상과 관련된 주제를 제시하고 다시 영상을 보여 준다.
- 저작권에 유의하여 영상을 제시한다.

4) 사회적 이슈

사회적 이슈 또는 교육 방향과 적합한 이슈를 영상 또는 이미지, 도표로 제시한다.

2. 클로우징 스킬(Closing Skills)

클로우징(Closing)은 교육이 끝난 후 오늘의 교육을 평가할 때 가장 오랫동안 기억나는 부분이다. 따라서 클로우징을 기획할 때는 보다 특별한 구성과 세심한 주의가 필요하다. 스티브 잡스(Steve Jobs)가 키노트 프레젠테이션마다 즐겨 사용해서 이제는 그의 트레이드마크가 되다시피 한 'One More Thing'이란 세션도 역시 마지막에 등장한다. 그날 프레젠테이션의 가장 핵심이 되는 내용을 마지막까지 아껴 두었다가 펼쳐놓은 'Save the best for last' 기법이 바로 이것이다. 유능한 교수자는 효과적으로 교육을 종료하고 다음의 내용이나 주제와 연결시킬 것인지 계획을 세운다.

1) 오늘의 키 러닝(key learning) 찾기

① 주어진 글자판에서 배운 내용 중 생각나는 단어를 무엇이든지 찾아내게 한다. 교육 종료 시 파워포인트 슬라이드에 띄우고 찾게 하거나 미리 인쇄물로 준비해서 둘씩 짝을 지어 같이 찾아내게 해도 좋다.

② 다섯 개 이상 찾은 사람 손들기를 시작으로 가장 많이 찾은 사람을 찾아낸다.

③ 찾은 단어를 낭독하게 하고 다 같이 박수를 쳐 준다.

④ 교수자는 찾은 단어를 중심으로 교육 내용을 정리하며 마무리해 준다.

2) 마인드맵(Mind Map)

마인드맵(Mind Map)은 Mind(생각), Map(지도) = '생각에 대한 지도'라는 의미로 토니 부잔(Tony Buzan)에 의해 창시되었다. 즉, 중심 사상 또는 핵심어를 방사형으로 그려 나가며 설명하는 방식으로 마인드맵은 몇 개의 기본 규칙을 활용하여 내가 만들어 가는 '나만의 생각지도'이다.

▶ 기법

- 중심 생각에서 시작하라.
- 자유롭게 흘러나가게 하라.
- 핵심단어만 사용하라.
- 이미지를 활용하면 효과적
- 연결할 수 있는 것들을 자유롭게 연결

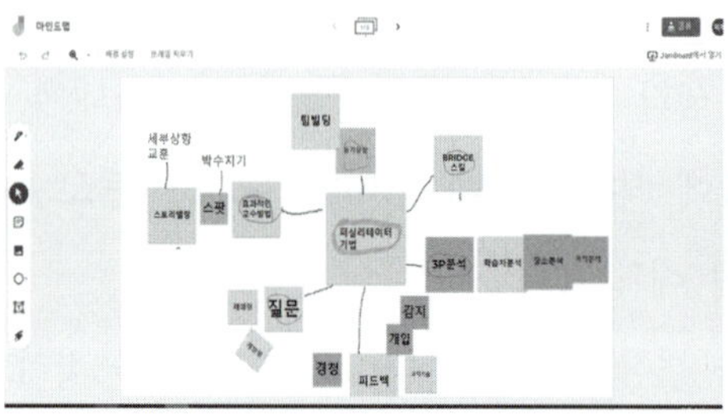

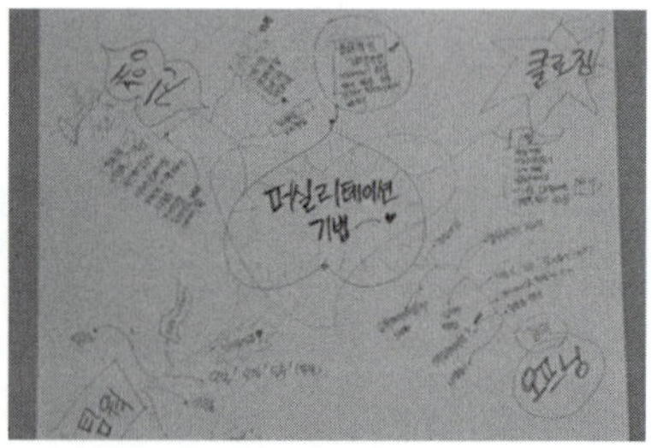

3) 성찰을 통한 정리기법

① 포스트잇을 사용해 각자가 배운 점, 느낀 점, 실천할 점을 3가지씩 작성한다.

② 작성된 포스트잇을 모조전지에 붙인다.

③ 모조전지의 포스트잇을 발표하게 하여 배운 점, 느낀 점, 실천할 점에 대한 공유의 시간을 갖는다.

| Tip 인원이 많으면 팀별로 모조전지에 붙이게 하고, 인원이 적을 때는 전체 인원을 참여하게 한다.

4) ERRC 방식(Eliminate/Raise/Reduce/Creation)

- **Eliminate(제거):** 가치혁신 관점에서 제거해야 할 것
- **Raise(증대):** 보다 향상시켜야 할 것
- **Reduce(감소):** 좀 줄이고 자제해야 할 것
- **Creation(창조):** 새롭게 창조해야 할 것

① 포스트잇을 사용해 각자가 제거할 점, 증대시킬 점, 감소시킬 점, 창조적 아이디어를 3가지씩 적는다.

② 작성된 포스트잇을 모조전지에 붙인다.

③ 모조전지의 포스트잇을 발표하게 하여 제거할 점, 증대시킬 점, 감소시킬 점, 창조적 아이디어에 대하여 공유의 시간을 갖는다.

5) 윈도우 패닝

스탠포드대학교 로버트 혼(Robert Horn) 교수에 따르면 기억된 정보는 시간이 지나면 15% 정도만 기억에 남게 되지만 이미지와 함께 기억된 정보는 89%가 남는다고 연구 결과를 발표했다.

① 윈도우 패닝기법은 A4를 9등분 또는 6등분하여 이미지와 글로 배운 내용을 정리하는 클로우징 기법이다.

② 학습을 통해 기억나는 이미지를 그려 보고 간단한 키워드로 표현하기 때문에 능동적 참여가 가능하다.

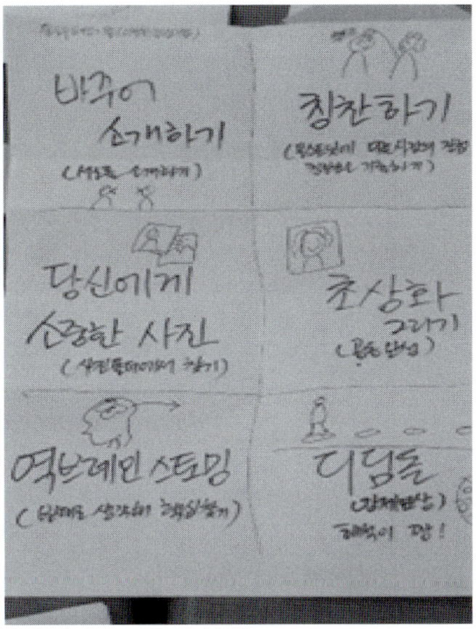

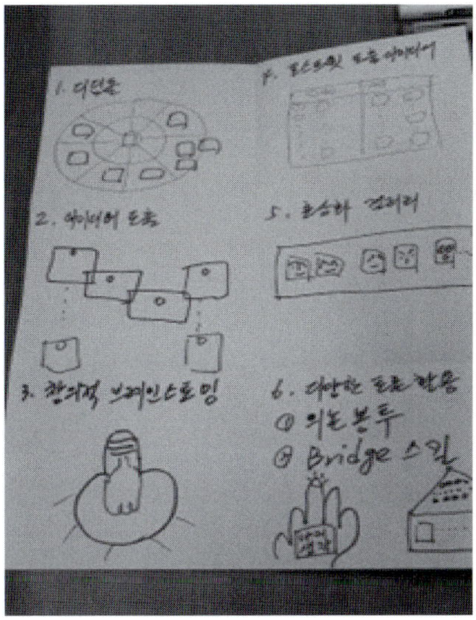

6) 스탠드아웃(Stand Out)

자신의 가장 중요한 가치를 발표함으로써 자기선언의 기회를 가지는 종료기법이다.

① 가치선언

발표자가 일어나 자신의 삶의 가치에 대해서 이야기하면(자기 선언), 다른 학습자들은 발을 구르고, 박수침으로써 열정과 분위기 업을 만들어 주도록 한다. 이때 좌우에서 칭찬과 격려의 이야기를 해 주는 것도 효과적이다.

② I am~

나는 어떤 사람이다. 자신의 장점, 단점을 발표하면 옆에 사람이 역설적으로 단점이 장점이 되도록 피드백해 주는 것이다. 그리고 이러한 피드백을 통해서 새롭게 자기 선언을 할 수 있도록 도와준다.

③ I Can~

무엇을 할 수 있다. 자신이 가진 특기를 앞사람에게 발표하는 것이다. 학습자 중에 용기 있는 자는 특기를 직접 시연하는 경우도 있다. 분위기를 고조시키고 친밀을 형성하는 데 좋은 계기가 되기도 한다. 또한 자신의 특기를 발표함으로써 다른 사람은 가지지 않은 장점을 스스로 확인하며 자긍심을 갖게 되기도 한다.

④ I Will~

나는 ______ 뒤 무엇을 하고 있을 거야. 자신의 결심이나 의지 비전을 발표한다. 학습자들이 중학생이라면 난 30살에 ______ 을 하고 있을 거야! 결단을 발표하게 해도 좋다. 자신의 미래를 생각해 보는 좋은 기회가 될 것이다.

두 줄로 서서 자기 앞사람에게 자신을 선언하는 작업을 계속 반복한다.

초기에는 I am, 중간은 I Can, 정리는 I Will로 선언하도록 한다.

I am~	I Can~	I Will~

7) 공 던지며 클로우징

오늘의 키 러닝(Key learning)에 대해 공 던지기를 이용하며 할 수 있다.

① 교수자가 먼저 한 사람에게 공을 던진다.

② 공을 받은 사람은 오늘 교육한 키러닝(Key learning)이나 생각나는 것이 무엇인지 하나씩 말한다.

③ 다음으로 던지고 싶은 사람에게 공을 던진다.

공을 던질 때는 한 번도 공을 받지 않은 사람을 상대로 던져야 한다.

3. 주의집중 스킬(Attending Skills)

주의집중이란 교수자가 학습자에게 관심을 기울이고 있다는 것을 그들에게 신체적으로 표현하는 것을 의미한다. 학습자에게 그들을 한 사람, 한 사람 개성이 있는 인격체로 간주한다는 것을 알려 줌으로써 학습자와의 친밀한 유대감을 형성할 수 있는 것이 주의집중 기술의 특징이다.

다음에서 소개하는 다양한 주의집중 스킬을 통해 학습자들에게 교육에 대한 동기부여와 학습에 대한 기대감을 이끌어 낼 수 있다.

또한 교수자는 주의집중 스킬을 통해 학습자로부터 많은 정보를 얻을 수 있다. 즉, 교수자가 서 있는 위치에서 학습자의 행동을 관찰함으로써 교수활동 결과를 측정하는 데 중요한 단서를 제공하는 정보를 얻을 수 있다. 또한, 학습자와 대화를 통해 그들과의 친밀한 상호작용을 촉진시킬 수 있다.

〈표 12-1〉 학습자의 주의를 집중시키는 방법

바람직한 행동	바람직하지 않은 행동
• 모든 학습자와 얼굴을 볼 수 있는 자세와 위치 • 학습자들과 계속적인 눈맞춤 • 학습자를 향한 움직임(걸음) • 웃는 얼굴 • 긍정적 의미로 고개를 끄덕이는 행동 • 실습이 진행되는 동안 학습자들의 진행 상황을 알기 위한 강의실 순회 • 자연스러운 표정을 가지고 학습자와 대화	• 학습자에게 등을 보이는 행동 • 특정 개인만 주시하는 행동 • 눈 맞추는 것을 피하거나 너무 자주 혹은 너무 빠르게 학습자들을 훑어보는 행동 • 학습자와의 거리가 너무 먼 경우 • 종이를 이리저리 뒤적이거나 학습자와 이야기를 나누고 있는 도중 시계나 다른 쪽으로 시선을 두는 경우 • 목소리가 너무 작은 경우

▶ 스팟은 언제 활용하나?

• 갑자기 주어지는 자투리 시간

교육담당자가 강의 진행할 때 교수자가 늦게 도착할 경우, 교수자가 교육을 너무 일찍 끝냈을 경우, 휴식시간 후 다시 교육을 시작하는 시점 등에서 활용할 수 있다.

• 강의 중 시선 집중이 잘 안 되거나 기분전환을 필요로 할 때

본 강의와는 별개로 강의 시작 전과 강의 중, 강의 종료 시 등에 다양하게 활용할 수 있다. 대부분의 경우 스팟기법은 자투리 시간을 대신하는 것으로만 생각하는데, 이것은 잘못된 것이다. 갑자기 주어지는 자투리 시간은 물론이고 강의 중에 시선 집중이 잘 안되거나 기분전환이 필요할 경우에 실시해도 효과적이다.

- **학습목표 달성에 스팟이 필요할 경우**

  학습목표를 달성하기 위해서는 다양한 자료나 기법들이 필요하다. 강의의 효과를 극대화하기 위해 학습자들의 흥미와 관심을 유도할 수 있는 스팟기법을 연구하는 것이 필요하다(윤옥한, 2004).

▶ 여러 가지 스팟

① 박수 활용법

박수를 활용하여 학습 분위기를 높이는 것은 전통적으로 가장 많이 활용되는 방법 중의 하나이다. 박수를 활용하는 방법으로 우선 박수에 대한 의미를 많이 부여한 후 실시하는 것 좋다.

② 스트레칭

스트레칭을 통해 유연한 분위기를 만든다.

앉은 자리에서 오른쪽 다리 털기 5회, 왼쪽 다리 털기 5회

각각 오른팔, 왼팔, 팔다리 모두를 털어 주고 박수로 마무리한다.

| Tip 눈 운동을 아래 그림과 같이 해 주어도 좋다.

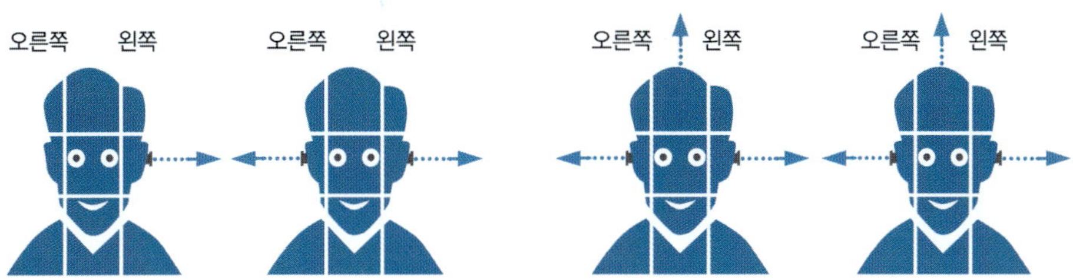

③ 영상스팟

동기부여나 흥미를 유발하기 위해 영상을 사용한다.

④ 라인 업(Line-up)

- 팀별로 진행한다.
- 키가 큰 순서, 나이가 많은 순서, 신발사이즈가 큰 순서, 이름이 가나다 순 등
- 팀원들끼리 의논하여 정한다.
- 정한 순서대로 일렬로 선다.
- 상대팀이 어떤 기준으로 정렬했는지 맞추어 본다.
- 팀원끼리 협력하는 시간을 만들 수 있다.

⑤ Is & Is Not 게임

공감, 배려, 경청, 용기, 사랑, 충성, 열정, 리더십, 유머, 협업, 소통, 창의성, 도전, 아름다움, 재미, 팀워크, 목표, 절제, 자존감, 존경, 근면, 인내, 건강

▶ **방법**

- 학습자의 가치와 관련 있는 단어를 표 안에 넣는다.
- 화면 또는 출력하여 보여 준다.
- 팀별로 우리 팀에 있는 것은 (Is)란에 우리 팀에 없는 것은 (Is Not)에 세 개씩 기입해 본다.(표 안에 내용은 학습자 대상 분석에 따라 바꾸어 본다.)
- 개인별로 작성한 것을 팀별로 모아 다수결로 Is와 Is Not을 결정한다.

• 각 팀별로 발표하고 우리 팀에 없는 것은 어떻게 보완할 수 있는지 토론해 본다.

우리 팀에 있는 것(Is)	우리 팀에 없는 것(Is Not)

4. 강의 테크닉

1) 시선(Eye Contact)

사람을 볼 때 먼저 그의 눈을 보게 된다. 강의를 하는 동안 교수자의 시선처리는 강의의 실제에서 중요한 사항이라고 할 수 있다. 자칫 잘못하다가는 편애한다는 소리를 들을 수도 있고 그렇다고 모든 학습자들을 주시할 수도 없기 때문이다.

효과적인 시선처리는 강의실을 크게 넷으로 나누어, 각각의 구획에서 가장 호의적인 학습자를 정한다. 그리고 강의를 하면서 각 구획의 호의적인 학습자를 돌아가면서 쳐다보며 강의를 진행하면 시선을 배분하는 데 효과적이다. 이와 같이 시선을 배분하면, 학습자가 몇 명이든 모든 학습자는 교수자가 자신을 주시하는 것처럼 느끼게 된다.

강의 시 주의할 점은 다음과 같다.

- 충혈된 눈이나 졸린 눈으로 강의를 하지 않는다.
- 학습자들과 눈맞춤을 하게 될 때까지는 말을 하지 않는다.
- 눈맞춤은 강의를 일대일 대화와 같게 만들어 준다.
- 시선을 학습자들에게 고르게 분배하면서 동시에 눈맞춤(eye contact)을 해야 한다. (그러나 너무 똑바로 보는 것은 자칫 도전적인 느낌을 줄 수 있으므로 눈밑이나 코 언저리를 보는 것도 무방하다.)
- 적어도 2 ~3초 동안 각 사람의 눈과 눈을 마주치며 주의를 집중시킨다. 2~3초 동안 학습자와 눈을 마주치고 학습자의 표정을 읽었다면 학습자는 교수자가 자신에게 관심이 있다고 느끼고 강의에 집중할 것이다.
- 학습자들을 대충 빠르게 훑어보거나 장시간 강의실의 뒷벽이나 스크린, 노트 등을 보는 것은 삼가야 한다. 또한 창밖을 계속 쳐다보면 학습자들은 생각하기를 교수자는 이 강의실에 있기가 싫고 밖으로 나가기를 원한다고 생각한다.
- 따뜻한 시선이 필요하다. 아무리 학습자와 눈맞춤이 잘된다고 할지라도 차갑고 날카로운 시선은 학습자들에게 긴장감만 불러일으킬 수 있다.

2) 움직이며 말할 것(Move)

인간도 동물이다. 그런데 동물들은 본능적으로 움직이는 물체에 주의집중을 하도록 되어 있다. 그러므로 강의 중에는 많이 움직이는 것이 좋다. 가만히 서서 강의를 하는 것보다 교수자가 움직이면서 강의를 하면 학습자들이 더욱 주의집중을 잘 한다. 그리고 강의를 하면서 강단에서 움직일 때에는 서너걸음 정도 천천히 양옆으로 움직이면 좋다. 특별히 강조할 내용이 있을 때에는 한두 걸음 정도 앞으로 걸어 나가는 것도 효과적이다. 강의 시 자연스런 이동에서는 교탁 사용의 4형식을 예로 들 수 있다.

- 1형식 – 단순형이라고 하는데 이것은 교탁에서 자리를 떠나지 않고 그 자리에서만 강의를 하는 것을 말한다.
- 2형식 – 자리바꿈형이라고 하는데 이것은 교탁을 중심으로 왼쪽이나 오른쪽으로 자리를 바꾸어 가면서 하는 것을 말한다.
- 3형식 – 완전형이라고 하는데 이것은 학습자들이 있는 곳으로 가 보면서 강의를 하는 것을 말한다.
- 4형식 – 혼합형이라고 하는데 이것은 1형식, 2형식, 3형식을 혼합하여 사용하는 것을 말한다.

3) 학습자의 표정을 읽자

강의 중에 학습자들이 '강의와 관련이 없는 불필요한 동작'을 하고 있지는 않은가? 혹은 '멍하게 무기력한 응시'는 하고 있지 않은가?

혹 이러한 행동을 보인다면 이것은 학습자가 강의내용에 흥미가 없다는 것이므로 학습자들이 강의에 집중할 수 있도록 대처해야 한다.

▶ 학습자의 표정

- 자주 웃거나 시선 접촉에 적극적이다.
- 손과 팔다리를 가지런히 둔다 – 관심이 있다.
- 고개를 끄덕인다 – 이해했거나 공감한다.
- 팔짱을 끼고 있다 – 생각에 빠져 있다
- 창밖을 보고 있다 – 흥미가 없다.

- 고개를 갸웃거린다–의문을 가지고 있다.
- 입을 중얼거리고 뭔가 쓰려고 한다–답변하고자 한다.

학습자의 표정을 보면서 표정이 시큰둥하다거나, 졸거나, 산만하면 다음과 같은 요령으로 주의력을 집중시켜서 강의를 진행해야 한다.

4) 표현능력 교수자의 화술

현대는 커뮤니케이션의 시대이며, 스피치의 대중화시대이다. 우리는 매일같이 시민으로서, 직장인으로서, 지도자로서, 교수자로서 많은 사람을 상대로 말을 하면서 살아간다. 특히 교수자의 스피치는 강의내용을 학습자들에게 전달하는 수단이므로 더욱 중요하다.

▶ **스피치의 삼대원칙**

① 강조법

말의 한 귀절이나 전체는 보통으로 표현하고 그중에서 가장 중요한 부분만을 강조한다.

② 소리의 원근법

우리가 이야기할 때 많은 숫자의 사람에게는 크게, 적은 숫자의 사람인 경우에는 작게, 멀리 있는 사람에게는 크게, 가까이 있는 사람에게는 작게 부른다. 즉, 이것은 소리의 원근법이다.

③ 감정 표현법

우리가 이야기할 때 단순한 목소리만을 내지 않고 말하려 하는 내용을 머릿속에 그리면서 감정을 잡아서 열성껏 표현한다.

▶ 스피치의 기본자세

- 얼굴: 얼굴에서 미소를 잃지 않도록 해야 한다. (치즈~)
- 눈: 시선을 골고루 나누어야 한다.
- 입: 구형법에 맞추어 정확하게 벌리며 필요 이상으로 움직이지 않도록 해야 한다.
- 손: 양쪽 손을 자연스럽게 앞에서 모아 쥐든가 양옆으로 가볍게 늘어뜨린다.
- 발: 자연스럽게 자기 어깨넓이만큼 벌리되 한 발을 앞으로 해도 괜찮다.

▶ 침묵을 이용하자.

교단에 서면 침묵이 길게 느껴지기도 하지만 때론 침묵의 활용이 매우 좋은 강의방법이 된다.

열심히 강의를 하다가 갑자기 이야기를 멈추고 침묵이 흐르면 학습자들은 긴장하여 집중하게 된다. 이처럼 침묵을 적절히 이용하면 중요한 사항을 강조할 때 효과적이다.

중요한 사항을 설명하기 전에는 학습자들의 주의를 집중시킬 수 있고 설명한 후 침묵을 하게 되면 학습자들은 배운 내용을 반추하는 시간을 갖게 된다.

▶ 참여수업

일방적인 교수자 중심의 강의보다는 학습자를 강의에 참여시키면 효과적인 학습이 될 수 있다. 교수자 혼자의 원맨쇼보다는 학습자와 같이 강의를 진행시켜야 한다. 학습자를 관찰자의 위치에 두지 말고 학습자도 교육장에 주인공으로 참여할 수 있도록 한다.

움직이는 것의 효과

- 읽기를 통해서는 10%
- 들은 것을 통해서는 30%
- 보면서 들은 것을 통해서는 50%
- 스스로 말한 것을 통해서는 80%
- 활동하면서 말한 것을 통해서는 90%를 학습한다.

이와 같이 움직이는 것의 효과가 학습에 큰 영향을 준다는 것을 알 수 있다. 그러므로 학습자들을 수동적인 자세만 취하도록 하고 교수자 혼자서 강의를 하는 것은 비효율적이다.

▶ 제스처

제스처를 구사하는 이유는 어떤 동작을 다른 사람에게 해 보임으로써 어떤 느낌을 전달하기 위해서이다. 제스처의 숫자는 작게, 동작은 크게 하는 것이 효과적이다. 예를 들어, '남산 위에 둥근달이 떴습니다'의 제스처를 취할 때 둥근달을 조그맣게 하는 것보다는 양팔을 벌려서 크게 하는 것이 효과적이다. 또 가능하면 한 손을 이용하는 것보다 양손을 이용하여 제스처를 하는 것이 효과적이다.

▶ 마이크 사용법

마이크는 메시지를 전달하는 중요한 매개체이다. 따라서 마이크를 잘못 사용하면 메시지의 전달이 제대로 될 수 없다. 마이크를 사용할 경우에는 작은 소리에도 신경을 써야 한다. 마이크의 감도가 뛰어나 작은 잡음도 모두 들리기 때문이다. 마이크를 테스트하는 방법은 가볍게 두드려 보아 상태를 확인하는 것이 바람직하다. "아아! 마이크 테스트, 하나, 둘, 셋......" 이러한 시험은 하지 않아야 한다.

▶ 시간관리

- **시간초과는 금물:** 시간이 초과되면 학습자는 강의를 잘 듣지 않으므로 교수자는 빨리 강의를 종결하는 것이 좋다.
- **시간이 부족하지 않게:** 정해진 시간을 엄수하는 것이 학습자에 대한 교수자의 책임이라고 할 수 있다. 그래서 강의 시간보다 늦게 시작 한다든지 끝나는 시간보다 빨리 끝내는 것은 하지 않아야 한다.
- **시간을 의식하며 강의할 것:** 시간을 의식하며 강의한다고 해서 너무 시계를 자주 보지 않도록 한다. 시계를 자주 보면 학습자들이 '저 교수자는 빨리 끝내고 싶은 모양이구나'라고 생각할 수 있다.

▶ 유머의 활용

강의 시 유머를 사용하면 뇌파가 내려가서 학습 효과에 도움이 된다.

바람직한 유머는 학습자가 예측할 수 없는 내용을 내포하며 건전한 내용이어야 한다. 그리고 유머는 내용을 전달하는 가운데 자연스럽게 삽입하여야 하며, 유머의 소재는 일상생활에서 찾는 것이 좋다. 즉, 다른 사람의 이야기나 신문, 잡지, 책을 통해서 힌트를 얻을 수도 있고 인터넷에서도 많은 소재를 얻을 수 있다.

세계 역사상 최고의 찬사를 받은 연사들과 요즈음 매스컴에서 잘나가는 교수자들의 공통적인 특징은 한결같이 훌륭한 유머 감각을 갖고 있다는 것이다. 이렇게 유머의 사용은 바람직하지만 상황이나 내용, 학습자에 따라 사용하지 않아야 하는 경우도 있다. 또한 자신이 없을 경우에는 사용하지 않는 것이 바람직하다. 오히려 어설프게 잘못 사용된 유머는 좋지 못한 결과를 초래할 수도 있다. 그리고 너무 유머를 자주 사용하거나 지나치게 사적인 내용을 많이 다루게 되면 오히려 역반응을 나타낼 수도 있다.

▶ 신뢰감의 확보

교수자가 학습자들에게 신뢰감을 얻기 위해서는 다음과 같은 것이 필요하다.

- 폭 넓은 지식의 구비
- 밝은 표정. 교수자가 어두운 표정을 지으면 전반적으로 학습장의 분위기가 어두워지고 침체된다.
- 쉬운 말로 표현할 것
- 요점을 정리할것
- 지나친 자신감은 자제할것
- 잔재주를 피우지 말 것

▶ 피해야 할 표현

강의 내용이 아니라면 가능한 신체적, 정치적, 종교적인 것은 민감한 부분이므로 강의 중 되도록 언급을 피하는 것이 좋다. 잘못하다간 오해의 소지가 있기 때문이다.

▶ 이미지 트레이닝

강의 시에 횡설수설하지 않고 자기가 전달하고자 하는 내용을 확실히 전달하며 주어진 시간 내에 정확히 끝내기 위해서는 이미지트레이닝을 할 필요가 있다. 예를 들면, A팀 농구선수는 실제로 체육관에 가서 한 시간 연습을 한 팀이고, B팀은 이미지트레이닝만 한 팀이다. 즉, 농구의 실제 현장을 머릿속에 그려 보면서 이미지로 농구를 연습한 팀이다. C팀은 아무것도 하지 않은 팀이다. 그 후에 A팀에 슛 성공률을 보니까 90%, B팀은 84%, C팀은 60% 정도 됐다. 이것은 무엇을 의미하는 것인가? 슛의 성공율을 높이기 위해서는 A팀처럼 실제연습을 해야 하는데 강의에서는 그렇게 시연하기는 어렵다. 그러므로 B팀처럼 이미지트레이닝이라도 하는 것이 필요하다. 강의 전에 전체강의를 머릿속으로 그려 보면 강의가 훨씬 효과적으로 될 수 있다.

▶ 시간이 남을 경우 · 부족할 경우

강의를 시작하고 할 이야기는 다 하였는데 시간이 남았을 때에는 어떻게 하면 좋을까? 그냥 교단을 내려갈 수도 없는 일이다. 이때에는 학습자를 학습에 참여시켜 학습자로부터 학습내용과 관련된 사례를 하게 한다. 그러면 시간이 금방 간다. 또 시간이 부족할 경우에는 미리 제작한 TP나 PPT 자료만 보여 주는 방법도 있다.

▶ 효과 없는 강의 형태

교수자가 다음과 같은 강의 형태로 수업을 하면 비효과적이다.

- 훈화훈시형–훈화 훈시투: 압니까, 잘 들어! 식
- 수면제형–작은 음성, 잠자도 혼자 떠든다.
- 저자세형–"천학비재한 제가" 그러면 학습자들이 생각할 때 천학비재하면 뭐하러 나왔느냐 생각하게 된다.
- 이론차용형–'OO에 의하면' 그러면 '당신 것은 뭡니까?' 하고 학습자들이 생각하게 된다.
- 체험보고형–자기중심적 체험 인식경험으로 시종일관
- 천하태평형–지각무신경, 복장, 판서를 제멋대로
- 미로 탈선형–엉뚱한 내용으로
- 허공 응시형–Eye contact 무시

▶ 보이는 모습에도 신경을 쓸 것

효과적인 강의법을 위한 연구에 따르면 교수자의 말보다는 음성, 음성보다는 보이는 모습에 따라서 교수자에 대한 학습자들의 신뢰도가 커질 수 있다고 한다.

〈보이는 모습의 효과〉

교수자가 무슨 말을 하는지는 교수자에 대한 학습자들의 신뢰도를 7% 설명하고, 교수자의 음성이 어떠했는지는 교수자에 대한 학습자들의 신뢰도를 38% 설명하며, 교수자가 말할 때에 어떠한 모습이었는지는 무려 학습자들의 신뢰도를 55%나 설명한다.

자신감이 없어 보이는 모습의 사람이 하는 말에 신뢰를 보낼 사람은 없다.

자신감과 열의에 찬 교수자의 모습을 학습자들은 보고 싶어 한다(김은주, 2003).

▶ 강의의 준비

- 강의 구상–철학적으로
- 교안의 작성–과학적으로
- 교수활동–예술적으로

5) 학습자 관찰

▶ 학습자의 표정을 관찰하자

학습자의 표정을 보면서 표정이 시큰둥하다거나, 졸거나, 산만하면 다음과 같은 요령으로 주의력을 집중시켜서 교육을 진행해야 한다.

	1. 교육에 대해 현재 만족스러운 표정이다. 2. 계속 같은 방법으로 교육을 할 수 있다.
	3. 현재 교육에 불만족스러운 표정이다. 4. 교수자가 같은 방법으로 교육을 계속 진행하면 학습자들은 지루하다는 생각을 한다. 따라서 유머나 매체 등으로 변화를 주어 진행해야 한다.
	5. 따분한 표정, 교육장 분위기가 완전히 가라앉아 있는 상태이다. 이때 교수자는 스팟기법을 사용하여 교육장의 분위기를 활력 있게 한다.
	6. 학습에 대해서 의욕이 없어서 졸고 있는 표정이다. 7. 주의를 집중시킬 수 있는 간단한 체조, 멘트, 노래 등을 실시하여 학습자를 집중시킨다.

▶ 지루함을 나타낼 경우

학습자가 교육에 집중하지 않고 옆 사람과 이야기하거나 멍하니 있거나 하품을 하면 지루하다는 것이다. 이럴 때는 학습자의 주의를 환기시키는 조치를 취한다.

- 교육내용의 중요성과 필요성을 다시 한번 제시한다.
- 스피치나 제스처에 변화를 준다. 갑자기 목소리를 크게 하거나, 느리게 하거나, 또는 잠시 말을 멈추어 본다.

- 학습자에게 가까이 다가가 본다.
- 모두가 참여할 수 있는 간단한 신체운동이나, 옆 사람들과 잠시 이야기를 나눌 수 있는 시간을 가져 상황에 변화를 준다.
- 학습내용에 흥미를 가지도록 적절한 예시나 예화, 경험담, 사례, 최신 자료 등을 제시한다.
- 학습내용에 대하여 전체 질문이나 지명질문을 해서 긴장하게 한다.
- 퀴즈를 내고 답을 맞춘 학습자에게 칭찬이나 간단한 보상을 한다.
- 교육의 순서를 바꿔 재미있는 내용이나 쉬운 내용을 먼저 한다.
- 시청각 자료를 활용하거나 토의, 팀프로젝트, 액션러닝, 사례연구, 역할연기, 게임훈련 등 모두가 참여할 수 있는 교수방법을 활용한다.
- 현재 이슈가 되는 것을 예를 들거나 유머를 통하여 주의를 환기시킨다.

▶ 내용이 잘 이해가 안 된다는 태도를 나타낼 경우

학습자는 이해가 잘 안 될 경우 고개를 갸웃거리게 된다. 또는, 손을 턱에 괴거나 입을 가린다. 이때는 우선 질문을 통해 어떤 부분이 이해가 잘 안 되는지 확인하고, 쉬운 예를 들어 주거나 부연설명을 한다. 교수자는 자기에게 쉬운 내용이라고 해서 학습자들도 이미 알고 있을 것이라고 가정하지 말아야 한다. 한편, 학습자들끼리 학습내용에 대해서 간단히 의견 교환을 하는 시간을 갖도록 한다. 이때 교수자는 해당 학습자에게 다가가 개별적으로 질의응답을 한다.

▶ 잡담을 하는 경우

교육 도중에 학습자들이 잡담을 하는 경우가 종종 있다. 즉, 옆 사람과 소곤소곤 하거나 소리 나게 떠드는 경우도 가끔씩 있다. 이때 교수자는 잡담을 하는 학습자에게 온 신경이 다 가서 제대로 교육을 하지 못할 수도 있다. 이럴 경우 어떻게 해야 하는지에 대해 살펴본다.

- 그 사람을 존중해 준다. "지금 저기에서 이야기하고 있는 분, 제가 지금 한 얘기에 대해서입니까?", "다시 한번 되풀이해 드릴까요?", "이해가 잘 안 되는 점이 있습니까?", "어느 대목 인가요? 그것은..." 등이 좋으나 어떤 경우에도 직접적인 표현은 삼간다.
- 잡담을 하는 사람을 이야기 속에 등장시킨다.
- 잡담을 하는 사람 뒤에 가서 서 있는다.

▶ 교육 중 말이 많은 학습자가 있을 경우

학습과 관련된 내용으로 지나치게 말이 많은 학습자들이 종종 있다. 정보를 많이 갖고 있거나 과도하게 열성적인 경우에는 비난조로 대응해서는 안 된다. 말이 많은 학습자에게 발표할 기회를 부여하거나 질문을 하여 학습에 적극 참여케 하여 학습의 효과를 높여 나가는 것이 하나의 방법이 될 수 있다.

▶ 스마트기기 사용 등으로 교육집중이 잘 안될 경우

교육 시작 전에 스마트기기의 주의점을 미리 안내한다.

팀별활동을 할 경우 스마트기기를 이용하여 주제와 관련된 내용을 검색하거나, 교육에 활용할 방법을 제시한다.

[연구문제]

1. 오프닝과 사례를 작성해 보세요.
2. 클로징의 중요성과 사례 한 가지를 들어 토의해 세요.

실전방법 윈도우 패닝기법

수업의 마지막(정리단계)에 활용(10분)

1단계: 개인별로 A4 한 장을 6등분(6칸)으로 접는다.

2단계: 이 시간 배운 내용을 각자가 키워드와 이미지로 6칸을 채운다.

3단계: 시간에 따라 전체 또는 팀별로 발표를 한다.

13 Chapter 평생교육 교수자의 역할

개요

강단에 서는 사람은 누구나 존경받는 교수자로서 훌륭한 강의를 하고자 한다. 그러나 훌륭한 강의는 마음만으로 이루어지는 것이 아니라 부단한 노력이 선행되어야 한다. 교수자는 호수 위에 떠 있는 백조 같다고 한다. 백조의 한 모습은 우아하고 아름답지만 보이지 않는 모습에서 물칼퀴로 젓는 백조의 또 다른 모습이 있다. 이렇듯 교수자도 백조와 같이 부단한 노력과 교수자로서의 자신을 점검하는 것이 필요하다. 이 장에서는 유능한 교수자로서 갖추어야 할 역할과 조건으로 바람직한 교수자상과 퍼실리테이터로서의 교수자의 역할에 대해 살펴보고자 한다.

학습목표

1. 평생교육 교수자의 역할과 조건을 설명할 수 있다.
2. 교수자의 스타일과 행동유형을 설명할 수 있다.
3. 퍼실리테이터의 역할에 대하여 설명할 수 있다.

1. 교수자가 갖추어야 할 역할

교수자는 강의 시 학습자에게 몰두를 해야 한다. 인간은 몰두하는 존재다. 일이든, 사랑이든, 취미든, 우리는 몰두할 때 자기 삶의 의미를 구할 수 있다. 최근 유행하는 '과몰입'이라는 단어가 말해 주듯 과도한 몰입을 통해 자기를 찾고, 발견하고, 표현하고, 과시하는 것이다. 이러한 현상을 '디깅모멘텀'이라 하며 이는 디깅(digging)이 '채굴' 또는 '발굴'이라는 의미처럼, 특정한 대상을 깊이 파고 들어가 종국에는 자기 존재를 발견하는 경지에 이른다는 점을 중의적으로 표현한 것이다(김난도 외, 2022)

강단에 서는 사람은 누구나 존경받는 교수자로서 훌륭한 강의를 하고자 한다.

이를 위해 교수자는 '디깅모멘텀'이 필요하다. 훌륭한 강의는 마음만으로 이루어지는 것이 아니다. 부단한 노력이 선행되어야 하는 과정이다. 그러나 모든 일은 노우 하우(Know how)와 노우 후(know who)에 성패가 달려 있다.

강단에 서기 전에 교수자로서 자신을 점검하고 학습자들의 특성을 올바로 파악하는 것은 좋은 강의를 위한 첫걸음이라 할 수 있다. 이에 교수자는 강의에 앞서 먼저 자신에 대한 점검이 필요하다. 나는 과연 바람직한 교수자로서 조건을 갖추고 있는가? 나는 교육 지도자로서 자기계발을 위해 최선을 다하고 있는가?

1) 교수자의 조건과 능력

(1) 교수자의 조건

① 전문지식

교수자는 강의내용에 대해서 충분한 지식을 가지고 있어야 한다. 교수자가 그 내용에 대하여 잘 모른다면 본인도 잘 모르는 내용에 대해 전달한 것을 학습자들은 어떻게 이해할 수 있을까? 자연적으로 지식이 없으면 강의에 깊이가 없고, 경험이 없으면 강의에 박력이 없다. 즉, "어떤 수학 선생님이 가장 좋은 수학 선생님이냐?"라고 한다면 일단은 그 강의 내용을 잘 아는 사람이다.

② 가르치는 기술

지식이 많은 것과 가르치는 능력은 다르다. 같은 시간에 같은 내용을 전달하더라도 교수자의 강의 기술(Skill)에 따라서 학습자들이 느끼는 것은 다르다. 교수자는 이야기할 내용을 가지고 있을 뿐 아니라 그것을 바르게 전달하는 기술적인 능력도 갖추고 있어야 한다. 강단에 선 이상 학습자에게 무언가 유익한 것을 보여 줄 수 있어야 한다. 따라서 교수자는 강의를 시작하기에 앞서 자기가 내용을 얼마만큼 충실하게 준비했는가, 또 그것을 얼마만큼 잘 이해시킬 능력이 있는가를 돌이켜 볼 필요가 있다.

③ 변화에의 적응

강의를 하는 데 있어서는 예측하지 못한 여러 일들이 일어날 수 있다. 갑자기 이상한 질문을 하는 학습자도 있을 수 있고 기자재가 필요한 강의인데 기자재가 갑자기 문제를 일으키는 상황이 생길 수도 있다. 이에 교수자는 돌발적인 사건에 대해서도 자연스럽게 잘 대처할 수 있는 임기응변의 적응력이 있어야 한다.

④ 교수자의 정열

이것은 여러 가지 측면에서 말할 수 있지만 무엇보다도 열의가 없는 교수자의 강의는 수면제는 될지언정 학습자의 잠재능력을 깨우치는 자극제는 될 수 없다. 교수자가 불타지 않고서 학습자를 불태울 수 없는 것이다. 교수자의 정열을 불태우는 에너지는 어디서 나오는가? 교수자 자신이 강의내용과 자기의 임무에 대해 의의를 발견하는 데서 나온다. 그리고 잘 달성하려는 성취의욕에서도 나온다.

⑤ 좋은 인간관계

강의를 진행하면서 교수자는 학습자와의 거리를 없애고자 노력할 필요가 있다. 심리적인 거리감이 학습자의 귀를 멀리해 버리기 때문이다. 아무리 기술이 뛰어나고 지식이 많다고 해도 인간적인 매력이 없으면 교수자와 학습자 사이에 친밀감이 생기지 않는다. 따라서 교수자는 강의장의 분위기를 활발하게 조성하기 위해 인간관계에 대해서도 원만한 처리 능력을 갖추고 있어야 한다.

⑥ 평가의 척도

교수자의 임무 중 중요한 하나가 학습자들을 평가하는 것이다. 공정하고 타당성 있게 평가를 하는 것은 가르치는 일만큼 중요한 일이다.

⑦ 표정

교수자의 표정은 중요하다. 밝은 표정으로 학습자들을 대하여야 한다. 예를 들어, 기분 나쁜 일이 있어도 학습자들 앞에서는 좋은 일이 있는 사람처럼 밝은 표정을 하여야 한다.

(2) 교수자의 능력

'말하고 싶다'는 사실과 실제로 '잘 말할 수 있다'는 사실 사이에는 큰 차이가 있다. 머리로 생각하고 있는 것이 구체적인 말로 되기까지에는 여러 어려움이 뒤따른다. 말의 힘은 머리와 몸이 잘 조화되고 나서야 비로소 바람직하게 발휘되는 것이기 때문이다.

① 통찰력

어떤 것으로부터 여러 가지 사항을 바르게 판단하고 미래를 내다볼 수 있는 힘을 가지고 있어야 한다.

② 추리력

어떤 일에 직면했을 때 '어째서', '왜', '글쎄', '그럴까?' 하는 왕성한 추리력이 강의내용의 밀도를 높여 준다.

③ 기획력

강의 내용의 화제 선택과 이야기의 구성에 크게 영향을 미치는 중요한 자질이다.

④ 창조력

내용에 대한 접근 방식, 진행 방식, 보조자료 활용 방식 등에서 남들과 색다르게 하기 위해서 독창성이 요구된다.

⑤ 표현력

말하고자 하는 내용을 충분히 전달할 수 있을 정도로 학습자의 조건에 맞는 대응력과 매력적으로 말하는 기술이 겸비되어야 한다.

지금까지 살펴본 내용들은 가장 이상적인 교수자의 자질이며 교수자는 가능한 여기에 가까워지도록 노력해야 한다.

학습자가 원하는 강의의 3요소를 재미있는 말로 표현하면 다음과 같다.

첫째, 강의 내용에 의미가 있어야 한다.

둘째, 재미가 있어야 한다.

셋째, 의미도 없고 재미도 없으면 빨리 끝내야 한다.

즉, 의미도 없고 재미도 없으면 시간이 아깝다는 것이다. 교수자라면 이것의 의미를 한번쯤 생각하여야 되지 않을까 싶다.

2) 바람직하지 못한 교수자

(1) 강의방법에 대해

① 늘 한결같이

변화가 없는 강의이다. 목소리도 변화 없이 한결 같다든지, 강의기법도 변화 없이 한결같이 강의를 하면 학습자는 지루함을 느끼며 주의집중을 할 수 없다.

② 철저한 교재중심 강의

주제에 대하여 교수자는 충분히 소화를 하여 본인의 것으로 만들어 학습자에게 전달하여야 한다. 학습자들은 교재만을 읽으며 하는 강의에 대하여서는 우리가 '문맹자'이

냐고 생각한다. 교수자는 교재를 보되 그대로 읽지 말고 나의 것으로 만들어 전달하여야 한다.

③ 짜임새 없는 구성

강의는 체계적인 내용으로 구성이 되어야 하는데 체계적이지 못하면 횡설수설하는 강의로 끝나고 만다.

(2) 학습자를 대하는 태도

① 학습자를 무시하는 태도

학교의 학생들에게도 존대어를 써야 한다. 학생들이라고 반말이나 말을 놓는 것은 바람직하지 않다. 개인적으로 만났을 때는 모르지만 공적인 강의 중에는 존대어를 써야 한다.

② 특정인만을 차별하는 태도

강의실에서의 교수자는 학습자 모두에게 공정하게 대하여야 한다.

특정인에게 조금이라도 관심을 보인다면 다른 학습자들은 차별을 한다고 생각하며 그 교수자를 적대시한다. 학교의 학생이든 일반 성인학습자든 누구나 교수자에게는 다 인정받기를 원한다. 따라서 교수자는 강의실에서는 항상 모든 학습자를 동등하게 대하여야 한다.

③ 유연하지 못한 사고

나와는 생각이 다르다고 상대방에 대한 의견을 잘못된 것으로 받아들여서는 안된다. 다만 사고하는 것이 다를 뿐이다. 교수자는 유연한 사고를 가지고 있어야 한다.

유연한 사고를 다른 말로 표현하면 나와 다른 의견을 인정하는 것이다. 우리는 종종 무엇을 할 때 나와 다른 의견을 상대방이 내놓으면 그것에 대해 틀렸다고 이야기하는데 그것은 서로 다른 의견이지 틀린 의견은 아니다. 어떤 경험이나 학습, 가치관의 차이에 의해 다른 의견을 내는 것은 당연한 일이다. 'You are different from me'를 해석하면 당신은 나와 다르다는 것이다. 그런데 우리는 종종 different=wrong으로 생각한다. 그런데 실제로 different와 wrong은 다른 것이다.

학습자도 그동안의 경험이나 학습, 가치관의 차이에 의해서 교수자와 다른 의견을 내놓을 수 있다. 그러므로 교수자는 유연한 사고를 가지고 있어야 한다.

(3) 강의 시간의 태도

① 너무 편한 자세로 강의를 한다

교수자는 학습자를 예의로 대하여야 한다. 교탁에 기대어서 한다든지 앉아서 강의를 한다든지 하는 것은 바람직하지 못하다.

② 강의 중 핸드폰을 받는다

대학에서 학생들에게는 핸드폰을 강의시간에 사용하지 말라고 하면서 어떤 교수는 강의시간에 핸드폰을 받는 일이 있다. 그리고 학생들에게는 강의에 집중하지 않는다고 혼을 내면서 자신은 핸드폰 벨소리를 나게 하여 집중을 오히려 방해한다.

③ 자신의 잘못은 절대로 인정하지 않는다

학습자들은 진솔한 교수자를 신뢰한다. 모든 것에서 완벽한 것을 보이고자 실수나 잘못을 인정하지 않고 변명을 하는 교수자를 학습자들은 신뢰하지 않는다.

2. 이상적인 교수자란

다음의 〈표 13-1〉을 기준으로 교수자로서의 자신에 대하여 객관적인 평가를 해 봄으로써 이상적인 교수자를 생각해 볼 수 있다.

〈표 13-1〉 나 자신은 ……

의사소통 기술 있음	10	20	30	40	50	60	70	80	90	100
열정적임	10	20	30	40	50	60	70	80	90	100
자기를 평가함	10	20	30	40	50	60	70	80	90	100
준비성이 있음	10	20	30	40	50	60	70	80	90	100
융통성이 있음	10	20	30	40	50	60	70	80	90	100
학습자 의견 들음	10	20	30	40	50	60	70	80	90	100
지혜가 있음	10	20	30	40	50	60	70	80	90	100
혁신적임	10	20	30	40	50	60	70	80	90	100
설득력이 있음	10	20	30	40	50	60	70	80	90	100
일관성이 있음	10	20	30	40	50	60	70	80	90	100
조직적이고 체계적임	10	20	30	40	50	60	70	80	90	100
복장이 단정함	10	20	30	40	50	60	70	80	90	100
민감한 반응 보임	10	20	30	40	50	60	70	80	90	100
타인에 관심을 보임	10	20	30	40	50	60	70	80	90	100
따뜻함	10	20	30	40	50	60	70	80	90	100
변화 줌(다양성)	10	20	30	40	50	60	70	80	90	100
학습자 바라봄 (eye contact)	10	20	30	40	50	60	70	80	90	100
허용성(인내심) 있음	10	20	30	40	50	60	70	80	90	100
학습자 위해 헌신함	10	20	30	40	50	60	70	80	90	100

나의 장점 3가지는?	나의 단점 3가지는?
①	①
②	②
③	③

객관적인 평가를 하여 점수가 낮은 항목은 스스로 보완하고 개발하여야 할 것이다.

☞ 기억에 남는 명교수자는?

다음의 1번과 2번의 질문에 대하여 기록하여 본다.

1. 교수자는 타고난 재능이 있어야 한다는데 그동안 내가 경험한 교수자 중에서 가장 기억에 남는 분은 누구입니까? 왜 그렇게 생각합니까?

2. 내가 경험한 교수자 중에서 가장 효과적이지 못한 교수자는 어떤 분이었습니까? 왜 그렇게 생각하십니까?

만약 나의 강의를 수강한 학습자에게 이러한 질문이 주어졌을때 1번의 질문에 나의 이름이 기록될 수도 있고, 2번의 질문에 기록될 수도 있다. 학습자에게 2번의 교수자가 아닌 1번의 교수자로 기억되기 위해서는 많은 노력이 필요하다.

3. 퍼실리테이터 스킬(Facilitator Skill)

평생교육을 운영하는 교수자는 다양한 역할이 중요하다. 교수자들은 학습자들을 위한 퍼실리테이터 스킬(Facilitator Skill)도 잘하여야 한다.

퍼실리테이터(Facilitator)란 지원자 · 조력자를 의미하는데 퍼실리테이터는 학습자들이 목표를 달성할 수 있도록 신뢰, 공감, 우호적인 관계를 형성하여 학습을 지원하는 역할을 담당한다. 본 장에서는 퍼실리테이터의 스킬을 질문기술, 경청기술, 요약기술, 피드백기술에 관하여 살펴본다.

1) 질문(Asking Skill)

제대로 된 질문은 사람의 생각을 움직이게 한다. 일방적으로 들을 때, 학습자가 학습 내용을 기억하는 데는 한계가 있다. 가만히 듣고만 있을 때는 생각과 판단을 하는 전두엽의 자극이 적다. 생각은 자극을 통해 나오며, 그 자극은 변화를 일으킨다. 교수자는 학습자들의 생각을 열어 주고 그 생각을 교육의 목적지까지 무사히 갈 수 있도록 적절한 질문을 해 주어야 한다.

(1) 질문의 효과

① 내용 점검

질문의 일차적인 목적은 확인이다. 제시했던 내용들을 잘 습득했는지 확인하는 과정을 통해 학습자들은 내용을 정리하고 요약하여 내면화하는 과정을 거칠 수 있다. 이것은 반복학습 이상의 효과를 가질 수 있다.

② 무지의 자각과 탐구 의욕의 유발

질문을 통해서 학습자들은 자신이 알고 있는 것과 모르는 것을 분명히 알 수 있게 된다. 이 과정을 통해 학습자들은 자신의 결함을 보완하고자 하는 의지를 갖게 될 것이다.

③ 사고력 신장

질문은 학습자들이 다양하게 생각할 기회를 제공하게 된다. 질문을 하고 응답하는 과정을 통해서 생각하는 힘을 기르게 되고 전문가와 다양한 의견을 교환함으로써 비판하고 성찰하는 능력을 기를 수 있다.

④ 교수자와 학습자의 상호작용

질문은 적극적인 상호작용이 이루어지는 기초이다. 자극하고 응답하는 과정을 통해 적극적이고 지속적인 상화작용이 가능해지게 된다.

⑤ 주의집중과 동기유발

학습자에게 질문을 하면 학습자는 수동적으로 듣기만 하면 되는 것이 아니라 적극적으로 참여하여야만 되므로 스스로 학습해야 할 필요를 느끼게 된다. 또한 다양한 유형의 질문은 학습자의 호기심을 불러일으킬 수 있다.

⑥ 적절한 피드백 제공의 기준 형성

질문을 통한 응답은 학습자들의 학습 중 성취수준을 파악하게 하며 적절한 피드백 내용을 찾을 수 있게 된다.

(2) 방법에 따른 질문 유형

① 전체 질문

특정한 사람에게 질문하지 않고 학습자 전체에게 질문하는 방법이다. 전체에 질문을 한 후 교수자는 최소한 8초는 기다려 주어야 한다. 전체 질문에서 학습자의 사고력을 증진시키고 학습자의 참여를 유도하는 것이 목적인데 교수자가 바로 답변을 하면 그러한 전체 질문의 효과가 없어진다. 즉, 8초 정도가 지났는데도 아무런 반응이 없다면 교수자는 누군가의 대답을 궁금해 기다리는 학습자들에게 대신 답을 제공해 주어야 한다.

② 직접질문(지명질문)

지명질문을 할 경우에는 학습자가 난처해지지 않도록 어렵지 않은 질문을 한다. 일반적으로 질문에 대해서 대답을 잘할 수 있는 학습자에게 질문을 한다. 예를 든다면, 얼굴 표정이 밝으면서 교육 중에 고개를 끄덕인다든가, 유머를 하면 웃음을 보이며 반응을 하는 학습자에게 질문을 한다. 반대로 대답이나 반응이 너무 없는 학습자에게 질문을 하는 것도 좋은 방법이다. 누구나 대답할 수 있는 아주 쉬운 질문으로 접근하여 친밀을 유도하고 교육에 집중할 수 있도록 자신의 존재감을 확인시켜 주려는 의도를 담고 질문하는 것이다.

③ 중개질문

학습자 중에 이상한 질문을 하여서 교수자를 당황스럽게 하는 경우가 있다. 즉, 교육 내용과는 무관한 정치, 종교, 신체적인 부분 등에 관한 질문을 할 때이다. 이럴 때 교수자가 대답하기 곤란하다고 대답을 하지 않고 질문을 무시하면 학습자는 이내 마음을 닫아 버린다. 이런 경우에는 교수자가 직접 대답을 하지 않고 다른 학습자들에게 질문과 답을 유도하는 방법이 있다.

④ 반대질문

교수자가 대답하기 곤란한 질문을 해 올 때 질문한 학습자에게 반대질문을 하는 것이다. 학습자는 그 질문에 대해서 어떻게 생각하는지 예의 바르게 질문하고 그 대답을 유도한다. 질문을 하는 사람들은 대부분 그 일에 대해 의견을 갖고 있는 경우가 많다. 그래서 역질문을 하게 되면 신나게 자신의 의견을 이야기하고 만족하는 경우가 종종 있다.

(3) 좋은 질문법

① 질문의 목적을 분명하게 한다

학습자들이 질문에 대답하지 못하는 것은 답 자체가 어렵기 때문일 수도 있지만 질문자체를 이해하지 못하는 것일 수도 있다. 질문을 간결하고 명확하게 하며 학습자들이 충분히 이해하도록 하는 것이 중요하다.

② 명료화 질문방법을 사용하라

명확화 · 상세화를 위한 질문은 지금 막 끝난 말에 대해 더 많은 정보와 더욱 완전한 설명을 요구하는 것이다.

- 완전한 정보를 이끌어 내기 위해
- 오해를 방지하기 위해
- 언급된 요점을 명확히 하기 위해
- 상대방의 언급에 대해 흥미를 나타내기 위해 사용한다.
  예) “무슨 뜻인지 알 것 같은데 예를 두 가지만 더 들어 주십시오”

(4) 간접질문 방법을 유도하라

간접질문은 의문문의 형태를 취하지 않으면서 학습자로 하여금 자연스럽게 대답을 유도하는 것으로 질문처럼 느껴지지 않는 질문법이다.

〈표 13-2〉 간접질문 예시

직접질문	간접질문
이 문제를 어떻게 풀었습니까?	이 문제를 어떻게 해결했는지 궁금합니다.

(5) 개방형 질문을 한다

개방질문이란 대화의 특정 포인트에 대한 특정 대답을 듣기 위한 것이라기보다 광범위하고 다양한 대답을 유도하기 위한 질문이다. 학습자들의 폭넓은 생각을 끌어내기 위해서는 폐쇄질문보다는 개방질문을 해야 한다.

〈표 13-3〉 개방질문과 폐쇄질문 요약

	개방질문(Open Question)	폐쇄질문(Close Question)
개념	자유응답형 질문으로 응답자가 할 수 있는 응답의 형태에 제약을 두지 않고 자유로운 표현을 할 수 있도록 열어 주는 방법이다.	응답할 만한 내용을 교수자가 제시해 놓고 응답자가 택할 수 있도록 질문하는 것이다.
장점	• 강제성이 없으므로 다양한 대답이 나온다. • 응답자가 자신의 생각을 자유롭고 상세하게 언급할 수 있다. • 질문을 통해 예기치 못한 정보를 얻기도 한다. • 대화 전개가 용이하다. • 학습자에게 많은 통제권을 줄 수 있다.	• 응답항목이 명확하여 신속한 대답이 가능하다. • 조사시간이 개방형보다 신속하다. • 상이한 해석이나 편견이 없다. • 응답 거부율이 적다.
단점	• 무응답률이 높을 수 있다. • 응답의 세세한 부분이 유실 될 수 있다. • 응답 표현상의 차이로 상이한 해석과 편견이 개입될 수 있다.	• 몇 개의 한정된 범위에서 답을 선택해야 하기 때문에 응답자의 의견이 충분히 나올 수가 없다. • 정보가 차단되어 제한된 정보만 나올 수 있다. • 대화순환이 안되어 분위기가 정체된다. • 교수자가 주도권을 갖는다.
질문	'어떻게', '무엇을', '설명해 줄 수 있을까요?', '생각을 말씀해 주실 수 있어요?', '어떻게 느끼시나요?' 등…	'~ 했습니까?', '그렇습니까?',

수렴적 사고 전략

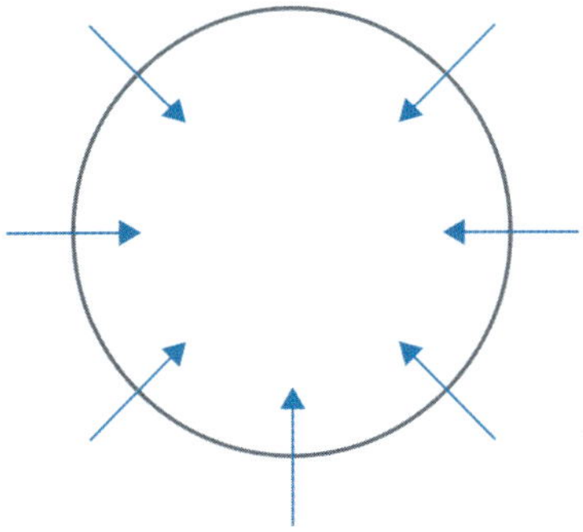

발산적 사고 전략

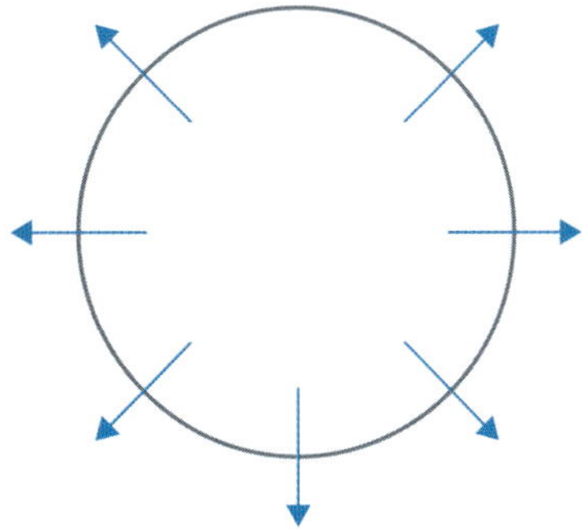

(6) 좋은 대답을 이끌기 위한 효과적 질문 방법

연설가이자 저널리스트인 이언 쿠퍼(Ian Cooper)의 효과적 질문 방법을 통해 질문을 하기에 적합한 방법들을 생각해 보자.

① 가장 적합한 질문 대상자를 찾아내라

질문할 때 누구에게 하는 것이 가장 좋을지 궁리하고 물어야 한다. 질문을 던지고 반응을 끌어내지 못해서 오히려 분위기를 다운시킨 경험이 있을 것이다. 적합한 사람을 찾으려면 평소에 관심이나 관찰이 잘 이루어져야 가능한 일이다.

② 타이밍을 잘 맞춰서 질문하라

가장 효과적인 대답을 이끌어 내려면 적시에 질문을 해야 한다. 교육 중 집중을 하지 못하거나, 졸거나 하는 학습자에게 질문을 던지는 교수자가 간혹 있다. 이러한 경우는 질문에 대한 적대감을 갖게 하는 요인 중 하나이다. 질문에 대한 긍정적 감정을 갖게 하려면 가장 잘 대답할 수 있는 사람에게 가장 잘 대답할 수 있는 상황에 질문을 하고 좋은 대답을 이끌어 내는 것이 좋다.

③ 질문 자체에 부정적 표현을 하지 마라

좀 어려운 듯한 질문을 할 때 상대를 배려한다는 마음으로 "○○야! 이 문제에 대답해 줄 수 있을까? 좀 어렵겠지?"라는 식의 질문을 하는 경우가 종종 있다. 이런 질문 앞에 상대는 어려울 것 같다는 대답을 하기가 수월해진다. "○○야! 이 문제는 너라면 할 수 있을 것 같은데? 대답해 주겠니?" 이런 질문을 받는다면 옳은 답을 찾으려는 긍정적 반응이 나타나게 된다.

④ 칭찬을 건네고 친밀감을 쌓는 질문을 하라

진정성을 담은 목소리와 상황에 대한 칭찬을 하면서 건네는 질문은 친밀감을 형성하는 최고의 도구가 될 것이다. 예를 들면, "지난주에 제출한 과제가 정말 깊이가 있더구나! 어떻게 그런 생각을 하게 되었니?" 하고 질문을 한다면, 상대의 자존감도 높여 주면서 좋은 대답을 이끌어 낼 수 있는 질문이다.

⑤ 상대방에게 승낙받기 쉬운 질문을 하라

뭔가를 요구할 때는 상대방이 승낙하기 쉬운 작은 것을 요구하며 질문하라. 작은 일이기에 물어보기도 쉬워지고 상대가 요구를 거절하는 것 자체가 어려워져서 승낙을 얻어 낼 수 있게 된다.

(7) 어려운 상황을 벗어나게 하는 질문 방법

그룹 활동이나, 교육을 진행할 때 진행을 어렵게 만드는 상황이 발생하기도 한다. 이럴 때 상황을 통제하기보다는 지혜로운 질문으로 다가서면 상황을 보다 긍정적으로 변화시킬 수가 있다.

① 발언의 기회를 독점하는 사람에게

지식이 많거나 의욕이 넘치거나 매사에 주도적인 사람이 질문을 독점하는 경우가 있다. 교수자가 통제적 발언으로 접근하게 되면 의욕을 줄이게 될 수 있고, 마음이 상하게 될 우려도 있다.

"○○님은 대단하시네요. 경험이 아주 풍부하시군요.
다른 분들을 위해 제가 말씀 내용을 요약해 드려도 좋겠습니까?"
"그럼, 다른 분들의 의견은 어떠십니까?"
"혹시 다른 관점으로 생각하시는 분은 없으신가요?"

이렇게 해서 교수자가 직접 통제나 개입을 하기보다 참가자들이 함께 다룰 수 있도록 기회를 넘겨주는 것이 좋다.

중요한 것은 어떤 경우라도 절대로 발언자에게 냉소적이거나 무시하는 태도를 보여선 안 된다는 사실이다.

② 무조건 반대하거나 부정적 발언을 하는 사람에게

이런 경우는 전체에 부정적 영향을 주게 된다. 학습자들을 통해 예측하기 어려운 상황을 만나게 되는 일은 종종 있을 것이다.

"그렇다면 반대의견을 주신 ○○님의 의견을 들어볼까요?"

"○○님의 의견은 일리가 있습니다. 그러다면 ○○님의 의견대로 되었을 경우 어떤 이점과 단점이 있을까요?"

"그럼, 어떻게 하면 주제에 맞게 진행될 수 있을까요?"

그럼에도 부정적 열기가 계속되고 있다면 잠시 휴식을 선언하고 휴식 시간을 통해 개인적으로 이야기를 나누어 보는 것도 좋은 방법이다.

③ 성격이나 의견이 다른 사람들 간에 자주 충돌하는 사람에게

교수자는 이러한 상황에 주제로 관심을 끌어들이는 것이 가장 중요한데 몇 가지 질문을 통하여 관심영역을 바꿔 나가는 것이 좋다.

"A안과 B안이 충돌이 일어나는데 과연 다르기만 할까요? 두 의견 사이에 공통점을 함께 찾아보는 것 어떨까요?"

"○○님은 어떤 관점으로 문제를 보고 계십니까?"

"먼저 두 분의 의견을 적어 보시고, 그런 후에 또 다른 분의 의견을 들어 보도록 합시다." (화이트 보드를 이용해 적도록 유도한다.)

④ 표현력이 부족해서 당황하거나 긴장하는 사람에게

이런 경우에는 재촉하거나 무시하지 말고 교수자가 표현을 정리하거나 요약을 도와주는 것이 좋다. 예를 들면 다음과 같다.

"지금 하신 말씀을 ____________으로 이해하면 되겠습니까?"

"우리가 새로운 아이디어를 얻기 위해 이런 방향으로 생각해 보는 건 어떨까요?"

최대한 화자의 마음이 상하지 않도록 지혜롭게 이끌어 나가야 한다.

출처: https://brunch.co.kr/@brunchjwshim/34

(8) 구조화된 질문기법

질문의 형태는 학습자가 자유롭게 자신의 의견을 표현할 수 있는 구조화되어 있지 않은 형태도 있지만, 구조화를 통해 좀 더 구체적으로 질문하는 기법도 있다.

여기에서는 질문의 종류 중 구조화된 질문기법을 소개한다.

① KWLM 질문기법

KWLM 질문기법은 도나 오글(Donna ogle, 1986)에 의해 KWL 차트에 기초하여 만들어졌다.

이 질문기법은 학습 내용에 대해 학습자의 사전지식을 활성화하고 자기주도적으로 학습할 수 있게 도와주는 기법이며, 또한 학습이 끝난 이후 교실 밖으로 확장하여 자신의 생각을 확인하고 질문하는 학습방법이다.

▶ 진행방법

- K(Know)단계: 주제에 대해 알고 있는 것은 무엇인가?
- W(Want)단계: 배울 내용과 관련하여 자신이 배우고 싶은 것은 무엇인가?
- L(Learned)단계: 배운 것은 무엇인가?
- M(More)단계: 더 알고 싶은 것은 무엇인가?

학습자는 학습을 하는 동안 생겼던 궁금증을 서로 질문하고 대화하며 탐구하게 된다.

- 학습주제와 관련된 내용 중 다른 학습자에게 물어보고 싶은 질문 세 가지를 적는다. 질문을 주고받으며 의견을 교환한다.

② DVDM 질문

DVDM 질문기법은 이슈를 구체화하고 문제를 해결하는 질문기법이다.

- D(Definition): 정의는 무엇입니까?
- V(Value): ○○이 중요한 이유는 무엇입니까?
- D(Difficulty): ○○이 어려운 이유는 무엇입니까?
- M(Method): ○○을 할 수 있는 방법은 무엇입니까?

Definition	Value	Difficulty	Method
정의는 무엇입니까? 주제 또는 이슈, 개념	의미와 가치는 무엇입니까? 의미, 가치, 중요한 이유 (Why)	어려운 이유는 무엇입니까? 어려움, 장애물 (What)	어떻게 하면? 방법, 대안 탐색 (How)

③ EET 질문기법

발생한 문제 또는 사건(Event)과 그 사건을 통해 경험(Experience)한 것, 그리고 경험을 통한 생각(Think)을 질문한다.

Event (사건) → Experience (경험) → Think (생각)

2) 듣기기술(Listening Skill)

교수자는 경청을 잘해야 한다. 특히 적극적인 경청을 잘해야 학습자들의 호감을 살 수 있고 학습자들이 강의에 집중하게 된다. 상대방이 갖고 있는 정서, 태도, 느낌, 자세 등을 상대방 입장에서 들어 주는 것이 바로 적극적인 경청의 핵심이다.

대화과정에 있어서 교수자의 기본적인 자세는, 자신의 기분이나 생각에 따라 반응하기에 앞서 학습자들의 생각이나 기분에 초점을 두고 경청하려고 노력하는 것이다.

다음은 학습자들이 교수자의 질문에 답하여 이야기를 하거나 질문을 받을 때의 효과적인 듣기기술을 살펴본다.

(1) 적극적 경청의 중요성과 태도

- 적극적인 경청은 구성원 간의 신뢰를 형성하고 개방성을 증진시키며 협동성과 창의성을 고양시키는 강력한 기술이다.
  교수자는 적극적 경청을 통해 문제에 대한 탐구 및 핵심 파악을 할 수 있다.
- 구성원들의 아이디어를 기록, 요약, 바꾸어 설명하기, 되묻기 등을 하기 위해 적극적으로 경청하는 자세가 필요하다.
- 적극적 경청을 통해 타인의 이면에 있는 감정과 요구, 관점, 태도 등의 정서적인 측면을 감지할 수 있다.
- 적극적으로 경청하는 교수자는 자신이 가지고 있는 단점의 많은 부분을 극복할 수 있고 촉진 기술을 활용할 수 있다. 이러한 적극적 경청 기술은 그저 생기는 것이 아니라 배우고 계발함으로 생겨난다.
  메시지에 집중하며 비언어적 메시지도 함께 전달한다. 아이컨택, 머리 끄덕이기, 끼어들지 않기, 메모하며 듣기, 산만한 행동 삼가기, 리액션 개입하기(~네

네, ~~오, ~~음 등)

- 좋은 책, 훈련 프로그램, 자기평가, 성찰을 통해 적극적으로 경청하는 기술을 익힐 수 있다.

(2) 경청의 효과

- 말하는 사람으로 하여금 말하기 쉽게 한다.
- 말하는 사람으로 하여금 호감을 사게 한다.
- 말하는 사람으로부터 많은 정보나 지식을 얻을 수 있다.
- 적절하게 대응할 수 있다.
- 비판적으로 들을 수 있다.
- 인간관계 형성에 도움을 줄 수 있다.

(3) 적극적 경청의 적절한 활용

- 상대방의 모든 발언에 대해 모두 적극적으로 경청을 할 필요는 없다. 경우에 따라서는 승인, 침묵반응을 보일 수도 있다.
- 외적인 정보, 자원을 제공해 주어야 하는 문제인 경우에는 적극적 청취만으로는 부족하다.
- 적극적 청취는 상대방의 감정을 '수용'하는 것이지 그것이 옳다고 '동의'하는 것은 아니다.
- 적극적 청취만으로 문제가 해결되는 것은 아니다. 그러나 이것은 문제를 정의하고 해결책을 모색하는 데 필수적인 단계이다.

(4) 경청의 5단계

① **발언 기회 포착**: 상대를 지켜 보며 언제쯤 말을 멈출지 파악

② **경험담 제시**: 상대방의 얘기를 경청 중 "아, 나도 옛날에 이런 비슷한 일이 있었어"라는 경험담을 제시하는 행동

③ **조언**: 상대의 얘기를 듣고 어떤 조언을 해줬을 때, 이 사람에게 도움이 될지 여러 가지 판단 필요

④ **상대의 생각 파악**: 상대가 어떤 생각, 정보를 갖고 있는지 듣기 위함

⑤ **상대의 마음 이해**: 상대가 왜 그런 생각을 하게 됐는지, 어떤 상황을 겪고 있는지 등 속마음 이해

3) 요약기술(Summarizing Skill)

요약기술(Summarizing Skill)이란 강의과정에서 특정 시점까지 언급된 핵심적인 사항이나 진행된 과정에 대해 간략히 정리하는 기술이다.

(1) 활용목적

- 언급된 것을 이해한다는 것을 나타내기 위해
- 이미 언급된 것을 부각시키고 "개작되는 것"을 막기 위해
- 중요한 것을 알아차리게 하기 위해
- 토의가 새로운 분야로 진행되도록 하거나 또는 해결책 모색을 하기 위해
- 학습의 출발점, 즉 지난 교육(시간)에서 거론된 내용을 확정하기 위해

(2) 적용 예

- "지난 회의에서 우리는 ~과 같은 사항을 학습했으며, 나는 ~과 같은 내용에 대해 언급했으며, ~을 결정한 바 있습니다."
- "잠깐만! 우리가 토의하는 요점을 잠깐 짚어 봅시다."
- "나는 지금 ~에 대하여 (이렇게) 이야기하고 있고, 김 선생은 지금 ~에 대하여 (저렇게) 이야기하고 있다고 생각되는데 내 말이 맞습니까?"
- "지금까지 ○○○ 학생은 그 문제가 두 과 사이의 과 대표 때문에 야기되었다고 하는 것 같은데, 제가 바로 이해한 것인지 모르겠습니다."

(3) 종류

- 요약기술－우리가 무엇을 말하고 있는가?
- 정리기술－우리가 어디쯤 가고 있는가?

(4) 요약기술이 필요한 경우

- 수치(데이터)와 관찰내용이 혼재되어 조정이 필요할 때
- 그룹 안에서 누군가에 의해 요약되도록 하는 것이 중요하다고 판단될 때
  - 이 시점에서 우리가 어디에 와 있는가?
    (그룹이 내용이나 과정에 대해 요약 정리하도록 한다.)
  - 지금까지 나온 이야기를 누가 좀 정리해 주시겠어요?
- Facilitator가 그룹이 어떻게 운영되어 가고 있는가(Process)를 정리하기 위해
  - 반응을 요구한다.
  - 그룹이 과정을 계속해야 할지, 변화해야 할지에 대해 제안하도록 한다.

- 수많은 데이터나 혼란이 발생했을 때 해당 그룹이 할 수 없는 경우
  - 핵심 포인트를 기억하거나 메모해 둔다.
  - (Chart나 종이에) Mapping 기술을 활용한다.
  - 명확성을 기하기 위해 그림이나 모델(표)을 활용한다.
- 회합의 마지막에 학습목표나 기대사항을 확인하기 위해
  - 학습자들에게 자신이 세운 학습목표를 어느 정도 달성했는지 말하도록 한다.
  - 요약의 한 방법으로 실천(행동)사항들을 복습하게 된다.

4) 피드백 스킬(Feed Back Skill)

(1) 피드백 개념

피드백(feed back)은 학습자의 행동에 대한 반응이다. 교육에 있어서 학습자 반응에 대한 결과는 바람직한 행동을 강화시키거나 약화시킨다. 학습자는 제공된 정보를 바탕으로 지식을 재구성하고 인지적 조정과 부가정보에 의하여 학습을 향상하게 된다. 따라서 피드백은 교육과정에서 학습자의 결함을 교정하고 학습자가 목표를 향하도록 하는 학습자 형성의 기능을 한다는 점에서 매우 중요하다.

(2) 피드백의 4가지 유형

피드백은 강화, 조언, 침묵, 비난 등의 4가지 유형을 들 수 있다

구분	개념	영향
강화	적극적 피드백으로 바람직한 행동이나 결과에 대해 지지하고 격려한다.	• 상대방의 자신감을 높이고 동기를 강화시킨다. • 성과가 향상된다.
조언	기대에 미치지 못하는 행동이나 결과에 대해 이를 개선, 보완하기 위한 방법을 권유하거나 제시한다.	행동을 교정하고 성과를 향상시킬 수 있다.
침묵	아무런 반응을 하지 않는다.	자신감이 떨어지고 불안감을 초래한다.
비난	기대에 미치지 못하는 행동이나 결과에 대해 규명하고 지적하고 질책한다.	• 변명이나 핑계, 저항을 가져온다. • 행동이나 성과를 왜곡한다. 상황을 회피한다. • 관계를 악화시킨다.

(3) 효과적인 피드백

피드백 할 경우 개인의 인격이나 성품보다는 활동에 초점을 맞춰야 한다. 또한 학습자의 자존심이나 비난성에 가까운 형태의 피드백은 신중을 기해야 한다.

① **계획하기**: 피드백을 하기 전 생각을 정리하고 어떻게 전달할 것인지에 대해 체계적으로 계획하자.

② **명확히 하기**: 언어적인 메시지를 분명히 하라. 추측해야 하거나, 의도가 숨겨져 있지 않게 명확하고 구체적으로 전달하자.

③ **행동에 집중하기**: 개인의 인격이나 성품에 대해 비난하지 말고 특정 행동 사항에 대해 초점을 맞추자.

④ **시간과 공간 배려하기**: 교정적 피드백을 전달해야 할 때는 공개된 장소가 아닌 개인이 스트레스를 덜 받을 수 있는 장소를 선택하자.

⑤ **균형 유지하기**: 지지적 피드백과 교정적 피드백 사이 균형을 잘 맞추어 전달하자.

⑥ **침착하게 하기:** 피드백을 줄 때 감정적으로 과잉 반응을 보이지 않게 조절하자. 현재 활동사항에 대해서만 언급하고 지난 일에 대한 언급을 들추지 말자.

⑦ **비언어적 메시지 사용하기:** 아이컨택 하기, 바디랭귀지 사용하기 등은 피드백을 받는 개인에게 관심을 기울이고 전달함을 보여 준다(오우식, 2017).

연구문제

1. 각자 생각하는 바람직한 교수자와 바람직하지 못한 교수자에 대하여 팀원들과 토론하여 보세요.
2. 본인이 생각하는 이상적인 교수자상을 제시하여 보세요.

실전방법 내가 생각하는 교수자

1. 그동안 경험한 교수자 중에서 가장 기억에 남는 교수자를 떠올려 보세요.
   왜 그렇게 생각하십니까?

2. 내가 경험한 교수자 중에서 가장 효과적이지 못한 교수자는 어떤 분이었습니까?
   왜 그렇게 생각하십니까?

Chapter 14

평생교육에서의 평가

개요

일반적으로 평가라고 하면 시험을 먼저 떠올리며 학습자들은 심적인 부담감을 느끼는 것이 사실이다. 평생교육에서 평가는 학습자 진단과 이해를 돕고, 교육 수행과 관계된 요인들을 변화시키며 교육 프로그램과 관련하여 올바른 의사결정을 하기 위한 자료를 제공하는 것이다. 또한 교수자의 입장에서는 스스로 성찰하여 학습자들의 질적 교육 향상을 위해 더욱 정진할 계기가 되며, 학습자의 입장에서는 피드백을 통하여 학습동기의 긍정적 부여가 되도록 하여야 한다. 평가의 결과를 활용하여 종합적 평생교육 시스템 구축 및 학습자의 질적 수준을 향상시키는 데 십분 활용할 수 있도록 할 필요가 있다. 이 장에서는 평생교육에서의 평가를 이해하고 실제로 적용할 수 있도록 다양한 평가의 방법과 유형을 살펴보고자 한다.

학습목표

1. 평가의 목적을 설명할 수 있다.
2. 다양한 평가의 유형을 설명할 수 있다.
3. 평생교육에서의 평가 중요성을 인식할 수 있다.

1. 평생교육 평가의 개념과 목적

1) 평가의 개념과 특성

평가(evaluation)란 교육에 대한 가치를 부여하여 판단하는 과정이며 교육평가는 목표 달성도와 의사결정, 그리고 가치판단을 중심에 두고 구분할 수 있다.

목표달성 중심은 교육과정과 수업활동을 통해 교육목표가 실제로 도달된 정도를 결정하는 교육평가를 의미한다. 대표적 학자는 테일러(R. W. Tyler)이며, 가장 전통적이고 고전적인 정의이다. 이 관점은 교육목표를 평가의 준거로 하여 교육과정을 통한 성과 측정을 교육평가의 초점으로 한다.

의사결정 중심은 교육과 관련된 의사결정을 내리는 데 필요한 정보를 수집하는 활동이나 과정의 교육평가를 의미한다. 대표적 학자로는 스투플빔(D. L. Stufflebeam)과 크론바하(L. J. Cronbach)로, 이들은 테일러의 관점을 벗어난 성과뿐만 아니라 과정에 관한 정보를 수집함으로써 교육평가 초점의 범위를 확대하였다.

가치판단 중심은 교육과 관련된 대상의 장점, 질, 가치 등을 판단하는 과정과 산출물로 교육평가를 정의한다. 대표적 학자로는 로버트(Robert E. Stake)와 마이클(Michael S. Scriven)로서 이들은 대상의 중요성이나 가치, 효과 및 유용성 등을 판단한다.

이와 같이 교육평가의 정의가 다양한 것처럼 각각의 이론마다 차이와 한계가 있으며, 정리를 하면 '교육평가는 교육의 과정 또는 성과에 관해 어떤 결정을 내릴 목적으로 교육과정과 성과에 관한 가치와 장점을 체계적으로 조사 · 활용하는 과정과 활동'이라고 정의할 수 있다.

▶ 효과적인 평가의 특징

- 주제에 적합하다.
- 실제 상황에 적용 가능하다.
- 학습목표나 학습 결과와 직접 관련되어 있다.
- 학습자에게 성취감을 준다.
- 학습자에게 계속 학업을 수행할 동기를 부여한다.
- 학습자에게 다음 할 일을 파악하게 해 주는 역할을 한다.

2) 평가의 목적

평가의 목적은 교육 프로그램의 학습목표가 성취되었는지, 성취의 정도는 어떠한지를 측정하기 위한 것이다. 평가는 모든 교육 현장에서 반드시 필요하며, 교육 후 학습자의 지식, 기술, 태도(행동)의 변화에 대한 판단을 위한 것이므로 학습자는 물론 교수자에게도 매우 중요하다.

평생교육에서 평가의 주된 목적은 프로그램의 개선으로 교육 프로그램과 관계 있는 올바른 의사결정을 위한 자료를 제공할 수 있다. 다음으로 학습자 진단과 이해를 돕고, 교육 수행과 관계된 요인들을 변화시키는 것이다. 평가를 함으로써 평생교육과 관련된 전체(교수자, 학습자, 기관, 지역사회 등)에게 지속적인 노력의 기회를 부여할 수 있다. 또한 프로그램의 기획부터 실행에 이르기까지 전 과정에 대한 피드백이 되므로 프로그램의 질적 향상에 도움이 될 수 있다.

그 외 평가는 교수자, 학습자, 멘토, 고용주, 교육기관 등이 다양한 목적으로 시행하며, 특히 교육의 질 향상을 추구하는 과정에서는 매우 중요하다.

▶ **평가를 실시하는 일반적인 이유**

- 학습자의 동기를 유발
- 학습자의 학습 욕구 진단
- 성인학습자의 학습 단계 선택
- 학습자에게 피드백 제공
- 학습자의 수행 지표를 제공
- 최종 성적을 산정
- 학습 결과와 프로그램 목표의 일치
- 교수자 및 기관에 강좌 개설과 관련한 수행 지표를 제공

3) 평가의 의의

객관적 잣대에 의한 타당성을 갖춘 평가 도구의 개발이 매우 어려우므로 평가를 효과적으로 실시하는 것은 쉬운 일이 아니다. 대부분의 학습자는 평가에 대한 적지 않은 염려와 두려움을 가지고 있음에도 불구하고 평가가 지니는 가치는 매우 크다.

▶ **프로그램 평가의 가치(Caffarella, 1994)**

- 프로그램 목표에 도달하도록 해 준다.
- 프로그램 개발 시 전 영역에 의사결정을 위한 정보를 제공해 준다.
- 학습 설계 및 실천 시 개선할 사항을 파악하도록 해 준다.
- 학습에 대한 학습자의 응용력을 증대시킨다.
- 프로그램에 대한 책무성을 부여한다.
- 프로그램의 주요 업적에 대한 자료를 제공해 준다.
- 향후 프로그램 개선 방향의 설정을 돕는다.

2. 평생교육 평가모형

1) 목표달성 모형(goal attainment model)

목표달성 모형은 교육목표 또는 교육을 위한 행정적 · 제도적 목표가 달성된 정도를 교육과정과 수업 또는 행정적 조치와 경영 · 관리를 통해 사정하는 평가모형으로 테일러가 1949년에 처음으로 제안하였다.

(1) 테일러 모형

테일러는 수업 목표를 평가 기준으로 하여 해당 프로그램 또는 수업 종료 후 교육목표가 달성된 정도를 확인하는 것을 교육평가로 간주하였으므로 목표달성 평가모형이다. 행동 목표를 기준으로 교육성과를 평가하는 방식을 사용하기 때문에 행동목표 모형(BOM: Behavioral Objective MODEL)이라고도 한다.

▶ **테일러의 평가모형 절차**

① **목표 선정:** 일반 교육목표 설정

② **목표 명시:** 일반 교육목표를 행동 목표로 명세화

③ **도구 제작:** 평가 방법과 평가도구를 선정 또는 개발

④ **자료수집:** 평가도구를 사용하여 데이터 수집

⑤ **가치판단:** 수집한 데이터를 기준으로 목표의 도달도 결정

2) 의사결정 모형(decision-oriented model)

의사결정 모형에서의 평가는 의사결정자에게 필요한 정보를 제공함으로써 원활한 의사결정을 할 수 있도록 돕는 과정이기 때문에 정보처리 모형(information process model)이라고도 한다.

(1) CIPP 모형

평가가 의사결정자의 의사결정에 필요한 정보를 설계하고 획득하여 제공하는 과정이라는 정의를 토대로 하여 스투플빔(1973)은 CIPP 프로그램 평가 모형을 제안하였다.

① 상황 평가(C: Context evaluation)

상황 평가는 적절하지 못한 환경과 충족되지 못한 다양한 욕구를 파악하고 현재 처해 있는 문제 상황을 진단한다. 상황 평가의 기본적인 절차는 우선 실제 상황과 필요조건 사이의 차이를 파악한 후, 실험과 조사 등의 방법으로 실증하고 그 결과를 전문가에게 의뢰하여 체계적이고 종합적인 검토를 받는 순서로 진행된다. 상황 평가의 결과는 현재 운영 중인 목표와 새롭게 계획 중인 목표 사이의 우선순위를 검토하고 그 차이를 합리적으로 조정하여 타당한 변화의 방향을 결정하기 위한 기초 자료로 활용된다.

② 투입 평가(I: Input evaluation)

투입 평가는 평가에 사용되는 자원과 자원 체제의 투입 방법을 결정해야 할 때 필요로 하는 정보를 수집하여 제공하기 위한 평가이다. 투입 평가에서는 평가에 사용되기 위해 선정된 목표 달성 전략, 선정된 전략의 실행을 위한 세부 설계, 인적 자원의 능력 등을 확인하고 점검한다. 즉, 교육적 요구와 환경을 고려한 방법론적 대안들을 탐색,

계획, 수립에 필요한 정보를 수집하여 실패의 위험 또는 자원낭비 가능성을 막기 위한 정보를 제공하는 것이다. 투입 평가에서는 설문조사, 문헌연구, 집단토론, 해당 분야의 전문가 동원 등과 같은 방법이 사용된다.

③ 과정 평가(P: Process evaluation)

과정 평가는 프로그램이 실시되는 과정에 운영 방법과 절차를 수정 · 보완하는 데 필요한 정보를 수집하고 제공하기 위해 정기적으로 하는 평가이다. 과정 평가의 주목표는 프로그램이 계획한 대로 실행되고 있는지, 가용 자원을 효과적으로 활용하는지에 대한 피드백을 제공하여 실행 계획을 수정하기 위한 지침을 제공하는 데 있다. 수업절차, 학교운영의 방침, 교육적 조치가 필요한 과정을 평가하는 것으로 설문조사, 집단토의, 참여적 관찰 등과 같은 방법들이 있다.

④ 산출 평가(P: Product evaluation)

산출 평가는 성과 평가 또는 출력 평가라고 하며, 프로그램이 종료된 후 프로그램의 성과를 측정하는 평가이다. 실시 시기와 관계없이 프로그램의 목표가 달성된 정도와 그 성과를 측정하는 것이기 때문에 산출 평가에 해당된다. 성과 평가는 학업 성취도뿐만 아니라 태도와 습관의 변화도 포함되며 목표에 진술된 것은 모두 성과로 인정한다. 성과 평가의 목적은 해당 프로그램의 성과를 총체적으로 분석하여 프로그램 만족도(프로그램의 질, 학습자의 요구 충족 정도 등)를 공개함으로써 프로그램의 성과를 판단하고 해석하는 데 있다.

3) 결과평가 모형

(1) 커크패트릭 모형

커크패트릭 모형은 교육의 결과를 평가하는 모형으로 반응평가, 학습평가, 행동평가 및 결과평가의 네 가지로 이루어져 있다.

① 반응평가

프로그램 참여자의 만족도를 측정하는 것으로, 참여자의 반응에 따라 프로그램의 지속 여부를 결정하게 된다. 프로그램 참여자의 전반적인 반응이 평가기준이 되며 시설, 시간, 강사, 교재, 내용, 방법 및 학습 분위기가 포함되며, 참여자가 프로그램 진행 과정 중에 나타내는 반응 또는 반응 평가지 등을 통해 측정한다.

② 학습평가

학습평가는 프로그램 참여자가 무엇을 배웠는지를 측정하는 것으로 참여자가 프로그램에 참여한 후, 지식이나 기술의 증진 및 태도의 변화를 파악한다. 참여자가 직접 지필검사, 문답시험 및 직무 시뮬레이션 등의 방법에 의해 평가를 하게 된다. 평가 시기는 프로그램의 전과 후, 진행 중 또는 일정 시간이 지난 후에도 할 수 있다.

③ 행동평가

행동평가는 참여자가 프로그램에 참여한 결과로 나타내는 행동 변화를 측정하는 것으로 특히 직무수행과 관련이 있다. 즉, 프로그램을 통해 학습한 지식과 기술로 학습자의 행동이 얼마나 변화되었는지를 점검한다. 주로 평가 전후의 통계적 비교, 장기 추적 등의 방법을 사용한다. 행동평가는 학습된 내용이 실제 행동으로 언제, 어떻게 변화되어 나타날지를 예측하기가 힘드므로 평가를 실시하기가 용이하지 않다.

④ 결과평가

결과평가는 참여자가 프로그램에 참여한 결과로, 조직 또는 지역사회에 긍정적인 영향을 얼마나 미쳤는가를 측정한다. 특히 기관의 유지 및 비용 절약에 미친 영향, 근무 결과의 개선 정도 등을 파악함으로써 기관의 발전에 기여한 정도를 알 수 있다. 결과평가를 위해서 미리 프로그램 실시 전후의 자료 수집을 통해 기관의 개선 사항들을 분석 · 파악해 놓아야 평가의 효과성을 제대로 알 수가 있다.

〈표 14-1〉 커크패트릭 모형

평가 차원	측정 내용	측정 방법
반응 (만족도)	학습자들이 프로그램에 만족하는지	반응평가지
학습 (성취도)	학습한 것을 결과로 볼 수 있는지	지필 검사, 기술 실습, 직무 시뮬레이션 등
행동 (적용도)	기능, 태도를 실제 활용하는지	프로그램 전후 비교, 관찰, 통계적 비교, 장기적 추적 등
결과 (기여도)	조직과 지역사회에 긍정적인 영향을 미쳤는지	비용 절약, 학습 결과 개선, 수월성 향상 등

출처: 김용현 외(2013), p.229.

3. 평생교육 평가의 영역과 원리

1) 평생교육 평가의 영역

평생교육 평가의 영역은 평생교육 프로그램을 운영하는 데 있어서 평가하고자 하는 범위와 대상을 의미하며 프로그램 목적, 프로그램의 내용, 참여자 반응, 프로그램 운영 등이 포함된다.

프로그램 목적에 대한 평가는 프로그램이 의도하는 바가 성취되었는가를 확인하는 것이며, 목표지향 평가의 원리와 절차를 따른다. 프로그램 내용에 대한 평가 항목은 프로그램 내용의 현실성, 혁신성, 적용성, 즉시성, 요구 반영 정도 등이 있다.

참여자 반응에 대한 평가는 프로그램에 참여한 학습자들의 프로그램에 대한 태도, 인식, 느낌, 호감도, 만족도 등을 파악한다. 프로그램 운영에 대한 평가는 프로그램이 원활하게 운영되었는지와 프로그램 운영과 관련된 제반 요인 등을 확인하고 점검하는 데 있다.

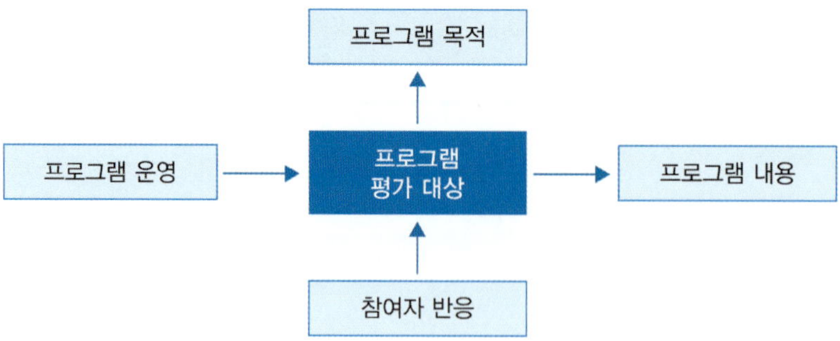

[그림 14-1] 프로그램 평가의 핵심 대상과 영역

출처: 이해주 외(2012), p.339.

2) 평생교육 평가의 기능과 원리

▶ 평생교육의 평가가 갖는 기능

- 평가는 대상에 대한 진단과 이해, 치료가 목적이며 또한 학습자의 성취 정도를 정확히 이해하는 것이 목적
- 평가는 교육 구성요소를 개선
- 평가는 학습자의 학습을 촉진하며 긍정적인 학습동기를 유발하는 기능 수행
- 평가는 그 결과를 학생 상담이나 생활지도의 자료로 활용
- 평가는 평생교육의 질적 수준을 유지, 발전

▶ 평가의 일반적인 원리

- 평가는 교육과정 내의 다양한 사상, 조건이 바람직한지 평가
- 평가는 현장에서, 실제 상황 속에서 이루어지는 활동
- 평가는 의사결정이나 정책 수립을 촉진하기 위한 활동
- 평가는 계속해서 시행되고 종합적으로 시행되어야 본래의 평가 목적을 성취
- 평가는 순환적이고 재생적이며 계속적인 활동이며 종합성을 가짐

3) 평생교육 평가의 준거

평생교육 프로그램 평가를 위해 활용되는 평가 준거에는 효과성, 효율성, 적정성, 형평성, 대응성, 적절성이 있다.

〈표 14-2〉 프로그램 평가의 준거와 질문

평가 준거	질문	예시적 준거
효과성 (effectiveness)	가치 있는 산출을 성취했는가?	교육 효과의 평가
효율성 (efficiency)	교육을 위해서 어느 정도의 노력을 투입했는가?	교육 비용과 수익률
적정성 (adequacy)	교육 결과를 통해 어느 정도 문제해결이 이루어졌는가?	문제해결 능력의 평가
형평성 (equity)	개인 또는 집단 간에 비용과 효율이 공평하게 배분되었는가?	교육 기회와 자원배분 근거의 평가
대응성 (responsiveness)	프로그램을 통해 조직의 목표, 집단의 필요 등이 만족할 만한 수준으로 달성되었는가?	조직체의 교육목표 달성 여부
적절성 (appropriateness)	기대되었던 산출이 실제 가치가 있는가?	적정성이 제외된 모든 준거의 검증

출처: 이해주 외(2012), p.342.

4. 평생교육 프로그램 평가의 실제

1) 만족도 평가

(1) 만족도 평가의 개념

만족도 평가는 교육훈련 프로그램 참여자들이 자신이 참여한 프로그램의 교육내용, 강사의 교육방법, 교육기자재 및 시설(환경), 교육시간(일정), 교육지원서비스, 기타 등에 얼마나 만족했는가를 묻는 평가이다(Kirkpatrick, 2006). 만족도 평가는 향후 프로그램의 개선을 위한 가치 있는 피드백을 제공하고, 이를 통해 강사가 학습자(훈련생)들의 더 나은 수행을 도울 수 있으며, 프로그램 관계자에게 양적인 정보를 제공하고, 미래 프로그램을 위한 수행 준거를 세우는 데 이용될 수 있는 정보를 제공해 준다는 점에서 중요하다(Kirkpatrick & Kirkpatrick, 2006).

(2) 만족도 평가의 내용 및 방법

만족도 평가의 구체적인 내용은 〈표 14-3〉과 같다(이성흠, 2006). 만족도를 평가하는 일반적인 방법으로는 관찰, 인터뷰, 질문지 등이 있다.

〈표 14-3〉 만족도 평가의 범주 및 내용

범주	내용
프로그램 목적/내용	참가자의 기대, 적절성, 구조, 수준, 내용 최신성 등의 측면에서 프로그램의 내용이 프로그램 목적 달성에 미치는 영향 평가
프로그램 자료	교육 · 훈련프로그램에서 사용한 인쇄자료와 기타 학습 보조자료의 효과성, 효율성 및 유용성 판단 평가
교육 · 훈련방법/매체활용	프로그램의 교수 · 학습에 사용된 방법 및 매체활용과 첨단 기술에 기반한 수업의 적절성과 효과성 판단평가
교수자/학습촉진자	프로그램을 주도한 교수자 또는 학습촉진자의 능력, 준비정도, 효과성 평가
교수 · 학습활동	교육 · 훈련프로그램에서 전개된 교실 내 · 외 활동의 적절성과 도움의 정도를 평가
프로그램 시기/기간	프로그램 시기와 기간의 계획 변경과 고려사항을 위한 전체 교육 · 훈련프로그램 기간, 또는 단위 강좌의 기간 평가
교육 · 훈련 환경	교실, 식당, 숙박시설, 여가활동시설을 포함하는 물리적 교육 · 훈련환경의 적절성 평가
계획된 행동/전이에 관한 기대	교육 · 훈련에서 학습한 내용을 직무에서 활용하기 위한 참가자의 계획 · 기대와 전이를 위한 장애요소 파악에 관한 평가

범주	내용
방법론적 전략/ 행정지원사항	교육 · 훈련프로그램을 위한 시간계획, 등록, 기타 방법론적 전략과 행정사항의 유연성과 효과성 평가
종합평가	교육 · 훈련프로그램에 관한 참가자의 만족과 느낌에 대한 종합평가
프로그램 개선을 위한 건의사항	장래 교육 · 훈련프로그램 개선을 위한 건의 또는 제안사항을 수렴하는 평가

출처: 이성흠(2006). 학습자 만족도 확인을 위한 교육 · 훈련프로그램 반응 평가. 교육과학사. p.93.

(3) 만족도 평가 수행 순서

① 만족도 평가의 목적과 범위를 결정한다.

평생교육 현장에서는 프로그램 종료 시점에 학습자들을 대상으로 프로그램에 대한 만족도 평가를 실시하는 것이 일반적이다. 하지만 만족도 평가의 실시 이유가 프로그램 강사의 해촉, 재위촉의 근거자료나 형식적인 만족도 평가가 되어서는 안된다. 평가 담당자는 프로그램의 근본적인 목적을 설정하고, 그 범위를 명확히 하여 평가를 수행하여야만 올바른 평가가 될 수 있다.

② 만족도 평가를 위한 계획을 세운다.

만족도 평가를 위한 계획을 미리 세워야 체계적으로 평가를 수행할 수 있다. 평가담당자는 다음과 같은 '만족도 평가계획 워크시트'를 이용하여 평가 수행계획을 미리 구상할 수 있다.

〈표 14-4〉 만족도 평가계획 워크시트

만족도 평가계획 워크시트						
무엇을	왜	어떻게	자료원	언제	어디에서	누구를

③ 필요한 정보 수집을 위한 도구를 개발한다.

만족도 평가계획이 구체화된 후에는 평가자료 수집을 위한 도구를 선정하고 개발할 필요가 있다. 앞서 언급한 것처럼 일반적으로 만족도 평가를 위한 도구로는 관찰, 인터뷰, 질문지 등을 많이 활용한다. 평가담당자는 평가상황을 고려하여 적합한 도구를 선택, 제작하여야 하므로 평가도구 개발 과정에 주요 이해관계자가 관여하도록 한다.

평가자료 수집을 위한 도구 개발에 평가도구의 신뢰성과 타당성을 높이기 위해 프로그램과 관련된 주요 이해관계자(프로그램 설계자, 학습자, 강사, 기타)는 평가도구의 신뢰성과 타당성을 높이기 위함이므로 그들의 조언을 얻는 것은 평가자료 수집에 도움이 된다.

④ 평가결과에 대하여 누구와 어떻게 공유할지를 결정한다.

평가담당자는 만족도 평가를 수행하고 얻은 결과에 대해 누구와 어떻게 공유할지를 생각해야 한다. 공유의 대상은 프로그램과 관련된 주요 이해관계자들이므로 공유 방법도 그들이 원하는 것을 수용할 수 있어야 한다.

⑤ 자료수집 및 도표화가 용이하도록 도구를 설계한다.

평가도구는 평가상황의 현실을 반영하여 자료수집이 용이한 방법을 선택하고 설계하는 것이 좋다. 또한 결과 공유가 올바르게 이루어지도록 도구를 설계하되, 도표화가 될 수 있도록 하여야 한다.

2) 교육성취도 평가

(1) 교육성취도 평가의 개념

교육성취도 평가는 교육훈련 참여자들이 프로그램의 학습 경험 내용을 통해 새로운 지식, 기능, 태도 등을 어느 수준까지 익히고 얼마나 잘 적용할 수 있는지 측정하기 위하여 정보를 수집, 분석, 요약, 보고, 적용하는 과정을 말한다(Phillips & Stone, 2002).

(2) 교육성취도 평가의 내용 및 방법

교육성취도 평가의 내용은 일반적으로 지식, 기능, 태도 등이다. 교육성취도를 평가하는 구체적인 방법으로는 사전, 중간, 사후테스트(지식), 수행/적용테스트(기능), 체크리스트/시범/관찰(기능, 태도), 사례연구(지식, 기능, 태도), 작품 혹은 포트폴리오(기능) 등이 있다. 평생교육 현장에서는 보통 지식 영역을 대상으로 평가를 실시하는 경우가 많다. 지식 영역의 평가를 위해서는 먼저 검사(테스트)의 목적, 내용, 시간, 문항유형, 문항 수 등을 결정하고 이어 어떤 내용을 어느 능력 수준까지 측정할 것인지를 결정해야 한다(성태제, 2002).

평가담당자는 다음과 같은 이원분류표를 이용하여 각 문항의 내용과 행동을 구체화할 수 있다. 이원분류표는 출제하고자 하는 각 문항의 측정내용과 행동을 재확인하고 구체화하는 도구이다(박도순 외, 2007).

〈표 14-5〉 이원분류표

행동 내용	지식	이해	적용	분석	종합	평가	문항수	비율(%)
문항수								100
비율(%)							100	

출처: 박도순 외(2007). 교육평가: 이해와 적용. 교육과학사. p.153 재편집.

연구문제

1. 평생교육에서의 평가 목적은 무엇인지 말해 보세요.
2. 평생교육 평가의 준거에서 효과성과 효율성의 예를 들어 비교 · 설명하여 보세요.

실전방법 **커크패트릭 모형의 반응평가에 의한 결과보고서 만들기**

※ 커크패트릭 모형의 반응평가는 프로그램 참여자의 만족도를 측정하는 것이다.
참여자의 전반적인 반응이 다음과 같을 때, 프로그램 지속여부에 대한 보고서를 만들어 보세요.

〈프로그램명: 노후 자산관리〉

문항

① 기관의 시설: 만족도 90%(강의실 협소, 방음 미비에 대한 건의)
② 프로그램의 시간: 68%(주 1회로 저녁 시간이라 불편)
③ 강사에 대한 만족도: 70%(전문성 결여, 열정적 강의, 학습자에 대한 관심 높음)
④ 교재에 대한 반응: 60%(학습자 수준보다 높은 교재 적용으로 어려움)
⑤ 강의 내용: 90%(실생활에 활용할 수 있어 좋음)
⑥ 교수자의 수업 방법: 50%(이론적 내용만 나열, 실제 사례가 필요)
⑦ 프로그램 학습 분위기: 65%(학습자 동기부여 부족, 내용의 어려움)

1. 위 문항들의 응답한 내용에 대해 '프로그램 지속여부'에 대한 토론을 하세요.(팀별)

 - 지속 필요의 이유
 - 폐지 필요의 이유
 - 그 외 대안

2. 지속여부에 대한 보고서 작성(개인별)

참고문헌

강대중(2013). **성인교육의 의미**. 서울: 학이시습.

강대중(2020). 학습하는 부모: 평생학습 시대의 학부모 담론 재구성. **학부모연구**, 7(1), 1-19.

강명희, 김나연, 김민정, 김지윤, 임현진(2011). 사이버대학생이 인식하는 교수실재감, 학습실재감, 학습 성과 간의 구조적 관계 규명. **교육정보 미디어연구**, 17(2), 153-176.

강인애(1998). 성인학습에 대한 구성주의적 처방전과 진단. 한준상(편), **앤드라고지: 현실과 가능성**. 서울: 학지사.

강인애(2006). **디지털시대의 학습테크놀로지**. 서울: 문음사.

강인애, 정준환, 정득년(2007). **PBL의 실천적 이해**. 경기: 문음사.

경기도교육청(2012.09.). 스마트폰 실태조사-한국 인터넷 진흥원 스마트 기기 보유율 소사.

고아라, 차성현(2019). 신입직원의 멘토링을 통한 조직 적응 체험에 관한 현상학적 연구. **전남대학교 교육문제연구소**. 41(1).

고현석(2021.12.26.). 위드 · 포스트 코로나 시대 하이브리드 교육 모델: 국내 · 외 사례를 중심으로. 대학지성 In&Out(www.unipress.co.kr).

교육과학기술부 대학지원과(2009). 학사행정관리자 협의회 세미나 강연자료.

교육문화연구소(2018). 평생교육의 필요성과 개념 정립(www.edulabkorea.com).

교육부 보도자료(2020.02.19.). 2020년 한국형 온라인 공개강좌(K-MOOC)기본계획 발표.

교육인적자원부(1998). **평생교육백서**(제2호). 서울: 교육부.

구기옥(2019). **반영조직**. 서울: 쿠퍼북스.

국가평생교육진흥원(2021). 평생교육백서(www.nile.or.kr).

권대봉(2006). **성인교육방법론**. 서울: 학지사.

권두승(2000). **성인학습 지도방법의 이론과 실제**. 경기: 교육과학사.

권두승, 조아미(2001). **성인학습 및 상담**. 서울: 동문사.

권성호(2000) **하드웨어는 부드럽게 소프트웨어는 단단하게**, 경기: 양서원.

권양이(2012). **평생교육방법론**. 서울: 원미사.

권영선, 배철우, 윤영남, 이종훈, 조용(2021). **평생교육방법론**. 서울: 동문사.

권이종 이상오(2001). **평생교육**. 경기: 교육과학사.

김난도 외(2022). **트렌드 코리아 2023**. 서울: 미래의창.

김문섭 외(2019). **평생교육방법론**. 경기: 양성원.

김승옥(2018). 플립드러닝 환경에서 교수실재감, 감성적 실재감, 사회적 실재감, 인지적 실재감과 학습 몰입 간의 구조적 관계 분석. 건국대학교 대학원 박사학위논문.
김영식(2018). **4차산업력명과 교육의 미래.** 서울: 학지사
김영애(2014). 청소년의 자아정체감이 진로정체감에 미치는 영향. 성산효대학원대학교 박사학위논문.
김영학(2016). 4차 산업혁명시대의 지적교육 방향. **한국지적정보학회지, 18**(3), 35-50.
김용현, 김종표(2015). **평생교육론: 평생학습과 열린 학습사회.** 경기: 양서원.
김용현, 정기수(2013). **평생교육방법론.** 경기: 양서원.
김윤희(2000). 구성주의에 기초한 인지적 도제 학습의 효과 분석. 고려대학교 대학원 박사학위논문.
김은주(2003). **명강의 핵심전략.** 서울: 연세대학교 출판부.
김정래(2010). 교육의 패러다임이 바뀌어야 한다. keri한국경제연구원 칼럼.
김종서, 황종건, 김신일, 한승희(2000). **평생교육개론.** 경기: 교육과학사
김종표(2016). **평생교육방법론.** 경기: 양서원.
김종표, 이복희(2006). **평생교육방법론.** 파주: 양서원.
김종표, 이복희, 최세이(2019). **실전 명강의 교수법.** 경기: 양서원.
김주영(2022). 포스트 코로나 시대의 효과적인 대학 하이브리드 수업 운영을 위한 요구분석. 고려대학교 대학원 박사학위논문.
김준수(2013). 인지적 도제 학습을 활용한 이러닝 교수설계 모형 개발 및 적용 효과 연구. 관동대학교 대학원 박사학위논문.
김지심, 강명희(2010). 기업 이러닝에서 학습자가 인식한 교수실재감과 학습실재감 학습효과의 구조적 관계 규명. **아시아교육연구, 11**(2), 29-56.
김춘식(2017). 독일 평생교육의 역사와 한국에의 시사점. **역사와교육, 25**, 75-109.
김한별(2019). **평생교육론.** 서울: 학지사.
김현성(2020). 빅데이터 분석을 활용한 지역맞춤형 평생교육프로그램 개발 모형. 대구한의대학교 대학원 박사학위논문.
김환건 외(1999). **대학교수를 위한 교수법.** 서울: 국학자료원.
나항진 외(2012). **성인학습 및 상담.** 파주: 양서원.
남상은, 유기웅(2017). 대학생 학사경고자를 위한 코칭 프로그램의 개발 및 적용에 관한 실행 연구. **교양교육연구, 11**(1), 281-311.
류지헌, 김민정, 김소영, 김혜원, 손찬희, 이영민, 임걸(2013). **교육방법 및 교육공학.** 서울: 학지사.
류태호(2020). 코로나19가 앞당긴 4차 산업혁명 시대의 창의적 미래인재 양성을 위한 과제. Future Horizon, 47.
박경규, 이규만(2010). 멘토특성과 멘토링 기능 및 구성원의 태도간의 관계, **대한경영학회지, 23**(5), 2841-2859.
박도순 외(2007). **교육평가: 이해와 적용.** 파주: 교육과학사.
박성기(2021). 중학교 초임 체육교사 멘토링 사례연구. 경북대학교 대학원 박사학위 논문.

박성미(2006). 대학생을 위한 멘토링 기능 측정도구 개발 및 타당화 연구. **수산해양교육연구, 18**(1).

박소이(2021). 온라인 교육서비스품질이 학습전이에 미치는 영향과 학습자 만족 및 학습 몰입의 매개효과: 환대산업 전공 대학생을 중심으로. 호남대학교 대학원 박사학위논문.

박수진(2020). 평생교육 교수자의 코칭을 활용한 교수역량 개발과정 탐색. 백석대학교 대학원 박사학위논문.

박윤희(2010). 성공적인 커리어코칭 과정에 관한 연구. 숭실대학교 대학원 박사학위논문.

박정영(2010). **3Cs 핵심코칭역량 프로그램 매뉴얼**. 서울: CiT코칭연구소.

박정화(2022). 이러닝(E-Learning) 한국어수업 만족도 분석. 연세대학교 대학원 박사학위논문.

박종선(2013). (사이버대학의 학습전략) **스마트러닝**. 서울: 교문사.

배용관(2020). 코치의 커뮤니케이션 특성이 코칭고객의 긍정심리자본에 미치는 영향. 국민대학교 대학원 박사학위논문.

백수정(2013). 평생교육자의 퍼실리테이션 역량 진단척도 개발. 중앙대학교 대학원 박사학위논문.

변영계(2000). **교수학습이론의 이해**. 서울: 학지사.

변현정, 유숙영, 서윤경(2021). 하이브리드 수업에서 중등 예비교사의 참여방식 선택과 학습경험 탐색. **교육혁신연구, 31**(4).

서명환, 서보준, 김우호, 송기영(2020). **평생교육방법론**. **경기**: 공동체.

서울대교육연구소(1995). **교육학용어사전**. 서울: 하우

성은모 외(2020). 코로나19 시대 온라인 수업의 도전과 과제. **교육공학연구, 36**(s).

성태제(2002). **타당도와 신뢰도**. 서울: 학지사.

손준종(2000). 평생학습 논리의 의미와 한계 검토. **교육학연구, 38**(1), 289-308.

신명신(2014). 우리나라 평생교육 제도에 관한 질적 연구. **한국컴퓨터정보학회논문지, 19**(3), 147-153.

신미애(2016). 평생학습참여자의 자기효능감과 참여동기가 학습성과에 미치는 영향 연구 : 경기북부지역 평생학습기관 학습자를 중심으로. 대진대학교 대학원 박사학위논문.

신승인, 김미자, 박수용, 유선주, 이소영, 진규동(2022). **평생교육방법론**. 서울: 학지사.

신용주(2004). **평생교육의 이론과 방법**. 서울: 형설출판사.

신용주(2021). **평생교육방법론**. 서울: 학지사.

신종우(2020). 코로나19 상황 K에듀가 세계 선도할 기회(에듀인 뉴스).

신종우(2020.04.28.). [인공지능시대 미래교육] 이제 '하이브리드 러닝'(Hybrid Learning)으로!. 에듀인뉴스(www.eduinnews.co.kr).

양병현(2009). **미국의 리터러시 코칭**. 서울: 대교출판.

양흥권(2017). **평생교육론: 학습 세기의 교육론**. 서울: 한국교육개발원.

여성가족부(2007). 노인기 양성평등의식 교육프로그램, 여성가족부 양성평등문화팀.

오상봉(2011). 감수성훈련이 교정시설 수형자의 대인관계와 충동성에 미치는 영향. 광주대학교 대학원 석사학위논문.

오인경(2003). 구성주의 교수학습 전략으로서의 코칭의 역할 및 프로세스: 외국 기업 사례 비교. **기업교육연구, 5**(2), 5-25.

유동수(2007). **감수성훈련**. 서울: 학지사.

유승우, 임형택, 권충훈, 이성주, 이순덕, 전희정(2013). **교육방법 및 교육공학**. 경기: 양서원.

유영만(2009). **제4세대 HRD: 즐거운 학습, 건강한 지식, 보람찬 성과, 행복한 일터**. 서울: 학지사.

유재수, 이석재(2003). e-러닝 기술동향. **한국콘텐츠학회지, 2**, 22-35.

윤옥한(2004). **명강의 교수법**. 서울: 학지사.

윤옥한(2017). **평생교육방법론**. 경기: 양서원.

이가영, 한송이(2022). 대학교육에서의 하이플렉스 수업에 대한 교수자 인식과 개선방안. **인문사회21, 13**(2). 2589-2604.

이경호(2014). 전문코치의 직업적 성장경험에 대한 내러티브 연구. 국제뇌교육종합대학교 대학원 박사학위논문.

이관영(2020). 구성주의 기반의 인지적 도제이론을 적용한 사군자 수업 연구. 고려대학교 대학원 석사학위논문.

이민혜(2022). 하이브리드 영재교육을 통한 집단창의성 증진에 관한 연구. 부산대학교 대학원 박사학위논문.

이복희, 유인숙(2020). **평생교육프로그램개발론**. 경기: 양성원.

이성흠(2006). **학습자만족도 확인을 위한 교육. 훈련 프로그램 반응평가**. 서울: 교육과학사.

이소희, 송금자, 김경미, 박현정(2016). 부모지원을 위한 6Y Coaching 프로그램의 추후 효과성에 관한 연구. **한국가족복지학, 18**(4), 625-656.

이영준, 김지애(2015). 인지적 도제 이론에 기초한 한국어 말하기 수업 설계 방안 연구. **한국어 의미학, 48**, 1-25.

이용권(2019). 군 리더의 코칭역량모델 개발 및 교육요구도 분석. 충남대학교 대학원 박사학위논문.

이재경(2021). '위드 · 포스트 코로나 시대 하이브리드 교육 모델: 국내 · 외 사례를 중심으로'. 고등교육 이슈, 12호.

이정민, 남선혜, 허미선, 배윤주(2020). 국내 온라인 학습에서 실재감의 효과에 관한 메타분석. **교육정보미디어연구, 26**(4), 853-878.

이해주, 이미나, 노경주, 김진화(2021). **평생교육방법론**. 서울: 한국방송통신대학교.

이해주, 최운실, 권두승, 장원섭(2018). **평생교육 프로그램 개발**. 서울: 한국방송통신대학교.

이효섭(2021). 평생교육 연구 및 실천 부문의 핵심어 차이 분석: 빅데이터 분석기법을 활용하여. 고려대학교 대학원 박사학위논문.

임형택, 권재환, 권충훈, 김경열, 김두열, 김인숙, 박찬원, 박희석, 신준영(2013). **평생교육방법론**. 경기: 공동체.

장경원, 고수일(2013). **액션러닝으로 수업하기**. 서울: 학지사.

장진호(1979). **사회교육의 방향: 평생교육의 관점에서.** 서울: 정익사.

장현주(2021). 블렌디드 러닝 기반 고등학생 영양교육 프로젝트 교수·학습 과정안 개발. 경북대학교 대학원 석사학위논문.

전광석(2009). 위기청소년을 대상으로 한 멘토의 역량 강화 방안에 관한 연구. **청소년 문화포럼,** 23, 205-236.

정미혜(2014). 고령화 사회 평생교육의 필요성과 노인 미술 지도방안 연구. 숙명여자대학교 대학원 석사학위논문.

정복임(2020). 대학 부설 평생교육원 운영의 뉴패러다임 구축에 관한 연구. 대구한의대학교 대학원 박사학위논문.

정옥희(2021). 뉴노멀시대 예술교육의 파르마콘적 담론. **예술교육연구, 19**(1).

정은경(2020). **코칭심리의 이론과 실제.** 서울: 학지사.

정지은(2021). 정신분석 상담 상황 안에서의 현상학적 자기(self)에 대한 연구: 메를로-퐁티의 살 존재론적 자기와의 연관성을 중심으로. **라깡과 현대정신분석, 23**(1), 153-183.

정현옥, 김미영, 민세홍(2010). 학습코칭 프로그램이 자기주도적 학습능력에 미치는 효과. **실과교육연구, 16**(4), 197-212.

조성연, 박미진, 문미란(2010). **성인학습과 상담.** 서울: 학지사.

조연순, 이명자(2017). **문제중심학습의 이론과 실제.** 서울: 학지사.

조현경(2022). 블렌디드 교육방식을 활용한 가상공간 디자인 적용에 관한 연구. **국제문화기술진흥원, 8**(5), 279-284.

주혁중(2022). 하이플렉스(Hyflex) 수업을 통한 메이커교육의 적용: 중학교 방과후 동아리 중심으로. 한국교원대학교 대학원 석사학위논문.

지식경제공무원교육원(2008). 물결이론에 따른 사회변화의 특징.

지엔항(2022). 비대면 커뮤니케이션 활성화에 영향을 미치는 요인: 글로벌 화상회의 플랫폼을 중심으로. 계명대학교 대학원 박사학위논문.

차갑부(2014). **평생교육론-모든 이를 위한 평생학습.** 경기: 교육과학사.

최병권(2004). 위대한 기업을 만드는 인재 멘토링. **Leader's guide, 2,** 248-253.

최윤정, 지난영(2020). 비대면 영어 수업에서 상호작용과 수업 만족도와의 관계 연구: 수업 방식의 조절효과를 중심으로. **Multimedia Assisted Language Learning, 23**(4), 233-253.

최인숙(2018). 코칭기반 인성교육 프로그램 효과성 분석. 서울벤처대학교 대학원 박사학위논문.

최정임, 장경원(2015). **PBL로 수업하기.** 서울: 학지사.

커넥팅랩(2022). **모바일미래보고서 2023.** 서울: 비즈니스북스.

평생교육과심리학(2020). 사회패러디임의변화와 교육환경의 변화(www.polymath.pe.kr).

하버드비즈니스프레스(2008). **코칭의 기술**(이상욱 역). 서울: 한스미디어.

하은경(2020). 상담자 감수성훈련 프로그램의 개발과 효과. 대구대학교 대학원 박사학위논문.

한국기술대학교능력개발교육원(2022), 퍼실리테이터로서의 커뮤니케이션기법.

한상훈(2007). 성인학습자의 학습동기와 자기주도학습의 관계. **학습자중심교과교육연구**, 7(2), 355-374.

한송이, 이가영(2021). 대학교육에서 하이플렉스 수업 사례 연구: A대학의 사범대 교직 강좌를 중심으로. **교육문화연구**, 27(5), 269-289.

한승희(2010). **학습사회를 위한 평생교육론**. 서울: 학지사.

한윤희(2021). 뉴노멀시대 공연예술 활성화 방안. 한세대학교 대학원 박사학위논문.

함영주(2020). 뉴노멀 시대 프로젝트 기반 가정예배의 원리와 방법에 대한 고찰. **신학과실천**, 72, 517-546.

Aldag, R. J., & Kuzuhara, L. W. (2002). *Organizational behavior & management: Anintegrated skills approach*. Eagan, MN: South Western/ Thomson Learning.

Alheit, A., & Dausien, D. (2002). The double face of lifelong learning: Two analytical perspectives on a silent revolution. *Studies in the Education of Adults, 34*(1), 3-22.

Allen, T. D., Day, R. & Lentz, E. (2005). The role of interpersonal comfort in mentoring relationships. *Journal of career Development, 31*(3), 155-169.

Allen, T. D., Poteet, M. L. & Burrogughs, S. M. (1997). "The Mentor's Perspective : A Qualitative Inquiry and Future Research Agenda", *Journal of Vocational Behavior, 51*, 70-89.

Arnold, Rolf & Schuessler, Ingeborg: Wandel der Lernkulturen. (1998). Rezension. REPORT Literatur- und Forschungsreport Weiterbildung, (43), 106–107.

Ausubel, D. P. (1967). *Learning theory and classroom practice*. Toronto: Ontario Institute for Studies in Education.

Bandura, A. (1977) *Social Learning Theory*. NJ: Prentice-Hall.

Beatty, B. J. (2019). Hybrid-Flexible Course Design: Implementing student-directed hybrid classes (1st ed.).

BIR Reserch Group (2012). **스마트콘텐츠 산업동향과 전망**. 서울: BIR.

Boud, D., Cohen, R., & Walker, D. (1993). Introduction. In D. Boud, R. Cohen, & D. Walker (Eds.), *Using experience for learning* (pp. 1-17). Buckingham: The society for Research into Higher Education & Open University Press.

Bower, M., Dalgarno, B., Kennedy, G. E., Lee, M. J. W., & Kenney, J. (2015). Design and implementation factors in blended synchronous learning environments: Outcomes from a cross-case analysis. *Computers & Education, 86*(August), 1-17.

Bower, M., Dalgarno, B., Kennedy, G. E., Lee, M. J., & Kenney, J. (2014). *Blended synchronous learning: A handbook for educators*. Office for Learning and Teaching, Australian Department of Education.

Bruner, J. S. (1965). The growth of mind. *American Psychologist, 20*(12), 1007–1017.

Burke, R. J. (1984). Mentors in organizations. *Group & Organization Studies, 9*(3), 353-372.

Caffarella, R. S. (1994). *Planning programs for adult learners.* San Francisco, CA: Jossey-Bass.

Candy, P. C. (1991) *Self-direction for lifelong learning.* San Francisco, CA: Jossey-Bass.

Collins, A., Brown, J. S., & Newman, S. E. (1989). Cognitive apprenticeship: Teaching the crafts of reading, writing, and mathematics. In L. B. Resnick (ED.), *Knowing, learning, and instruction*: Essays in honor of Robert Glaser, 453-494. Hillsdale, NJ: Lawrence Erlbaum Associates, Inc.

Collins, J., Harkin, J., & Nind, M. (2002). *Manifesto for Learning.* London: Continuum.

Cook, J. D. (1981). *The Experience of Work A Compendium & Review of 249 Measures & Their Use*, London: New York Academic Press.

Coombs, Philip Hall (1968). T*he world educational crisis: a systems analysis.* New York: Oxford University Press.

Cranton, P. (1992). *Working with adult learners.* Toronto: Wall & Emerson.

Cruickshank. D. R., Bainer. D. L. & Metcalf. K. K. (1995). The act of teaching. New Yock: McGraw-Hill.

Cunningham, U. (2014). Teaching the disembodied: Othering and activity systems in a blended synchronous learning situation. *International Review of Research in Open and Distributed Learning, 15*(6), 33-51.

Dave, R. H. (1976). *Foundations of lifelong education.* Paris: UNESCO Institute for Education.

Dave, R. H. (1976). *Illustrative content analysis and synthesis.* Oxford: Pergamon.

Delors, J. (1996). Education for tomorrow. *UNESCO Courier, 49*(1), 6 11.

Dewey, J. (1997). *Experience & education.* NY: A Touchstone Book.

Dewey, J. (2019). **존 듀이의 경험과 교육.** [Experience and Education]. (엄태동 역). 서울: 피와이메이트 (원저출판: 1938).

Dexter, J., Dexter, G., & Irving, J. (2011). *An introduction to coaching. City Road.* London: SAGE.

Dobson, L. (2006). *The Learning Coach Approach.* Philadelphia, PA: Running Press.

EdTech Books. Retrieved from https://edtechbooks.org/hyflex

Edwards, L. (2003). Coaching-the Latest Buzzword or a Truly Effective Management Tool? *Industrial & Commercial Training, 35*(7), 298-300.

Elias, J., & Merriam, S. (1980). *Philosophical foundation of adult education.* NY: Krieger Publishing Compant.

Evered, R. D., & Selman, J. C. (1989). Coaching & the Art of Management. *Organizational Dynamics, 18*(2), 16-32.

Faure, E. (1973). *Learning to be: The world of education today and tomorrow.* Paris: UNESCO.

Fletcher, S. J. (2012). Coaching: An overview. In S. J. Fletcher & C. A. Mullen (Eds), *The SAGE handbook of mentoring & coaching in education* (pp. 24-40). Thousand Oaks, CA: SAGE.

Gagné, R. M., & Briggs, L. J. (1979). *Principles of instructional design* (2nd ed.). NY: Holt, Rinehart & Winston.

Garrison, D. R, & Arbaugh, J. B. (2007). Researching the community of inquiry framework: Review, issues, and future directions. *The Internet and Higher Education, 10*(3), 157-172.

Griffiths, K. (2005). Personal coaching: A Model for Effective Learning *Journal of Learning Design, 1*(2): 55-65.

Hamlin, R. G., & Ellinger, A. D., & Beattie, R. S. (2009). The Emergent 'Coaching Industry': A Wake-up Call for HRD Professionals. *Human Resource Development International, 11*(3), 287-305.

Hargrove, R. (1995). *The Masterful Coaching*, Pfeiffer & Co.

Harvey A. Weinberg (1999). Parent training for Attention-Deficit Hyperactivity Disorder: Parental and child outcome. *Clinical Psychology, 55*(7). 907-913.

Hendricks, H. G., & Hendricks, W. D. (1996). **철이 철을 날카롭게 하는 것 같이.** [As iron sharpens iron] (전의우 역). 서울: 요단출판사(원저출판: 1995).

Henriksen, D., Mishra, P., Greenhow, C., Cain, W., & Roseth, C. (2014). A tale of two courses: Innovation in the hybrid/online doctoral program at Michigan State University. *TechTrends, 58*(4), 45-53.

Hinssen, Peter (2010). *The New Normal*: explore the limits of the digital world. Gent: Across Technology.

Hodgetts, W., & Knutson, M. J. (1998). Maximizing Coaching Effectiveness: Coaching internally VS. externally. *Paper Presented at The Coaching & Mentoring Conference*, Linkage, INC., Washington, D. C., 30-44.

Horn, J. L., & Cattell, R. B. (1982). Whimsy and misunderstanding of gf-gc theory: A comment on Guilford. *Psychological Bulletin, 91*(3), 623-633.

Houle, C. D. (1961). *The design of education* (2nd ed.). San Francisco, CA: Jossey-Bass.

Howard G. Hendricks. & William D. Hendricks. (2000). Living by the Book: Work book. Chicago: Moody Press.

Hunt, J. M., & Weintraub, J. R. (2002). *The coaching manager, developing top talent in business.* Thousand Oaks, CA: Sage.

Irvine, V. (2010). Exploring learner needs for collaboration and access. In EdMedia+ Innovate Learning (pp. 1093-1097). Association for the Advancement of Computing in Education

(AACE).

Jarvis, P.(1992, 1995). *Adultand Continuing Education: Theory and practice* (2nd ed.). London, NY: Routledge.

Joplin, L. (1995). On defining experiential education. In K. Warren, M. Sakofs, & J. S. Hunt, Jr. (Eds.), *The theory of experiential education* (pp. 15-22). Iowa: Kendall/Hunt Publishing Company.

Katz, H., & Kochan, T., & Weber, M. (1985). Assessing the Effects of Industrial Relations Systems & Efforts to Improve the Quality of Working Life on Organizational Effectiveness. *Academy of Management Journal, 28*, 509-526.

Kelly, R. (2020). Purdue Shares Look Inside HyFlex Classroom. https://campustech nology.com.

KERIS (2020). [특집호] 고등교육 · 학술연구 에디션: 2020 ICT 융합교육 글로벌 동향. ICT융합교육 글로벌 동향 리포트.

Kinlaw, D. C. (1989). *Coaching for Commitment: Managerial Strategies for Obtaining Superior Performance,* University Association.

Kirkpatric, D. (1994). *Evaluating training Program: The four levels.* San Francisco: Berrett-Koehler.

Knappre, C. & Cropley, A. (2000). *Lifelong learning in Higher education.* London: Koan Page. Third Edition.

Knowles, M. S. (1980). *Modern Practice of Adult Education.* Chicago: Follett Publishing Company.

Knowles, M. S., Holton, E. F., & Swanson, R. A. (2016). **성인학습자.** [The adult Learner: The Definitive Classic In Adult Education And Human Resource Development (8th ed.)]. (최은수 역). 경기: 아카데미프레스(원저출판: 1973).

Kohnke, L., & Moorhouse, B. L. (2021). Adopting HyFlex in higher education in response to COVID-19: students' perspectives. Open Learning: The Journal of Open, Distance and e-Learning, 1-14.

Kolb, D. A. (1984). *Experiential Learning: Experience As The Source Of Learning And Development.* Englewood Cliffs, NJ: Prentice Hall.

Kolb, D. A. (2015). *Experiential Learning: Experience As The Source Of Learning And Development.* Englewood Cliffs, NJ: Pearson Education Inc.

Kram, K. E. (1983). Phases of the mentor relationship. *Academy of Management Journal, 26*(4), 608-625.

Lengrand, P. (1965). Lifelong Learning. *Journal of Education, 9*(3), 1-11.

Lengrand, P. (1970). *An introduction to lifelong education.* London: The UNESCO Press.

Leonard, T. J. (1998). *The 28 Laws of Attraction: Stop chasing success and let it chase you.* New York, NY: Scribner.

Luft, J., & Ingham, H. (1961). The Johari Window: a graphic model of awareness in interpersonal relations. *Human relations training news, 5*(9), 6-7.

Mackenzie, L. (2002). Briefing and debriefing of student fieldwork experiences. *Australian Occupational Therapy Journal*, 49, 82-92.

McCue, L. S., & Scales, G. R. (2007). Embracing the middle ground: Engaging on-and offcampus students within the same'classroom'. In Proceedings, ASEE Southeast Section Conference, Louisville, KY.

McLean, G. N., Yang, B., Kuo, M. C., & Tolbert, A. S. (2005). Development & Initial Validation of an Instrument Measuring Managerial Coaching Skill, *Human Resource Development Quarterly, 16*(2), 157-178.

Means, B. (1993). Using technology to support education reform. Washington, D. C.: The Association for Educational Communication & Technology.

Merriam, S. B., & Caffarella, R. (1999). *Learning in adulthood.* San Francisco, CA: Jossey-Bass.

Mezirow, J. (1995). Transformation theory of adult learning. In M. R. Welton (Ed.), *In defence of the lifeworld* (pp. 39-70). NY: State University of New York Press.

OECD, A. (1973). *At work for the environment.* London: Routledge.

Park, Y. J., & Bonk, C. J. (2007). Is online life a breeze? A case study for promoting synchronous learning in a blended graduate course. MERLOT *Journal of Online Learning and Teaching, 3*(3), 307-323.

Peters, T., & Austin, N. (1983). A Passion for Excellence, Warner Books.

Peterson, D. B., & Hicks, M. D. (1996). *Leader as Coach: Strategies for Coaching & Developing Others.* Minneapolis, MN: Personal Decisions International.

Phillips, R., & Richard, T. (1994). Coaching for Higher Performance. *Management Development Review, 7*(5), 19-22.

Piaget, J. (2001). *The psychology of intelligence.* London: Routledge.

Raman, R., Sullivan, N., Zolbanin, H., Nittala, L., Hvalshagen, M., & Allen, R. (2021). Practical tips for HyFlex undergraduate teaching during a pandemic. *Communications of the Association for Information Systems, 48*(1), 28.

Rogers, A. (1998). *Teaching adults* (2nd ed.). Buckingham: Open University Press.

Rorgers, J. (2004). *Coaching skill: A handbook.* Maindenhead, UK: Open University Press.

Rotter, J. (1954). *Social learning and clinical psychology.* Englewood Cliffs, NJ: Prentice-Hall.

Scandura, T. A. (1992). Mentorship and career mobility: An empirical investigation. *Journal of Organizational Behavior, 13*(2), 169-174

Schraw, G., & Dennison, R. S. (1994). Assessing Metacognitive Awareness. *Contemporary Educational*

Psychology, 19(4), 460-475.

Scriven, M. S. (1972). Pros and cons about goal-free evaluation. *Journal of Education Evaluation, 3*(4), 1-7.

Sieler, A. (2003). *Coaching to the Human Soul: Ontological & Deep Change.* (2nd ed.). Blackburn, VIC : Newfield Australia.

Sims, R. R. (2001). Debriefing experiential learning exercises in ethics education. *Teaching Business Ethics*, 6, 179-197.

Stake, R. E. (1975). *Evaluating the Arts in Education: A Responsiveness Approach.* Columbus, OH: Merrill.

Stewart, A. R., Harlow, D. B., & DeBacco, K. (2011). Students' experience of synchronous learning in distributed environments. *Distance Education, 32*(3), 357-381.

Stoltzfus, T. (2016). **코칭 퀘스천**(이시은, 이경숙, 오순옥, 안만호, 조홍범, 최건, 최진태, 김환영 역). 서울: 스토리 나인. (원저 2008년 출판)

Stowell, S. (1988). Coaching: A commitment to leadership. *Training & Development Journal, 42*(6), 34-38.

Stufflebeam, D. L. (1973). *Towards a Science of Educational Evaluation.* Englewood Cliffs, NJ: Educational Technology Publications.

Susan D. Phillips, David L. Blustein, Kevin Jobin-Davis, Sarah Finkelberg White (2002). Preparation for the School-to-Work Transition: The Views of High School Students. *Journal of Vocational Behavior, 61*(2), 202-216.

Svinicki, M., & McKeachie, W. J. (2011). *McKeachies's teaching tips: Strategies, research, and theory for college and university teachers* (13th ed.). Belmont, CA: Wadsworth publishing.

Thorndike, E. L. (1928). *Adult learning.* NY: Macmillan.

Tough, A. (1967). Learning without a teacher. *Educational research series*, 3. Toronto: Ontario institute for studies in education.

Tyler, R. W. (1974). *Basic principles of curriculum and instruction.* Chicago, IL: The university of Chicago press.

Whitmore, J. (2004). *Coaching for performance: growing people, performance & purpose.* London: Nicholas brealey publishing.

Witmer, B. G., & Singer, M. J. (1998). Measuring presence in virtual environments: A presence questionnaire. *Presence, 7*(3), 225-240.

Zhang Shuai(2019). 혼합형 실시간 학습을 위한 수업 설계 원리 개발 연구. 서울대학교 대학원 박사학위 논문.

교육부 공식 블로그(https://if-blog.tistory.com).
구글(https://www.google.com)
국가직무능력표준 홈페이지(http://www.ncs.go.kr).
네이버지식백과(terms.naver.com).
다누리배움터(www.danurischool.kr).
마이크로소프트 오피스(https://www.microsoft.com).
법제처 국가법령정보센터(https://www.law.go.kr/법령/평생교육법).
아시아교육협회(https://educomasia.org).
콘텐츠랩스(contentlabs.co.kr).
터치클래스(blog.touchclass.com).
투마일스(www.2miles.co.kr).
한국교육심리학회(http://www.kepa.re.kr).
한국교육학술정보원(www.keris.or.kr).
한국기업교육학회(http://www.hrdkorea.com).
한국시민기자협회(www.civilreporter.co.kr).
한국이러닝개발원(keldi.co.kr).
한국코치협회(http://www.kcoach.or.kr).
http://psychology.jrank.org
http://www.aee.org
NCS국가직무능력표준(http://www.ncs.go.kr).

찾아보기

인명

내용

저 / 자 / 소 / 개

■ 이복희(교육학 박사)

현재: 백석대 기독교전문대학원 평생교육 HRD전공 교수
학력: 충북대학교 심리학과 졸업
명지대학교 대학원 석사, 박사졸업(사회교육)
경력: 문화체육관광부 간행물윤리위원 역임
한국평생교육HRD학회, 한국성인교육학회 부회장
한국평생교육학회 이사
저서: 평생교육프로그램개발론(2020, 공저)
명강의 실전교수법(2019, 공저)
청소년교육론(2018, 공저)

■ 김차순(교육학 박사)

현재: 오산대학교 사회복지상담학과 겸임교수
학력: 백석대학원 평생교육·인적자원개발학과 박사졸업
경력: 광명좋은학교 대표
동서울대학교 외래교수
한국평생교육. HRD학회 감사
한국장애인평생교육복지학회 이사
저서: 성인문해교육 교과서 2단계(2019, 공저),
장애유형별 평생교육프로그램 개발(2019, 공저),

■ 박수진(교육학 박사)

현재: 오산대학교 사회복지상담학과 겸임교수
학력: 백석대학원 코칭심리학과 석사졸업
백석대학원 평생교육·인적자원개발학과 박사졸업
경력: 웰니스코칭연구소 소장
백석문화대학교 외래교수
한국기술교육대학교 능력개발교육원 전문강사
한국평생교육HRD학회 이사

평생교육방법론

1판 1쇄 인쇄 — 2023년 2월 20일
1판 1쇄 발행 — 2023년 2월 24일

저　　자 - 이복희 김차순 박수진
발 행 인 - 강철원
발 행 처 - 양성원
주　　소 - 경기도 파주시 검산로 173번길 29-12
전　　화 - 031-946-3861(代)
팩　　스 - 031-946-3864
이 메 일 - tnwpub@naver.com
홈페이지 - tnwpub.co.kr
출판등록 - 2015년 8월 31일 제 2015-000211 호

ISBN 979-11-6126-513-1

정가 22,000원